**权威·前沿·原创**

皮书系列为

“十二五”“十三五”国家重点图书出版规划项目

中国社会科学院创新工程学术出版项目

广东省高校人文社科重点研究基地广州大学广州发展研究院、广州市首批新型智库建设试点单位、广东省高校创新团队项目“广州城市综合发展决策咨询团队”研究成果

丛书主持/涂成林

# 中国广州文化发展报告（2019）

ANNUAL REPORT ON CULTURE DEVELOPMENT OF GUANGZHOU IN CHINA(2019)

主　编/张其学　陆志强

副主编/涂成林　贺　忠

社会科学文献出版社
SOCIAL SCIENCES ACADEMIC PRESS (CHINA)

图书在版编目（CIP）数据

中国广州文化发展报告．2019／张其学，陆志强主编．--北京：社会科学文献出版社，2019.10
（广州蓝皮书）
ISBN 978-7-5201-5611-0

Ⅰ．①中… Ⅱ．①张… ②陆… Ⅲ．①文化事业-发展-研究报告-广州-2019 Ⅳ．①G127.651

中国版本图书馆 CIP 数据核字（2019）第 210606 号

广州蓝皮书
中国广州文化发展报告（2019）

主　　编／张其学　陆志强
副 主 编／涂成林　贺　忠

出 版 人／谢寿光
责任编辑／杜文婕
文稿编辑／王　娇

出　　版／社会科学文献出版社·城市和绿色发展分社（010）59367143
地址：北京市北三环中路甲 29 号院华龙大厦　邮编：100029
网址：www.ssap.com.cn
发　　行／市场营销中心（010）59367081　59367083
印　　装／天津千鹤文化传播有限公司

规　　格／开　本：787mm×1092mm　1/16
印　张：18　字　数：266 千字
版　　次／2019 年 10 月第 1 版　2019 年 10 月第 1 次印刷
书　　号／ISBN 978-7-5201-5611-0
定　　价／128.00 元

本书如有印装质量问题，请与读者服务中心（010-59367028）联系

# 《中国广州文化发展报告（2019）》
# 编　辑　部

# 主要编撰者简介

**张其学**　现任广州大学副校长，教授。1991 年毕业于中国人民大学哲学系，获哲学硕士学位；2004 年毕业于中国人民大学哲学系，获哲学博士学位；2004 年 9 月至 2006 年 10 月在中山大学哲学博士后流动站从事博士后研究工作。主要从事马克思主义哲学的教学与研究工作，研究方向为社会发展理论、文化哲学、后殖民主义等。在《哲学研究》《马克思主义研究》等杂志上发表论文 30 余篇，主持和参与省级以上课题 4 项，先后获得广东省“五个一”工程奖和广东省哲学社会科学优秀成果奖，并获得“南粤优秀教师”称号。

**陆志强**　现任中共广州市委宣传部副部长、广州市委网信办主任。大学学历。1983 年 8 月参加工作，1991 年 7 月任共青团广州市东山区委副书记；1993 年 2 月任共青团广州市东山区委副书记、华南实业总公司副总经理、云南省瑞丽市星火总公司副总经理兼星火木地板厂厂长；1995 年 7 月，在广州市东山区芳草工商联合公司任经理；1997 年 6 月任广州市东山区芳草街道党委副书记、办事处主任；1998 年 6 月任广州市东山区大塘街道党委书记（1997 年 9 月至 2000 年 7 月在中共广东省委党校函授学院 1997 级经济管理专业学习）；2000 年 11 月任广州市东山区大塘街道党工委书记（2000 年 9 月至 2002 年 12 月在中共广东省委党校函授学院 2000 级政法专业学习）；2003 年 2 月任广州市天河区委常委、宣传部部长；2008 年 12 月任中共广州市委宣传部副部长；2009 年 10 月任广州市文化广电新闻出版局（广州市版权局）局长、党委副书记；2014 年 4 月任广州市文化广电新闻出版局（广州市版权局）局长、党委书记；2019 年 1 月起任中共广州市委宣传部副部长、广州市委网信办主任。

**涂成林**　现为广州大学二级研究员，博士生导师，广州市政协委员，广东省区域发展蓝皮书研究会会长，广州市政府第三、四届决策咨询专家。获国务院政府特殊津贴专家、国家“万人计划”领军人才、中宣部文化名家暨“四个一批”领军人才、广东省“特支计划”哲学社会科学领军人才、广州市杰出专家等称号。目前主要从事城市综合发展、文化科技政策、国家文化安全及马克思主义哲学等方面的研究。在《中国社会科学》《哲学研究》《教育研究》等刊物发表论文100余篇。主持和承担国家社科基金重大项目、一般项目、省市社科规划项目、省市政府委托项目60余项。获得国家教育部及省、市哲学社会科学奖项和人才奖项20余项，获多项“皮书奖”和“皮书报告奖”，2017年获评“皮书专业化20年致敬人物”。

**贺　忠**　现任中共广州市委网信办副主任。1984年9月至1991年7月，在中山大学历史系学习获历史学硕士学位；1991年7月起在广州市社会科学院、广州市广播电视局、广州市新闻出版和广播电视局、广州市委宣传部工作，历任主任科员、办公室副主任、市委宣传部理论处副处长、广州市委讲师团团长、市委宣传部理论处处长、市委宣传部副巡视员。长期负责理论学习、理论宣传和理论研究工作。

# 摘　要

《中国广州文化发展报告（2019）》由广州大学、广东省区域发展蓝皮书研究会与广州市委宣传部、广州市文化广电旅游局联合主编，作为广州蓝皮书系列之一列入社会科学文献出版社的“皮书系列”并面向全国公开发行。本报告由总报告、文化产业篇、文化事业篇、文化遗产篇、文化旅游篇、精神文明篇、专题研究篇等七大部分组成，汇集了广州市科研机构、高等院校和政府部门诸多文化问题研究专家、学者和实际部门工作者的最新研究成果，是关于广州文化发展情况和相关专题分析与预测的重要参考资料。

2018 年，广州市凭借建设粤港澳大湾区的强劲东风，以建设文化强市、世界文化名城和全球区域文化中心城市为目标，全面深化文化体制改革，大力推动文化产业与旅游、科技、金融、互联网融合发展，在公共文化服务、文艺精品创作、文化金融融合发展、红色文化传承创新、文明广州建设等方面取得了较大的成效。但是，仍然存在区域间、城乡间文化发展不平衡，公共文化设施服务效能偏低，文化产业总体规模与整体竞争力亟待提升等突出问题。

展望 2019 年，广州市实施“文化强市”战略，积极参与粤港澳大湾区文化圈建设，推进现代公共文化服务体系的建设和文化产业创新发展，提升城市文化软实力，在文化体制改革、公共文化服务水平提升、文艺精品创作、文化产业发展、文明广州建设等方面将取得新进展。

2019 年，广州市要继续推进扩大文化消费试点城市工作，开发红色旅游和乡村旅游产品，促进文化旅游事业和产业融合发展；提高公共文化服务的效能，加大对文化精品创作的投入，缩小城乡差异、区域差异，打造广州的文化新亮点。

**关键词：** 广州　文化产业　文化遗产　文明建设

# 目 录

## Ⅰ 总报告



## Ⅱ 文化产业篇

## Ⅲ 文化事业篇



## Ⅳ 文化遗产篇



## Ⅴ 文化旅游篇

## Ⅵ 精神文明篇



## Ⅶ 专题研究篇



皮书数据库阅读使用指南

# 总 报 告

General Report

## B.1

# 2018年广州文化发展现状分析与2019年展望*

广州大学广州发展研究院课题组**

**摘 要：** 2018年广州文化发展总体形势良好，在公共文化服务、文艺精品创作、文化金融融合发展、红色文化传承创新、文明广州建设等方面取得了较大成绩，但区域间、城乡间文化发展不平衡，公共文化设施服务效能偏低等问题也比较突出。

* 本报告系中共中央宣传部文化名家暨“四个一批”领军人才重点资助项目“国家文化安全视野下提升区域文化软实力研究”的研究成果。

** 课题组组长：涂成林，广州大学二级研究员、博士生导师，广东省区域发展蓝皮书研究会会长，国家“万人计划”领军人才，中宣部文化名家暨“四个一批”领军人才。成员：谭苑芳，广州大学广州发展研究院副院长、教授、硕士生导师，博士；曾恒皋，广州大学广州发展研究院软科学研究所所长、副研究员；彭晓刚，广州大学广州发展研究院特聘研究员；周雨，广州大学广州发展研究院助理研究员，博士；丁艳华，广州大学广州发展研究院特聘研究员；粟华英，广州大学广州发展研究院社会调查中心主任；梁华秀，广州大学广州发展研究院科研助理。执笔人：涂成林。

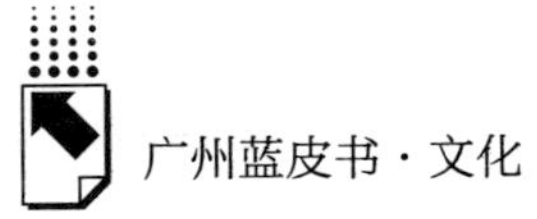


2019 年，随着文化强市战略的深入推进以及相关政策效应的逐步释放，预计公共文化设施的管理水平和服务效能会有明显提升，文化产业占全市生产总值的比重会稳步提高，城乡文化消费差距会有所缩小。

**关键词：** 文化发展　文化金融　网络文化安全　广州

## 一　2018年广州文化发展总体形势分析

2018 年，广州市凭借建设粤港澳大湾区的强劲东风，以建设文化强市、世界文化名城和全球区域文化中心城市为目标，全面深化文化体制改革，大力推动文化产业与旅游、科技、金融、互联网融合发展，文化事业与文化产业发展取得了良好成效。

### （一）全面推进公共文化服务的标准化、数字化建设，公共文化服务水平走在全国前列

“建立完善现代公共文化服务体系”是《广州市加快推进新时代全面深化改革　勇当“四个走在全国前列”排头兵三年行动方案（2018—2020年)》（“广州改革 60 条”）的一项重要内容。2018 年，广州市深入实施公共文化服务提升工程，以图书馆、文化馆总、分馆的建设试点为先导，全面强化北部山区、城郊接合部等基层薄弱环节的公共文化服务设施建设；以公共文化服务体系的标准化、数字化建设为重点任务，加快推进图书馆之城、博物馆之城建设，公共文化服务水平持续提升。在图书馆建设方面，截至 2018 年底，广州市已建成公共图书馆（分馆）191 个，其中国家一级公共图书馆 12 个，与社会力量合建的公共图书馆分馆 41 个，公共图书馆建筑面积已达 40. 58 万平方米，同比增长 17. 14% 。公共图书馆的注册读者量首次超过 300 万人，达 317. 47 万人，占全市常住人口的 21. 30% ；读者到馆人次

合计达2427.18万，人均读者到馆人次达1.63；全市公共图书馆的数字资源下载、浏览量达8678.84万篇（册）次，人均利用数字信息资源量为5.82篇（册）次，[①] 提前完成《关于全面推进我市公共图书馆总分馆制建设的实施意见》所确立的“到2020年，全市人均利用数字信息资源量达到4.5篇（册）次”的发展目标，并成功入选“2018年度中国十佳数字阅读城市”。《广州市“图书馆之城”建设2018年度报告》数据显示，2018年广州公共图书馆事业发展指数已达到80.63分，较2017年的66.56分有大幅度增长。在文化馆、博物馆方面，广州市建成华南地区首个专业性的金融博物馆——岭南金融博物馆。截至2018年11月，广州已建成文化馆总、分馆共计64个，其中总馆12个，分馆52个；已建成行政村（社区）综合性文化服务中心2693个，实现100%全覆盖；全市每万人拥有室内公共文化设施面积达1281.56平方米。

### （二）政策扶持力度持续加大，文艺精品生产创作繁荣发展

2018年5月，中共广州市委宣传部召开了市文艺工作会议，明确要求广州市各文艺生产单位精准对标2019年第十二届中国艺术节、第十五届精神文明建设“五个一工程”，开展文艺精品创作，围绕重大主题和现实题材创作一批弘扬主旋律、传递正能量的优秀文艺作品。广州市继2017年出台《关于繁荣发展社会主义文艺的实施意见》《广州市优秀文艺人才培养扶持计划（2017—2020年）》后，2018年又制定出台了《广州市文艺精品创作三年行动计划（2018—2020年）》《广州市文艺精品专项扶持资金使用管理办法》等一系列扶持政策。

在这些强有力的政策支撑下，2018年广州文艺创作紧紧围绕改革开放40周年、新中国成立70周年、建党100周年等重要时间节点，实施文艺精品工程联动机制多元化合作，冲击艺术新高度，推出了一批具有浓郁岭南文化气

① 资料来源于广州图书馆发布的《广州市“图书馆之城”建设2018年度报告》。本报告中所引用数据除特别注明，其他全部来源于广州市委宣传部和广州文化广电旅游局提供的年度工作总结。

息和时代价值，思想精深、艺术精湛、制作精良，三者完美统一的精品佳作，如歌剧《马可·波罗》、舞剧《醒·狮》、芭蕾舞剧《浩然铁军》、话剧《行在南国·周先生》和《广州站》、粤剧《初心》、大型情景器乐剧《扬帆大湾梦》、广播剧《守护》、专题纪录片《广州故事》、电影《南哥》等。其中，《醒·狮》是国内第一部以国家级“非遗”项目广东醒狮为主题的舞剧，荣获第十一届中国舞蹈“荷花奖”舞剧奖，该剧2018年9月在广州歌舞剧院成功首演后，受邀参加了由中国舞协、国家大剧院主办的“舞典华章——2018中国舞蹈年度巡礼”演出，并在内地及香港、澳门等地巡演。以广州火车站为主要背景的大型现实题材原创话剧《广州站》，2018年11月在广州友谊剧院成功首演后再连演三场，市场反应十分热烈。电影《南哥》（海外片名《平民英雄》）在第七十一届戛纳国际电影节被美国TriCoast Worldwide公司包场展映并签约全球发行。另外，由中共广州市委、中共毕节市委共同推出的精准扶贫公益歌曲《一起幸福》成功名列中国音协主办的“中国当代歌曲创作精品工程——‘听见中国听见你’年度20首优秀歌曲榜单”。

### （三）积极打造文化金融“广州模式”，文化产业支柱性地位更加凸显

根据《广州市推进文化金融融合发展的实施意见》（穗金融〔2017〕11号）的精神，2018年广州市以创建国家文化与金融合作示范区为目标，依托新组建成立的广州市文化金融服务中心平台，强化文化与金融产业的深度融合，通过一站式、个性化、全方位、全产业链的金融服务来提升广州文化企业的融资规模和效率。广州市文化金融服务中心在2018年5月正式启动文化企业建库工作，到年底入库企业已经超过800家；该服务中心还联合南京文化金融服务中心、北京市文化科技融资租赁公司、陕西文化金融投资控股集团等近20家全国大型文化金融服务平台和文投机构发起成立全国文化金融中心联盟，联盟已于2018年11月正式启动，首届秘书处就设在广州。广州市越秀区作为广州创建国家文化金融合作示范区的核心承载地区，以打造“文化金融CBD”为目标，率先制定出台了文化金融发展三年纲要，推

出了一系列突破性的创新文化金融产品和服务模式；越秀区还与工商银行广州市分行、中国银行广东省分行等多家金融机构签订了1000亿元的战略合作协议，专门用于扶持文化产业发展。

随着“文化+”战略深入推进以及文化金融服务体系的不断完善，广州市文化企业的内在动能不断被激发，文化产业正在加快向集聚化、规模化、品牌化方向发展。当前，广州市动漫产业产值约占全国动漫产业总产值的五分之一，游戏产业的自主研发能力在快速提升，2018年广州动漫游戏产业增加值约为400亿元；文化装备制造企业的规模效益也在不断扩大，舞台灯光音响演艺设备产业总产值已约占全国的一半。广州地区文化类上市公司已达30家，具有鲜明特色的“广州文化板块”已经形成。文化会展业在全国乃至国际上的影响力也在持续上升，2018年第十一届中国国际漫画节直接交易额达6亿元，同比增长10%，促成交易及潜在交易近80亿元，参观人数、展场规模、成交金额均创历史新高；成功举办2018年广州文化产业交易会，来自60多个国家和地区的2.5万件原创艺术品、近千部演艺产品参展，实现累计意向签约126亿元，直接成交22亿元，吸引100多万人参与各项活动，线上阅读量达2000多万。[①] 同时，影视文化产业开始发力，2018年11月，暨南大学与中国电影家协会、广州市政府新闻办公室、珠江电影集团、博纳影业公司签订共建框架协议，正式筹备成立华南地区第一所专业电影学院——暨南大学珠江电影学院。另外，广州市天河区还成功入选商务部首批国家文化出口基地，成为全国13个入选基地之一，这也是广东省唯一一个入选地区。据统计，2017年广州市实现文化及相关产业增加值1161亿元，占广州市GDP的比重为5.12%，这说明文化产业在广州市国民经济中的支柱性地位更加凸显。

---

① 《2018广州文化产业交易会闭幕“吸粉”过百万成交22亿元》，新浪网，2018年12月14日，http：//news. sina. com. cn/c/2018-12-14/doc-ihqackac4367940. shtml。

## （四）文化惠民措施多、力度大，成为拉动文化消费的重要动力

2018 年 5 月召开的广州市文艺工作会议明确提出，“要坚持文艺为民，在举办文艺惠民活动上出实招，促进全市文化资源有效衔接，充分发挥剧院与剧团各自的优势，合力打造广州特色文化惠民品牌”。在广州市委、市政府的统一部署下，2018 年，广州市宣传文化系统大力推进下基层文化惠民工作，扎实推进全国首批文化消费试点城市建设，在电影、演艺、会展、图书、网络文化等文化消费领域推出了 6000 余场次文化惠民活动，与往年相比，不但文化惠民活动的措施更多，而且力度更大。在演艺领域，星海音乐厅推出了一种“高端惠民票”，每场演出拿出不少于 300 张五折左右的惠民票出售给观演乐迷；广东演艺中心大剧院 2018 年与广州市总工会合作推出了精准惠民的抢票活动，在全年的演出中拿出近 2 万张各档门票，以平均 50 元的优惠价格在工会会员的 App 系统中售出；广州大剧院在 2018 年广州艺术节期间的全部演出项目和演出场次中，推出了 46 个惠民补贴演出项目，合计 77 场，分别占比 82.2% 和 75.5%，最低票价仅为 30 元。据不完全统计，2018 年的广州艺术节惠民力度为历届之最，共售出惠民票 5.8 万余张。在电影放映市场，2018 年广州共放映农村数字电影 1.3 万场，观影人数近 100 万人次，农村数字电影放映覆盖率达 100%。另外，截至 2018 年 10 月，广州举办各类公益文化讲座培训达 1200 余场，参与人数达 1100 万人次；培训 2055 场，阅读推广活动 3514 场，参与人数达 260 余万人次。

这些形式多样、内容丰富的文化惠民活动有力拉动了广州市民的文化消费。2018 年，广州城市常住居民家庭人均教育文化娱乐服务消费支出为 5652 元，较上年约增长 4.6%，较全年城市常住居民家庭人均消费支出增速快 0.8 个百分点；农村常住居民家庭人均教育文化娱乐服务消费支出为 2022 元，较上年约增长 11.3%，较全年农村常住居民家庭人均消费支出增速快 2.3 个百分点。城市和农村常住居民消费支出中教育文化娱乐服务消费支出所占比重分别达 13.4% 和 9.8%，分别比上年提高了 0.1 个百分点和 0.2 个百分点（见表 1），文化消费对广州经济发展和市民文化素质提升的拉动效应较为明显。

**表1　广州城市和农村常住居民文化消费水平**

| | 2014 年 | 2015 年 | 2016 年 | 2017 年 | 2018 年 |
|---|---|---|---|---|---|
| 城市常住居民家庭人均教育文化娱乐服务消费支出(元) | 4272 | 4640 | 5044 | 5404 | 5652 |
| 教育文化娱乐服务消费支出所占居民消费总支出的比重(%) | 12.8 | 13.0 | 13.1 | 13.3 | 13.4 |
| 农村常住居民家庭人均教育文化娱乐服务消费支出(元) | 1397 | 1482 | 1667 | 1817 | 2022 |
| 教育文化娱乐服务消费支出所占居民消费总支出的比重(%) | 10.9 | 9.3 | 9.5 | 9.6 | 9.8 |

资料来源：2014～2018 年广州市国民经济和社会发展统计公报。

### （五）大力促进文物保护利用，传统文化与红色文化传承创新获得新进展

一是配合城市建设工程，科学开展文物考古工作。2018 年，广州市文物考古研究院共完成考古调查项目 182 项，考古勘探项目 105 项，考古发掘项目 16 宗，发掘面积 7172 平方米，出土文物 2115 件（套）。黄埔茶岭先秦遗址、番禺唐代曾边窑遗址、广州市胸科医院汉六朝唐宋墓群、解放中路安置房项目唐宋遗址、增城明代莲花书院遗址等城市考古领域的重大新发现，进一步丰富了广州这座千年古都的历史文化底蕴与内涵。同时，2018 年广州市完成文物保护相关行政审批事项 38 件，组织文物工程竣工验收 22 件，余荫山房、清真先贤古墓、沙面建筑群、升平社学、华林寺、康乐园早期建筑群等重要文物史迹的修缮保护工作取得新突破。广州市还持续开展粤剧名人名剧名曲的抢救工作，正式启动"广州市粤剧电影精品工程"，《刑场上的婚礼》《南越王》《三家巷》等传统粤剧经典剧目被纳入 10 部大型粤剧电影"三年拍摄计划"，其中首部粤剧电影《刑场上的婚礼》已于年底正式开拍。

二是编制完成《广州近现代革命史迹文物保护规划》。广州市将红色革命遗址保护纳入国民经济和社会发展规划，全面加强红色革命遗址保护利用和红色文化建设，依托中共三大会址、"农讲所"、"中共广东区委旧址"等红色革命遗址开办具有广州特色的"新时代红色文化讲习所"，使之成为宣

传习近平新时代中国特色社会主义思想、弘扬革命传统精神、传承红色基因的宣讲平台与百姓课堂，广州市红色文化传承创新走在全国前列。

## （六）文化市场环境治理成效显著，版权保护获国家金奖

为确保文化市场的安全稳定与健康发展，近年来广州市持续加大文化巡查执法力度，不断完善“扫黄打非”、版权保护基层站点建设，大力倡导绿色阅读、文明上网、尊重原创的理念，文化市场环境治理成效显著。在文化执法方面，2018 年 1～10 月份，广州市文化市场综合行政执法总队共受理案件 451 宗，受理举报投诉 241 宗，查处了广州某公司通过网店销售非法出版物、广州某公司制作儿童“邪典”视频等一批重大案件。据统计，2017～2018 年，广州共收缴非法出版物 481 万册（张），收缴电脑 2962 台，行政立案 393 宗，刑事立案 22 宗，抓获犯罪嫌疑人 136 人。在基层站点建设方面，到 2018 年底，广州市 11 个区 172 个镇（街道）2681 个村（社区）、1340 所中小学全部设立了扫黄打非办公室或工作站，基层站点覆盖率已达到 100%，专（兼）职人员 8355 人。①

广州市在文化市场方面的监管扎实有效，在 2018 年度广东省“扫黄打非”工作考核中再创佳绩，获得年度考评综合排名第一，这已是广州市连续两年位列全省第一。同时，广州市文化市场综合行政执法总队因“以创新理念有效地组织开展版权行政执法工作，在推动版权产业发展、创建版权社会服务体系、提升版权社会影响力等方面作出贡献”，荣获 2018 年度中国版权领域最高奖项“中国版权金奖”——保护奖，成为全国文化执法机构中唯一一家获此殊荣的单位。此外，广州市花都区花城街道由于成功创建了“三抓、四进”实现“五个 100%”覆盖的“花城模式”，2018 年被评选为第二批全国“扫黄打非”进基层示范点及示范标兵，成为全广州市唯一的示范点、广东省唯一的示范标兵。

① 《广州扫黄打非工作连续两年全省第一》，人民网，2019 年 1 月 18 日，http：//gd. people. com. cn/n2/2019/0118/c123932 –32547073. html。

### （七）全面推进国际交往中心建设，文化合作交流水平与城市文化软实力明显提升

《广州市加快推进新时代全面深化改革　勇当“四个走在全国前列”排头兵三年行动方案（2018—2020年）》明确提出的一项重要改革举措，就是要“加快完善城市外交工作机制，加强广州国际传播能力建设”。根据新时代全面深化改革的工作部署，2018年4月，广州市委外事工作领导小组会议审议通过了《广州建设国际交往中心三年行动计划（2018—2020年）》，明确提出要把广州市建设成为“独具特色、文化鲜明的国际一流城市”，并且提出“到2020年初步成为在世界城市舞台具有较强影响力的国际交往中心”。该行动计划提出自2018年开始的三年中，广州要大力实施国际友城“百城计划”，广泛开展公共外交和民间友好交往，加快构筑宽领域的城市交往格局；积极构建符合国家整体战略、城市形象鲜明统一、全社会共同参与的城市形象国际传播体系，大力推进岭南文化“走出去”，构筑全方位立体化国际传播格局。

正是为了遵循建设国际交往中心的发展目标，广州市充分利用国家高层发展论坛、博鳌亚洲论坛、上合媒体峰会等国际性会议及国家主场外交活动，组织策划中国发展高层论坛广州城市形象国际传播年圆桌会、“我与改革开放的广州故事”等36场城市推介会和故事会；通过世界航线大会、中国（广州）国际金融交易博览会、全球市长论坛及广州国际城市创新大会等30多场国际性重大活动，精心策划宣传议题，向世界立体展示广州的新发展、新面貌、新机遇，不断提升广州城市的国际影响力。据不完全统计，2018年，境内外主流媒体涉穗相关报道量近万篇次，新媒体转载和转发量超过11万篇次，整体覆盖人群超过10亿人次。广州市还全面加强与境内外主流媒体和新媒体的合作，组织接待“改革开放40年海外大V中国行”媒体团、世界华文媒体高层参访团、以色列媒体团、巴西主流媒体团等近20批次境内外媒体来广州开展体验式参访，加深海内外人士对广州的关注度和了解度。

广州市还积极打造广州故事城市品牌。一是策划制作了“广州故事短视频”、《广州故事画报》H5等系列广州故事外宣品，丰富广州故事实体支撑。

二是优化提升花城、花市城市品牌，在法国巴黎、西班牙巴塞罗那开展海外花市活动，让国际友人亲身感受花城魅力。三是全力做强“广州新闻发布”品牌，全年共组织举行各类新闻发布会60场，发布新闻通稿约230条，及时准确向外界传递广州权威声音。强化多语种官微持续发声，2018年度共发布信息近2.5万条，海外社交媒体粉丝数超过25万，多语种官微已逐步成为广州向海外讲述中国故事、广州故事的重要渠道。四是积极参与人文湾区建设，举办“听见花开”粤港澳大湾区大学生文化艺术季、广州国际文学周暨粤港澳大湾区文学盛典、“粤港澳大湾区电影之夜”等活动，全面深化穗港澳间的文化交流合作。

### （八）全面深化“文明广州”建设，城市文明水平保持领先地位

2017年广州市成功蝉联全国文明城市，2018年“文明广州”建设在新起点上再出发。广州市出台了《广州市深化“文明广州”建设开展市民文明素质和社会文明程度提升行动的实施意见（2018—2020年）》，明确提出要通过价值引领、修身明礼、美丽城乡、强智健体“四大工程”，推动广州精神文明建设上水平走前列。

一是深入实施社会主义核心价值观建设工程，常态化发布“图说我们的价值观”等公益广告。2018年，广州市全年在36座人行天桥布置宣传挂幅，在广州塔、高快速路、地铁公交、楼宇电视等城市发布屏滚动播放公益视频。广州市积极打造城市文化景观，建成省级社会主义核心价值观主题公园2个、主题文化墙11面、主题景观小品46个。同时，广州市还制定了《关于进一步把社会主义核心价值观融入法治建设的实施方案》，大力推进社会主义核心价值观融入市民公约、乡规民约、团体章程和学生守则。

二是深入实施全域文明创建工程。2018年，广州市积极开展文明单位、文明村镇、文明行业、文明校园、文明家庭等基层基础性创建活动，广泛组织文明交通、文明旅游、文明餐桌、文明上网等文明主题实践行动，大力推进以排队守秩序、礼让斑马线、礼貌待宾客、网上讲文明等为主要内容的“全民讲礼仪”工作。同时，广州市大力开展新时代文明实践中心试点建设工作，2018年共建成28个新时代文明实践中心（所、站），同步出版《新

时代文明实践中心三十讲》。积极组织开展第十三批文明示范村、文明社区示范点推荐评选及复查工作，2018 年共命名文明示范村 13 个、文明社区示范点 20 个。在 2018 年文明城市年度测评中，广州以 84.32 分位列全国文明城市第九，被中央文明办通报表扬。①

三是全面深化公民道德建设工程，大力推进社会公德、职业道德、家庭美德、个人品德建设。2018 年广州市获评各级好人新增 135 人，1 人被评为全国敬业奉献道德模范、3 人获得全国道德模范提名奖。

四是深入推进学雷锋城乡志愿服务。广州市启动志愿扶贫、厕所革命、邻里守望等 10 项志愿服务行动，发展 158 个志愿服务组织，拓展志愿服务项目 183 个。到 2018 年底，广州市注册志愿者总数已超过 239 万人，注册志愿服务组织及团体总数 10674 个，全年累计开展志愿服务活动 75495 场，累计年均服务时间超过 5000 万小时，②“志愿之城”品牌更加响亮。

## 二　2018年广州文化发展存在的主要问题

### （一）广州市区域间、城乡间文化发展不平衡问题突出

当前广州市文化发展不平衡的问题主要表现在以下三个方面。

第一，广州市各区的公共文化服务水平与能力参差不齐。公共图书馆面积、读者注册人数、公共服务场所人员配置水平等数据，无疑是衡量各区公共文化服务水平与能力的重要指标。广州市图书馆最新发布的《广州市“图书馆之城”建设 2018 年度报告》数据显示，广州市 11 个区在这方面发展极不均衡。从公共图书馆的经费保障水平看，排在第一位的是增城区。2018 年该区公共图书馆经费投入达 2957 万元，越秀区、黄埔区和番禺区的公共图书

① 《2018 年全国文明城市测评结果出炉，广州被通报表扬》，金羊网，2019 年 3 月 20 日，http：//news. ycwb. com/2019 -03/20/content_ 30222459. htm。

② 《广州志愿者践行“创文”理念　甘当“无名英雄”》，广州日报大洋网，2018 年 12 月 24 日，http：//news. dayoo. com/guangzhou/201812/24/139995_ 52413369. htm。

馆总经费也都超过了2000万元，但同期南沙区、白云区、荔湾区和花都区的公共图书馆经费投入却都不足800万元。从公共图书馆的人均经费看，排在首位的也是增城区，人均经费为24.27元，而排在末尾的白云区2018年公共图书馆人均经费只有2.27元。从各区图书馆的利用效率看，2018年黄埔区公共图书馆读者到馆人次为265.58万，人均到馆次数为2.38次，两项指标在广州市各区排名中均位居第一。增城区、越秀区、白云区、天河区、海珠区、番禺区和花都区等7个区的读者到馆人次也均超过100万，增城区、越秀区和从化区等3个区的人均到馆次数也均达到1次以上。而同期，公共图书馆读者到馆人次排在末尾的荔湾区只有55.45万，仅约为黄埔区的1/5；公共图书馆人均到馆次数排在末尾的白云区仅为0.48次，约为黄埔区的1/5。注册读者量排在前两位的黄埔区和越秀区公共图书馆读者注册人数分别为18.57万人和14.13万人，而同期排在最后两位的荔湾区和南沙区的读者注册人数仅分别为3.84万人和3.70万人。从公共图书馆面积指标看，2018年黄埔区公共图书馆建筑面积合计为6.67万平方米，每千人建筑面积达到66.70平方米，两项指标均居各区第一；而同期荔湾区的公共图书馆建筑面积仅为1.09万平方米，为各区最低，每千人建筑面积仅为10.90平方米，也处于较低水平；排在末尾的白云区公共图书馆每千人建筑面积仅为5.59平方米，不足黄埔区的1/10。从人员配置水平看，2018年广州各区公共图书馆平均约每1.96万常住人口配备一名工作人员，其中排在首位的越秀区公共图书馆有工作人员125人，平均约每0.94万常住人口配备一名工作人员，而区域内常住人口数量最多的白云区公共图书馆工作人员数量只有27人，平均约每5.22万常住人口配备一名工作人员。

第二，广州市各区的文化创新发展能力差距明显。近年来，广州市各区都在充分利用自身的文化资源大力发展文化旅游、文化创意、文化服务等文化及相关产业，但各区的文化产业发展水平并不均衡，区域间的文化创新发展能力差距非常明显。比较分析2010年与2017年广州市文化相关产业机构区域分布情况可以看出，2010年广州市有6个区（天河、番禺、白云、越秀、荔湾、海珠）的占比超过10%，到2017年占比超过10%的地区已只剩下3个（天河、番禺、荔湾），文化产业的集聚发展效应明显。白云区、越秀区和海珠区占比下降均超过了2.5个百分点，这显示了中心城区的整体地位在逐渐下降，但从化、花都、增城等地区的文化产业发展水平依然偏低、文化创新发展能力依然偏弱，与天河、番禺、荔湾等区域差距明显（见图1）。

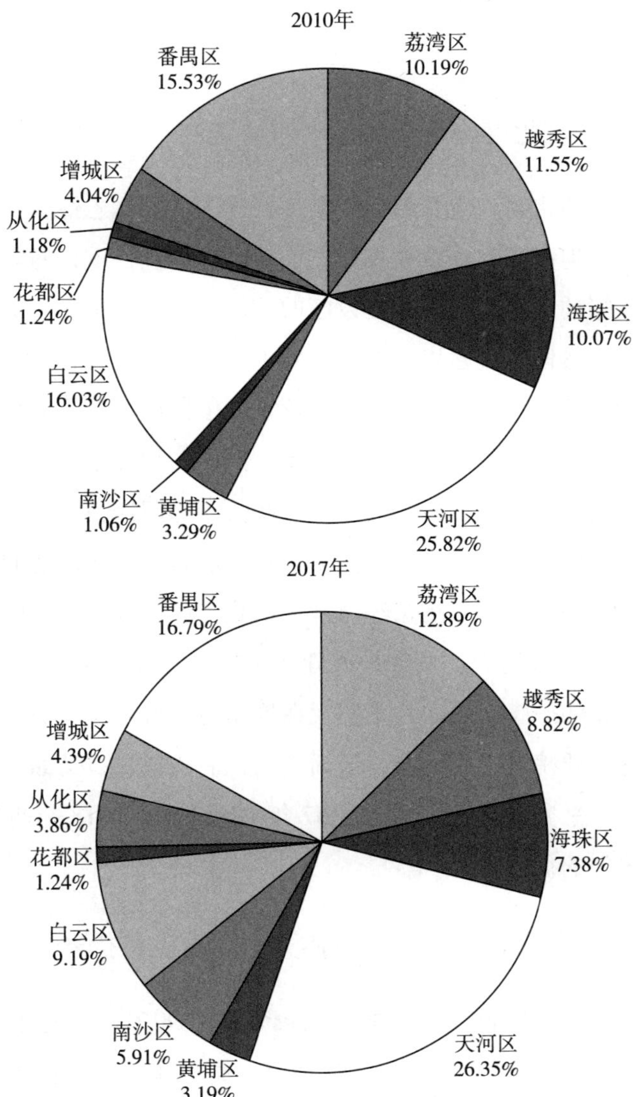


**图1　2010年和2017年广州市文化相关产业新增机构历史变迁**

资料来源：黄震环等：《基于新增组织机构视角的科技文化及生产性服务业发展趋势研究——以粤港澳大湾区国家中心城市广州为例》，《福建论坛》（人文社会科学版）2019年第3期。

第三，城乡间文化消费能力仍显悬殊。通过表1数据可以看出，近年来虽然广州农村地区的教育文化娱乐服务消费支出增速要快于城市地区，城乡之间文化消费差距在缓慢缩小，但2018年广州农村常住居民家庭人均教育文化娱乐服务消费支出依然不足城市常住居民家庭的四成，城乡文化消费能力依然相差较大。

## （二）公共文化设施的服务效能有待提高

近年来，广州市投入大量财政资金，新建了一批标志性文化场馆和基层公共文化设施；但由于存在重硬件建设、轻软件管理，重设施新建、轻旧馆改造的问题，当前广州市公共文化设施的整体服务效能不高，资源闲置、浪费等现象突出。具体表现在以下两个方面。

一是不少已建成公共文化设施的运营管理手段比较落后，公共文化存量资源利用率较低，设施整体经营效益较差。例如，硬件条件非常优越的中山纪念堂现在年均演出天数仅50天左右，其他大部分时间基本处于闲置状态。二是财政资金过度向新建大型场馆倾斜，对老旧场馆升级改造的投入力度不足，致使一些宝贵的老字号场馆经营举步维艰，彰显城市历史的优质文化资源在市场大潮中不断流失。例如，始建于清光绪二十八年（1902）的海珠大戏院曾是广州的一张文化名片，但现在这座拥有百余年历史、梅兰芳曾造访献艺的海珠大戏院却门庭冷落，渐渐淡出人们的视线；又如广州市另一座老字号戏院——平安大戏院在经历了67年的风雨后，2018年也因租赁合同到期而面临关门的危机。

## （三）文化产业总体规模与整体竞争力都亟待提升

当前，广州市文化企业数量虽然比较多，但90%以上是中小型文化企业，规模以上文化企业数量只有2200余家，而且体量普遍偏小，尤其缺乏航母型领军文化企业。在光明日报社和经济日报社联合发布的2018年第十届“全国文化企业30强”榜单中，广州市无一家文化企业入围“30强”，仅奥飞娱乐股份有限公司（曾用名：广东奥飞动漫文化股份有限公司）一家企业被提名。而同期北京入围“30强”的文化企业有9家，上海有3家，深圳也有2家。在“全国文化企业30强”榜单连续发布的10年间，入围“30强”的中国文化企业总计有77家，其中北京就有20家，上海有9家，深圳有4家。广州地区在10年间虽有6家文化企业登上过“30强”榜单，但广州市属的文化企业仅有2家（广州传媒控股集团和广东奥飞动漫文化股份有限公司分别曾有2次和1次上榜）。同时，在中国人民大学发布的2018年度中国文化企业品牌价值Top50榜单中，北京、上海、深圳的上榜企业数量也远多于广州。改革开放以来，新闻传媒一直是广州文化产业的传统优势领域，2018年全国共有12家新闻出版类企业进入前50强，但广州市属新闻出版类企业却无一入围。由此可见，当前广州的文化产业可谓“星星很多，但月亮也不大”，文化产业整体实力亟待提升。

另外，当前广州文化企业的国际竞争力与北京、上海、深圳等同级城市相比，也有较大差距，值得引起有关方面的重视。目前，全国共有298家企业和109个项目入选国家2017～2018年度《国家文化出口重点企业目录》和《国家文化出口重点项目目录》，其中广州有广州菲音信息科技有限公司、中国图书进出口广州公司等10家企业入选，中国（广州）国际纪录片节入选国家文化出口重点项目。广州入选两个“目录”的数量虽排在全国前列，但依然不及北京、上海、深圳等先进城市（见表2），在国内四个一线城市中垫底。广东是我国文化贸易强省，2018年文化产品出口额位居全国首位，文化服务出口位居全国第三（前两位是上海和北京），而在广东全国文化贸易第一大省地位的确立过程中，深圳市做出的贡献要远大于广州市，这与广州作为岭南文化中心地和国家重要中心城市的地位极不相称。

**表2　2017～2018年度国家文化出口重点企业和重点项目名单**

单位：个

| 类别 | 北京 | 上海 | 深圳 | 广州 | 全国总计 |
|---|---|---|---|---|---|
| 国家文化出口重点企业数量 | 37 | 25 | 15 | 10 | 298 |
| 国家文化出口重点项目数量 | 18 | 10 | 1 | 1 | 109 |

注：北京、上海企业数量中不含所在地的中央文化企业，重点项目不包括中央文化企业项目。

## （四）网络文化市场监管难，维护城市文化安全任务较重

当今的时代是网络应用快速普及和文化全球化的时代，网络新闻、网络音乐、网络文学、网络视频、网络游戏等网络文化市场呈现爆发式增长，网络侵权和销售、传播低俗文化产品等案件也随之频发。同时，境外敌对势力、非法机构和黑客组织频繁对我国党政机关和企事业单位的网络系统发起攻击，非法获取个人信息和恶意攻击我党、我国的违法信息案件也屡禁不止。广州市作为我国三大互联网国际枢纽之一，基数大，网络资源非常丰富，处于对外开放前沿地带，是我国易于遭受境外势力攻击的重点地区。当前，广州市网民数量已超过 1400 万人，宽带用户超过 600 万户，网站超过 20 万个，网民、网站数量和互联网普及率均居全国前列，这使得网络文化市场的监管难度更大，维护城市网络文化安全任务较重。

统计数据显示，在广州市文化执法部门近年来查处的侵权盗版重大案件中，网络案件所占比重持续增加。为此，广州市文化市场综合行政执法总队在 2018 年特意针对网络转载、网络短视频、网络动漫、涉赌牌类网络游戏等热点领域开展了网络文化市场专项整治行动，仅在 2018 年 1 ~4 月就查处了某公司制作儿童“邪典”视频案、某公司网络漫画含有危害社会公德内容案、某公司网络游戏含有宣扬暴力等禁止内容案、《易通牛牛》游戏涉嫌宣扬赌博案、某公司直播平台提供含有禁止内容文化产品案等一批社会影响较大的网络文化案件。

另外，据广州市网络与信息安全通报中心统计，仅 2018 年广州发现并通报的僵尸网络、网页木马、暗链等类型的网络安全事件就达到 624 起。其中，僵尸网络事件 300 起，涉及互联网数据中心、重点单位 85 家，278 台次僵尸主机被控制发起对外攻击用来从事网络黑产；被植入网页木马事件 170 起，同比上升 277.8%，其中教育科研行业沦为重灾区，共发生网页木马事件 62 起；被挂载涉黄、赌、枪等违法信息的暗链事件 48 起，同比上升 336.4%，其中卫生行业和教育科研行业为重灾区，分别发生暗链事件 15 起和 8 起；网页篡改事件 11 起，同比上升 57.1%，其中被境外黑客组织入侵

网站篡改张贴恶意攻击我党的违法信息事件1起，司法行业和卫生行业的党政机关网站也成为主要攻击目标。① 境外黑客在攻击党政机关和重点企事业单位网站后，篡改网站首页，张贴反动标语，并在境外自媒体传播。

## 三　2019年广州文化发展态势与对策建议

### （一）2019年广州文化发展态势分析

2019年是《广州市深化文化体制改革行动三年方案（2018—2020年）》《广州市文艺精品创作三年行动计划（2018—2020年）》《广州建设国际交往中心三年行动计划（2018—2020年）》等重大文化专项实施的关键一年，也是《广州市公共文化设施管理办法》《广州市人民政府办公厅关于加快文化产业创新发展的实施意见》等政策制度开始全面展现效应的重要一年。随着广州市“文化强市”战略的深入推进以及相关政策效应的逐步释放，预计广州市将在文化体制改革、公共文化服务水平提升、文艺精品创作、文化产业发展、文明广州建设等方面取得新进展。

1. 不断深化文化体制改革，城市文化治理水平和公共文化服务能力有望明显提升

2018年11月召开的广州市文化体制改革工作会议已明确提出未来一段时间内的重点任务：一是要全面加强党对文化体制改革工作的领导，彻底落实“一把手”抓文化体制改革责任制；二是要充分发挥市文化体制改革和文化产业发展领导小组的统筹协调作用，全面加强文化体制改革统筹协调，发挥成员单位作用，细化改革任务分工，合力推动任务落实。随着“一把手”抓改革、抓落实责任制的深入实施，2019年，广州文化体制改革的广度与深度会有新的拓展，落实到位程度会有新的提升，城市文化治理水平与能力也将会有进一步的提升。

---

① 广州市网络与信息安全通报中心编印《2018年广州市网络与信息安全情况综述》。

在全面深化文化体制改革各项举措的推动下，2019 年广州市公共文化服务体系建设重点任务有：一方面将继续强化文化硬件设施建设，重点推进“图书馆之城”“博物馆之城”建设，加快广州文化馆、美术馆、粤剧院新址、博物馆新馆、南汉二陵博物馆、近代革命历史博物馆、科学馆、音乐博物馆等重点公共文化设施项目建设，进一步完善广州的公共文化设施体系；另一方面要创新推动公共文化设施建设运营的社会化、专业化发展，着力提升公共文化设施服务效率与质量。根据新实施的《广州市公共文化设施管理办法》，公共文化设施建设资金、运行经费及公共文化活动经费将被列入本级人民政府基本建设投资计划和财政预算予以保障；鼓励公民、法人和其他组织以独资、合资、合作、联营、租赁、参股等方式建设各类公共文化设施，参与提供公共文化产品和服务；建立健全法人治理结构，吸收有关方面代表、专业人士和公众参与公共文化设施社会化、专业化管理。同时，公共文化服务跨区域、跨系统合作也将在 2019 年加速推进，广州市文化事业发展有望开创新的局面。

2. 加强文化艺术创作的规划设计和精准扶持，文艺精品创作成果或有新的突破

随着广州市优秀文艺人才培养扶持计划和文艺精品创作三年行动计划的协同推进，2019 年广州市文艺创作规划设计和精准扶持方向已明确为：对标 2019 年第十二届中国艺术节和第十五届精神文明建设“五个一工程”，紧扣庆祝新中国成立 70 周年主题，开展文艺精品创作，围绕重大主题和现实题材重点创作一系列讴歌党、讴歌祖国、讴歌人民、讴歌英雄的文学、电影、电视剧、戏剧、音乐、舞蹈、美术、纪录片等优秀文艺作品。在越来越厚实的人才支撑和政策扶持下，2019 年广州的文艺精品创作预计将获得新丰收，有望扭转在第十四届精神文明建设“五个一工程”评比中出现“零收获”的窘境，实现新的跨越与突破。

3. 加快创建国家文化与金融合作示范区，文化产业发展有望迈上新台阶

2019 年是《广州市人民政府办公厅关于加快文化产业创新发展的实施意见》全面推行实施的起始年，该实施意见不仅明确提出要在巩固和壮大

数字内容产业、打造动漫游戏产业之都、推进传媒影视融合发展、建设全国艺术产业中心、培育全球文化创意设计之城、打造全球文化装备制造中心、超前布局文化产业前沿领域等七大领域重点发力，抢占文化产业新高地；还提出要在枢纽型核心型总部文化企业引进、百亿级骨干文化企业壮大、高成长型文化企业上市培育等方面加快破局；而且政府在设立文化产业发展专项资金、加大文化产业投融资力度、全面落实各项税收优惠政策、保障文化产业用地、扩大文化消费、大力培养和引进文化产业人才、推动文化产业融合发展等七个方面提出了强有力的政策措施，这显示了广州市政府对文化产业的扶持力度空前，为推动广州文化产业跃升发展创造出了一个优越的政策环境。

同时，2018 年 12 月，由中共广州市委宣传部、广州市文化广电新闻出版局和广州市金融工作局联合印发的《广州创建国家文化与金融合作示范区筹备工作方案》，在时间安排上要求在 2019 年底前完成省级文化与金融示范区创建工作，并完成申报创建国家文化与金融示范区的相关工作。随着广州市省级、国家级文化与金融示范区创建工作的全面展开，支撑文化产业发展的金融环境将有望得到改善。

当前，以美国为首的西方国家贸易保护主义抬头，中国与美国的贸易摩擦有进一步加剧的可能，国际文化贸易环境比较严峻，这不利于我国对美国等传统国际市场的文化产品出口。但是，我国实施的“一带一路”倡议和粤港澳大湾区建设规划，为广州市文化企业开拓新的国际空间提供了机遇。同时，我国有着非常广阔的国内文化消费市场，广州市正充分利用作为首批国家扩大文化消费试点城市的契机，积极推进“广州市文化消费积分通”项目的实施，采取政府采购、消费补贴、消费信贷等多种途径积极拉动文化消费需求。

综合上述各因素，预计 2019 年广州市文化产业依然可以保持较快的增长速度，文化产业增加值的增速将高于全市经济整体的增速，城乡居民文化消费支出的增速也将继续快于城乡居民人均消费支出的增速，文化产业占全市生产总值比重将实现稳步提高，城乡文化消费差距将进一步缩小。

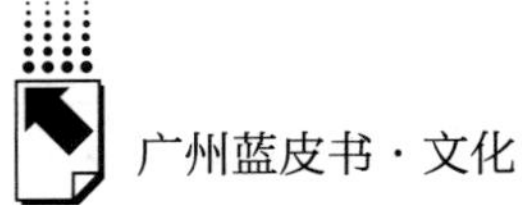


4. 继续深化文明城市创建活动，市民的文明素养和社会的文明程度将稳步提升

为深入贯彻落实习近平总书记视察广东的重要讲话精神，2019 年广州市将实施精神文明建设提质计划，包括实施红色基因传承工程，进一步加强市民的理想信念和爱国主义教育；实施公益宣传平台建设工程，深化“一公园一主题”“一社区一特色”建设，常态化发布“图说我们的价值观”公益广告作品，广泛开展“最美街头文化景观评选活动”，推动社会主义核心价值观走进社会生活、融入社会治理；以创建全国文明城市为抓手，继续深化文明村镇、文明单位、文明家庭、文明校园的创建活动，把建设新时代文明实践中心作为文明城市创建的一项战略性、基础性任务进行高标准推进；继续深入开展文明出行、文明交通、文明旅游、文明餐桌、文明上网等文明引导行动，引导人们遵守文明规范；继续推进志愿服务制度化建设，进一步建立完善守信联合激励和失信失德行为联合惩戒机制，营造崇德向善、文明守约的社会氛围。随着文明城市创建工作的持续深入开展，广州市志愿服务事业蓬勃发展，2019 年广州市民的文明素养和社会的文明程度将进一步提升，“文明广州”品牌形象将更加广为传播、更加深入人心。

5. 加快建设国际交往中心，全面深化粤港澳文化交流合作

2019 年是《广州建设国际交往中心三年行动计划（2018—2020 年）》的全面实施年，广州市除继续办好中国音乐金钟奖、文化产业交易会、海丝博览会、中国（广州）国际纪录片节、亚洲美食节等系列性、常设性重大国际文化活动外，2019 年广州市还将承办第三十一届世界港口大会、与日本福冈缔结国际友好城市 40 周年庆典活动等，并将持续在全球各地广泛开展“广州文化周”对外文化交流活动、“丝路花语——海上丝绸之路申遗文化之旅”品牌项目活动。同时，继续大力推进大湾区文化圈共建行动，除继续深入开展粤港澳在电影、教育、人才等方面的文化交流活动外，还将厚植广州市作为“千年商都”的传统优势，推进体现广州历史积淀的“海丝文化”的发掘整理和研究，深入发掘和阐释“海丝文化”的历史脉络、丰

富“海丝文化”历史内涵和时代价值。广州市还将以牵头推进“海丝”申遗为主线，规划串联十三行、南海神庙、黄埔古港等历史遗存，重现古代海上丝绸之路的辉煌记忆；着力打造“海丝文化”品牌，扩大“海丝文化”的国际交流传播，全面强化广州在“海丝文化”中的地位和话语权。在这些高水平文化交流活动与项目的推动下，2019 年广州市的国际文化影响力和城市综合软实力都将会有新的提升。

## （二）2019年推进广州文化发展的若干建议

1. 加强公共文化事业建设发展的统筹协调，尽快解决公共文化设施区域间、新旧间的发展失衡问题

第一，加强广州市各区公共文化服务的投入经费统筹和建设用地指标统筹。近年来，广州先后出台了《广州市加快构建现代公共文化服务体系的实施意见》《广州市公共图书馆条例》《广州市公共文化设施管理办法》等一系列政策法规，明确了发展目标、建设标准、重点任务、规划布局和投入保障等，有力地促进了现代公共文化服务体系建设。但从目前实施的相关政策条文来看，当前广州市在政策经费投入保障方面应多注重各区本级财政的自我保障，如最新出台的《广州市公共文化设施管理办法》就规定，“各级人民政府应当深入贯彻落实供给侧改革对文化建设领域工作的总体要求，将公共文化设施建设管理纳入本级国民经济和社会发展规划，公共文化设施建设资金、运行经费及公共文化活动经费应当列入本级人民政府基本建设投资计划和财政预算予以保障”。而实际上广州市 11 个区财力悬殊，建设用地供给情况也千差万别，各区缺乏强有力的统筹协调，致使各个区的公共文化服务体系建设进程和设施管理水平严重失衡。因此必须加大公共文化服务体系建设的财政投入统筹力度，通过政府性基金与一般公共预算统筹协调提高财力较弱地区的经费保障能力。同时，要加强广州市 11 区公共文化设施建设用地的统筹，优先保障发展相对滞后地区的公共文化设施建设用地指标供给，为后进区追平与先进区的差距创造有利条件。

第二，要统筹协调好城市新、旧公共文化设施建设投入的比重与规划建

设的进度，促进新、旧公共文化设施都能够做到物尽其用，均衡发展。建议广州市有关部门尽快对全市范围内的老旧公共文化设施的资产、经营、人才、市场等情况进行全面的资源摸底，尽快实施对优质老旧公共文化设施的服务提升工程，根据具体条件分级分批实施。对那些具有较强符号意义和历史文化价值的老字号剧场、戏院要优先投入资金进行保护性改造升级，对已经老化的旧公共文化设施要及时统筹安排资金进行更新提升，使其能重新焕发新活力，提升设施的服务能力和使用效率。

第三，要尽快建立公共文化服务区域协同发展监测与评估机制。建议广州市文化主管部门联合社会智库深入开展公共文化服务区域协同发展问题常态化跟踪研究，建立公共文化服务区域协同发展评价指标体系，定期向市委市政府、市公共文化服务体系建设协调组提供公共文化服务协调性发展报告，方便市委市政府及时掌握实际发展情况，为相关政策制定和调整提供决策依据。

2. 广州要发挥其在构建粤港澳大湾区文化产业协同发展机制中的核心引擎作用，在文化产业高质量发展方面走在全国前列

《粤港澳大湾区发展规划纲要》明确提出建设“国际一流湾区和世界级城市群”的发展目标，实际上，国际一流湾区不仅是经济湾区，也是文化湾区，高质量发展的文化产业连通经济与文化两大领域，对粤港澳大湾区建设和发展具有极为重要的价值。《粤港澳大湾区发展规划纲要》还明确要求广州“要充分发挥国家中心城市和综合性门户城市引领作用，全面增强国际商贸中心、综合交通枢纽功能，培育提升科技教育文化中心功能，着力建设国际大都市”。因此，广州要站在文化引领粤港澳大湾区建设的战略高度，从打造国际性文化产业枢纽城市、全球区域文化中心城市的更高起点、更高层次和更高目标，整合粤港澳大湾区文化、科技、金融、人才等各类资源，协力推动文化产业协同融合发展。

一般说来，区域性产业协同发展不仅可以促进区域内各种产业发展要素的相互补给、高效整合和优化配置，也有助于产业发展过程中要素耦合效应、技术波及效应、产业关联效应和共生经济效应的发挥，因而已成为推动

区域经济和宏观经济发展的重要路径。[①] 广州市要发挥“文化强市”的核心引擎作用，推动构建粤港澳大湾区文化产业协同发展机制，这不仅有助于凸显广州市作为岭南文化中心地和粤港澳创新节点城市的地位和功能，也是破解广州文化产业自身发展不足难题、真正实现文化产业高质量发展的必然选择。

第一，广州市可牵头建立粤港澳大湾区各城市间推动文化产业协同创新发展的合作交流机构与政策协调机制。通过信息互通、定期交流促进各城市文化产业政策协调，避免政策抵触和冲突，提高文化产业规划和政策的协调度。同时，通过该机制也可以就文化产业和文化市场管理展开广泛深入的经验交流与合作，通过城市间交流获取经验，促进各城市携手提高文化产业管理能力，为保障广州市和粤港澳大湾区文化产业高质量发展创造更加优质的政策环境。除了建立政府间的产业协作机构，广州市还可以牵头建立粤港澳大湾区文化产业行业协会联盟、商会联盟、文化人才联盟等，通过这些新型产业协作联盟，推动大湾区各城市间文化企业、社会组织在信息服务、人才培训、行业自律等方面的合作与交流。

第二，广州市可以引领粤港澳各城市探索、建立、完善文化产业协同创新发展的新机制。重点包括加快建立大湾区城市间的产业分工协作和上下游产业联动发展机制，根据各自的产业基础、产业特色、产业定位实现差异性、互补性发展；加快构建大湾区城市间资源共享、信息互通、行动规范共定、国际市场共拓、发展困难互援的协作发展机制，携手共进，形成文化发展的合力；加快构建大湾区城市间的争端快速解决机制和跨区域执法协调机制，减少文化产业领域的利益冲突和矛盾内耗。

3. 坚持正确的舆论导向，建好、守好文化发展阵地，创新文化治理机制，筑好网络文化安全堤坝

首先，广州市要按照习近平总书记在全国政协十三届二次会议文化艺术界、社会科学界联组会上提出的“坚持用明德引领风尚，加强党对文艺工

---

① 向晓梅、杨娟：《粤港澳大湾区产业协同发展的机制和模式》，《华南师范大学学报》（社会科学版）2018 年第 2 期。

作的领导”“坚持与时代同步伐，创新做好艺术重点工作”“坚持以人民为中心，加大文艺惠民力度”“坚持以精品奉献人民，努力打造艺术高峰”总要求，鼓励、扶持创作一批具有“精神高度、文化内涵、艺术价值”的文艺精品，用更多的优秀主旋律作品吸引人、激励人，占领主流文化市场，净化文化市场生态。积极培育壮大主流舆论，聚焦高校、媒体、网络、宗教等重点领域的阵地管理和舆情管控，系统防范和快速化解意识形态安全和文化安全的风险。

其次，基于网络空间是文化安全风险高发的重点领域和风险防控的薄弱环节，建议广州市把网络综合治理放在事关国家和城市安全的至关重要的位置高度重视。一方面，广州市要确立多边参与、多方参与的原则，发挥政府、互联网企业、技术社群、民间机构、公民个人等各种主体的作用，紧紧依靠社会各界和人民群众加强网络安全的社会共治。另一方面，基于广州市个别部门、企事业单位网络安全意识薄弱，重建设轻防护，技术人才和网络安全经费短缺等问题，广州市应努力防范这些单位的互联网数据中心成为网络攻击的目标，进一步强化对基层单位的网络安全意识宣传、培训和问责；积极督促各级党政机关和企事业单位全面强化网络安全意识，加大信息化建设与网络安全投入力度，强化对网络安全经费与人员的保障，切实做到信息基础设施与网络安全“同步规划、同步建设、同步使用”。此外，广州市还要积极推进广州网络文化安全专项治理行动的常态化、专业化建设，加快建立网络失信黑名单制度和联合惩戒机制，加大对在网络上传播政治性有害信息、淫秽色情信息、网络谣言和销售侵权盗版制品的企业和个人的综合处罚力度。

（审稿人：田丰　丁旭光　孙晓莉）

# 文化产业篇

**Cultural Industry**

## B.2
## 以特色小镇为抓手助推粤港澳大湾区文化圈建设*

广州大学广州发展研究院课题组**

**摘 要：** 特色小镇是一种融合产业、文化、旅游、生活和生态等多种功能的可持续创新创业平台，对助推粤港澳大湾区文化圈建设、人文与产业价值链提升、区域一体化创新协同发展等都具有重要的价值与意义。粤港澳大湾区需要进一步发挥特色小镇在其文化圈建设中的抓手、示范、引领、体

---

* 本报告系中共中央宣传部文化名家暨“四个一批”领军人才重点资助项目“国家文化安全视野下提升区域文化软实力研究”的研究成果。

** 课题组组长：涂成林，广州大学二级研究员、博士生导师，广东省区域发展蓝皮书研究会会长，国家“万人计划”领军人才，中宣部文化名家暨“四个一批”领军人才。成员：谭苑芳，广州大学广州发展研究院副院长、教授、硕士生导师，博士；曾恒皋，广州大学广州发展研究院软科学研究所所长、副研究员；周雨，广州大学广州发展研究院助理研究员，博士；丁艳华，广州大学广州发展研究院特聘研究员；粟华英，广州大学广州发展研究院社会调查中心主任；曾梓粦，广州大学公共管理学院2017级研究生。执笔人：涂成林、曾梓粦。

验等平台价值与功能，加强特色小镇的规划布局与示范引领。

**关键词：** 粤港澳大湾区　文化圈　特色小镇

## 一　文化圈建设是粤港澳大湾区迈向国际一流湾区的现实要求与必然选择

### （一）国际经验证明大湾区建设需要经济与文化、科技、生态高度融合发展，国际一流湾区都拥有成熟的文化圈

纽约湾区、旧金山湾区、东京湾区是世界公认的知名三大经济湾区。从这三大世界级经济湾区的发展经验来看，大湾区建设不仅是一个经济概念，更是一个社会概念，经济与文化、科技、生态高度融合发展是大湾区走向成功的必由之路，也是大湾区成熟的典型标志。

1. 世界一流湾区不仅是经济湾区，也是文化湾区、科技湾区、生态湾区

大湾区是基于地理特征和地域分工的一种经济社会活动集合，是国际化、现代化城市发展形态与海港经济、总部经济、创新产业、金融服务等先进经济发展形态的有机结合。当今世界，全球60%的经济总量集中在海湾及其腹地，大湾区经济已成为带动全球经济发展的重要增长极。但强大的经济实力只是大湾区发展的初级形态，经济、文化、科技、生态高度融合发展才是大湾区经济发展到中高端阶段的重要城市社会经济发展形态，集经济湾区、文化湾区、科技湾区、生态湾区于一体是世界一流湾区的显著标志。纽约湾区、旧金山湾区、东京湾区这三大国际著名经济湾区无不具有开放的经济结构、完善的产业配套体系、高效的资源配置能力、广泛的集聚外溢效应、超强的创新能力、发达的国际交往网络、包容的文化环境、强大的区域文化软实力和宜居宜业宜游的城市生态环境等特点。

2. 人才集聚、创新协同、文化融合、生态支撑是湾区经济从价值链低端走向高端、影响力从区域走向全球的根本保证

湾区经济的初始形成首先是得益于其特殊的区位优势和优美的自然环境，这是国家在此区域进行重点产业布局和规划建设的先决条件。而产业布局、经济发展与宜居环境自然带动了全国性乃至全球性的人才资源向湾区城市集聚。来自五湖四海的新旧移民的文化碰撞与融合使得大湾区最终形成了较为开放包容的都市移民文化。而文化融合通过“人才聚集—企业家精神和包容性—创新能力—技术进步—产业升级—国际竞争力与影响力”的基本路径开始深远影响大湾区经济发展水平。例如，19 世纪开始的“淘金热”使旧金山湾区集聚了大量外来人口，使得旧金山成为当时美国西部最大的城市之一，并促进了旧金山湾区移民文化的形成。到 20 世纪中下叶，在高度开放包容的移民文化的推动下，大批来自印度、中国等全球各地的留学生和科技人才移民旧金山湾区，全球领先的科技创新能力和高度发达的高新技术产业进而带动了旧金山、圣荷西、奥克兰为代表的湾区城市群在美国西海岸快速崛起。

同时，大湾区处于陆海交接地带，是生态环境敏感、脆弱区域，因此国际一流经济湾区的开发建设都高度重视产业布局与生态环境的协调发展。例如，美国旧金山湾区和纽约湾区在建设初期就通过制定改善水质和转移重污染企业法规、鼓励高新技术企业发展条例和减少碳排放备忘录等，共同推进湾区可持续社区发展，不仅整治了污染，也创造了良好的自然、生态环境和文化。

而湾区优美的自然生活环境和开放包容的文化氛围吸引了大批具有较高知识技能水平的科技人才、金融人才到此地生活、创业、就业，从而形成经济、文化、科技、生态的良性互动。大湾区经济的产业结构也由此从价值链低端的传统制造业向高端的高新技术产业、现代服务业转移升级。从当前国际一流的三大湾区的产业结构看，纽约湾区第三产业创造的经济价值占国民生产总值的比重已接近 90%，东京湾区和旧金山湾区第三产业在国民经济中也都占主导地位，比重不低于 80%（见表 1）。因此，长期以来，湾区开放包容的文化氛围、宜居宜业的生活环境和集聚协同的创新资源都被视为湾区经济发展的主要内在动因。

**表1　全球三大湾区主要产业及第三产业所占比重**

单位：%

| 湾区名称 | 主要产业 | 第三产业比重 |
|---|---|---|
| 纽约湾区 | 金融保险业、房地产业、专业和科技服务业、医疗保健业、批发零售业 | 89.5 |
| 旧金山湾区 | 房地产业、金融保险业、制造业、批发零售业、信息产业和医疗保健业 | 82 |
| 东京湾区 | 服务业、制造业、不动产业、批发零售业、金融保险业和通信传媒业 | 80 |

### （二）无论是国家战略要求还是自身现实需求都需要粤港澳加快推进文化圈建设

生态圈的概念起源于生态学，是指“在一定的时间和空间中，生物体与其生存环境之间的协调作用，通过物质循环、能量流动、信息交流形成一个能量平衡的、生命活动相对稳定的、开放的且能自我调控的生态系统”。① 而本报告所说的文化圈是指某个特定的时间和空间内，多边群体文化交融与共生、竞争与合作共同构成的稳定圈层体系。一个成熟完善的城市群文化圈应该是经济与文化、科技、生态融合发展，文化生态系统与创新生态系统复合叠加，城市群内部文化功能既有明确分工又有紧密协作的文化生态体系。粤港澳大湾区建设文化圈有助于加快形成开放包容的文化环境与创新协同的发展氛围，促进港澳与内地的文化价值认同，引领经济高质量发展，为粤港澳大湾区创新驱动发展和区域一体化提供必要的文化生态支撑。

2019年2月，党中央、国务院正式发布《粤港澳大湾区发展规划纲要》（以下简称《纲要》），对粤港澳大湾区的战略定位是：充满活力的世界级城市群、具有全球影响力的国际科技创新中心、“一带一路”建设的重要支撑、内地与港澳深度合作示范区、宜居宜业宜游的优质生活圈。《纲要》明确提出要积极拓展粤港澳大湾区在科技、教育、文化、旅游、生态等领域的

① 任皓、张梅：《“互联网+”背景下西部旅游产业生态圈建设研究》，《生态经济》2017年第6期。

交流与合作，开放融合共建人文湾区、科技湾区、生态湾区和休闲湾区。可见，构建完善文化圈，加快将粤港澳建设成为发展活力充沛、文化开放繁荣、生态环境优美、创新协同发展的美丽湾区，是重要的国家战略要求。

粤港澳大湾区 2018 年的 GDP 总量已超过 10 万亿元，在 2018 年中国城市综合竞争力排行榜中，排行榜前五粤港澳占了三席，其中香港、深圳、广州分列第一、第二、第五位。广深港高铁、港珠澳大桥已经开通，国际航空航运枢纽、世界制造业中心的地位更加凸显。粤港澳大湾区在基础设施与经济实力方面已可以比肩世界一流湾区。但对标当今世界三大湾区，粤港澳大湾区在产业结构、创新质量、文化融合、区域一体化水平、经济竞争力与国际影响力等方面还存在很大的差距（见表 2）。在 2018 年中国文化竞争力十佳城市中粤港澳无一城市上榜，这呈现了粤港澳明显的经济强而文化弱的发展态势。尤其是粤港澳大湾区涵纳两种不同的制度和三个独立的关税区域，粤港澳三地在经济制度、行政体制、金融财税体系、法治体系乃至文化心理方面都存在巨大的差异，难以实现人才、技术、金融等各类要素完全自由流动和资源的高效配置，在文化融合发展和区域创新协同方面存在明显短板，创新协同性、文化包容性亟待加强。

**表 2　四大湾区主要发展指标比对**

| 类别 | GDP 总量（万亿美元） | 人均 GDP（万美元/人） | 地均 GDP（亿美元/平方千米） | 第三产业比重（%） | 港口集装箱吞吐量（万标箱） | 海外游客人数（万人次） | 经济竞争力指数 | PCT 专利总量（万件） | 发明专利施引数量（个） |
| --- | --- | --- | --- | --- | --- | --- | --- | --- | --- |
| 纽约湾区 | 1.72 | 8.46 | 0.80 | 89.5 | 465 | 5200 | 0.754 | 0.8 | 8676 |
| 旧金山湾区 | 0.83 | 10.78 | 0.46 | 82 | 227 | 1651 | 0.924 | 0.72 | 16777 |
| 东京湾区 | 1.86 | 4.23 | 1.37 | 80 | 766 | 556 | 0.896 | 2.86 | 15469 |
| 粤港澳大湾区 | 1.51 | 2.17 | 0.27 | 62 | 6520 | 169 | 0.591 | 2.14 | 7317 |

资料来源：经济竞争力指数来源于中国社会科学院（财经院）与联合国人居署共同发布的《全球城市竞争力报告 2018—2019：全球产业链：塑造群网化城市星球》；PCT 专利数据来源于广州日报数据和数字化研究院（GDI 智库）发布的《粤港澳大湾区协同创新发展报告（2018）》；其他数据根据网络公开数据整理。

同时，香港近年来港独势力、排外势力抬头，分离主义、文化独港等错误思潮泛滥，香港地区一小部分人在外部势力幕后指使下发动了驱蝗运动、占领中环、旺角骚乱、暴力冲击立法会等一系列反党反国家事件，不仅严重影响了香港的国际城市形象和经济社会发展，也对粤港澳大湾区融合发展构成了重大威胁。因此，无论是从国家对粤港澳大湾区的战略要求角度，还是从其自身的现实短板与发展需求角度，粤港澳大湾区都需要加快推进文化圈建设，通过文化生态系统和创新生态系统的复合构建，加快破解体制障碍、补齐文化短板、消除文化心理差异、优化创新创业环境、引领产业升级、促进人才集聚、突破生态约束。

## 二　利用特色小镇对助推粤港澳大湾区文化圈建设的重要价值

2015 年 12 月，习近平总书记在中央财办报送的《浙江特色小镇调研报告》上做出重要批示，强调抓特色小镇、小城镇建设大有可为，对经济转型升级、新型城镇化建设都具有重要意义。为更好地发挥特色小镇在新型城镇化战略和乡村振兴战略中的价值功能，国家发改委、国土资源部等部门在 2016～2017 年先后出台了《关于加快美丽特色小（城）镇建设的指导意见》《关于规范推进特色小镇和特色小城镇建设的若干意见》等一系列政策文件，以支持特色小镇的建设发展。包括广东在内的全国各省市政府也纷纷出台了推动特色小镇建设的政策文件，积极鼓励因地制宜地发展特色小镇。

特色小镇作为特色产业、地域文化、优美环境和完善配套的综合体，是一种融合产业、文化、旅游、生活和生态等多种功能的可持续创新创业平台。这不仅体现在“产、城、人、文、旅”等功能的叠加，还表现在生产、生活、生态的高度融合，特色小镇是“宜创、宜业、宜居、宜游、宜享”五位一体的新型发展空间。在粤港澳大湾区内部加快规划建设一批产业集聚发展、生态环境优美、人文气息浓厚、城镇功能完善的高水平特色小镇，对助推粤港澳大湾区文化圈建设、人文与产业价值链提升、区域一体化创新协同发展等都具有重要的价值与意义。

### （一）特色小镇是小平台大产业、小载体大创新、小空间大融合的战略发展平台，有助于拓展提升粤港澳大湾区人文与产业价值链，不断优化文化圈的内在结构

当前粤港澳大湾区的产业发展整体上尚处于全球价值链的中低端位置，这是大湾区经济发展质量不高和竞争力不强的主要原因，是大湾区与世界一流湾区最明显的差距。同时，珠三角九市与香港、澳门两个特别行政区虽然文化同源、民俗相近，但政治体制不同与行政地域壁垒使得粤港澳三地的人文与产业价值链尚未实现彻底融合，文化融合度与创新协同度不高，这是粤港澳大湾区亟待突破的发展瓶颈。

而特色小镇是集产业链、创新链、服务链、资金链于一体的特色产业集群与融合发展平台，有别于传统行政集镇和产业园区。它对外与全球创新网络相连接，可以把最新的产业创新信息、新业态、新的商业模式甚至创新人才导入本区域；对内可以通过协同推进特色产业创新战略联盟和区域创新体系建设，促进区域内创新资源、信息和成果等互通共享，形成紧密精细的区域创新网络。同时，特色小镇通过对地域文化的挖掘、推广、体验与交流，为粤港澳三地人文价值链融合拓展提供了新的发展平台。例如，当前正计划在惠州潼湖投资建设的亚洲美术家小镇项目，就是要聚集粤港澳乃至全球的美术家资源和创意设计人才，整合岭南绘画艺术产业和广东动漫创意产业等优势资源，重点发展艺术创作生产、数字动漫设计、创业孵化服务、美术会展博览、美术教育培训、艺术体验旅游等产业与服务功能，从而拉动岭南绘画艺术产业和广东动漫创意产业向产业链、价值链高端发展。并在艺术联合创作、产业创新协同、创新人才集聚、文化教育交流和文化旅游体验中潜移默化地实现人文与产业价值链融合拓展。而产业链高端化发展，人文与产业价值链融合化拓展提升，将有助于大湾区文化融合度与创新协同度的提高，从而使粤港澳形成结构更加稳定、功能更加协调的文化圈。

## （二）特色小镇是生产、生活、生态高度融合发展的经济形态，可以为粤港澳大湾区文化圈建设提供示范与体验平台

积极拓展粤港澳大湾区在教育、文化、旅游、社会保障等领域的合作，共同打造公共服务优质、宜居宜业宜游的高品质生活圈，这是《粤港澳大湾区发展规划纲要》明确提出的重点建设内容。而特色小镇正是依赖某一特色产业和特色环境因素（如地域特色、生态特色、文化特色等），打造形成的具有明确产业定位、文化内涵、旅游特征和一定社区功能的中小城镇，是旅游景区、消费产业聚集区、新型城镇化发展区三区合一，“产、城、人、文、旅”五位一体化的新型空间形态与重要功能平台。

粤港澳三地文化都以岭南文化为基因，在大湾区内部规划建设一批独具岭南魅力、产业特色鲜明、生态环境优美、形态多式多样的高水平特色小镇，集聚粤港澳三地经济、文化、人才资源进行共同开发建设，引导粤港澳三地市民来此创业、就业、交流、生活、休闲、旅游，可以有效增强人们对大湾区的认同感，稳固情感纽带，扫除文化心理障碍，促进文化融合。并通过特色小镇的良好示范效应进一步促进粤港澳大湾区文化圈的形成。

## （三）特色小镇推动岭南文化创新发展，促进高端创新文化资源集聚，是加快提升粤港澳大湾区文化圈软实力和影响力的重要抓手

经济与文化是湾区经济发展的“两翼”，而当前粤港澳大湾区是经济强而文化弱，丰富的岭南文化资源并没有被充分挖掘展示出来进而转化为经济实力和文化号召力，这是粤港澳要建设世界一流湾区必须尽快突破的最大瓶颈。而特色小镇正是利用当地的产业特色、文化资源、人文价值和生态禀赋而建设发展的一种新型经济模式，是推动文化创新发展和广泛传播的重要载体。

特色小镇在发达国家甚为常见，尤其是在欧美，特色小镇更是以其独特的产业及深厚的历史人文底蕴显示出强大的生命力，极大地提升了当地的文

化软实力和国际影响力，如依托体育文化的意大利丽晖谷小镇、依托影视文化的西班牙胡斯卡尔小镇、农业和文化完美结合的法国普罗旺斯系列小镇等。粤港澳大湾区内现在也建设发展起来了一些颇有文化影响力的特色小镇，如广州沙湾瑰宝小镇、深圳观澜版画文化小镇、中山大涌红木文化旅游小镇等，这些特色小镇不仅推动了当地经济的发展，也极大提升了城市的文化品位和影响力。因此，要塑造大湾区人文精神，共建人文湾区，不断提升大湾区文化圈的文化软实力和国际影响力，在粤港澳大湾区内加快规划建设一批高水平的特色小镇就是一个重要抓手。

### （四）特色小镇是促进粤港澳区域一体化发展的重要平台，与粤港澳大湾区文化圈建设相辅相成

成熟的国际一流经济湾区有完善的城市圈层结构体系和紧密分工协作的经济生态体系，区域之间会呈现“多圈、多核、叠合、共生”的新形态。珠三角九市城乡二元结构，大湾区区域一体化发展水平不协调，这是粤港澳大湾区向国际一流湾区跃升的重要制约因素。也正是如此，《粤港澳大湾区发展规划纲要》特别提出要发展特色城镇，培育一批具有特色优势的魅力城镇，完善市政基础设施和公共服务设施，发展特色产业，传承传统文化，形成优化区域发展格局的重要支撑；建设智慧小镇，开展智能技术应用试验，推动体制机制创新，探索未来城市发展模式；推动珠三角九市城乡一体化发展，全面提高城镇化发展质量和水平，建设具有岭南特色的宜居城乡。

特色小镇不同于行政建制镇和产业园区的创新创业平台，而是以传统行政区划为单元，特色产业鲜明、具有一定人口和经济规模的新型城镇。特色小镇多投资建设于大城市郊区、城乡接合部和城市群网络重要节点，这个特点使得特色小镇不仅是促进经济高质量发展的重要平台，也是新型城镇化与乡村振兴的重要结合点，成为改变城乡二元结构、促进城市群区域一体化发展的重要推手，是落实国家提出的“有重点地发展小城镇，促进大中小城市和小城镇协调发展”重大战略部署的关键举

措。例如，正在规划建设中的潼湖科技小镇、惠州潼湖－亚洲美术家小镇就落子于深莞惠三市的接合部，这两个投资均近百亿的大型特色小镇建成后不仅可以立即改变潼湖镇落后的经济面貌，也会进一步加快深莞惠城市一体化进程。

区域一体化创新协同发展是经济与文化、科技、生态融合发展的基础保障，有助于文化圈的构建完善。而成熟的文化圈能够提供更加开放包容的文化环境和创新生态，为大湾区一体化创新协同发展提供必要的文化生态支撑。可见，特色小镇建设与文化圈建设互为支撑，两者相辅相成，协同推进，有助于粤港澳大湾区规划建设目标的早日实现。

## 三　以特色小镇为抓手助推粤港澳大湾区文化圈建设的建议

基于特色小镇对粤港澳大湾区文化圈形成的重大作用与影响，我们建议进一步发挥特色小镇在粤港澳大湾区文化圈建设中的抓手、示范、引领、体验等平台价值与功能，加强特色小镇的规划布局与示范引领。

### （一）加强规划引领，尽快制定出台粤港澳大湾区特色小镇发展规划

当今珠三角九市已经建成或在建的高水平特色小镇不多，在全国403个国家级特色小镇中，珠三角地区才有11个，而同期上海市有9个、浙江省23个、江苏省22个，珠三角与长三角的差距非常明显。而且当前广东的特色小镇建设基本是企业自发投资，缺乏合理的规划布局，特色小镇分布极不均衡，在珠三角现有的11个国家级特色小镇、18个省级特色小镇（其中，禅城陶谷小镇有石湾和南庄两个片区）中，仅佛山、中山就占了一半左右，广州、深圳、东莞、惠州四个大湾区东部城市鲜有大型特色小镇项目落地（见表3）。特色小镇数量偏少，布局不均，这种状况显然没有充分发挥出特色小镇在拓展提升粤港澳大湾区人文与产业价值链、促进文化融合与价值认同、推进区域一体化创新协同发展等方面的重大作用。

**表3　珠三角九市特色小镇分布一览**

| 城市 | 国家级特色小镇 | 省级特色小镇 |
|---|---|---|
| 广州 | 番禺区沙湾镇 | 番禺沙湾瑰宝小镇 |
| 深圳 | — | 龙华大浪时尚创意小镇 |
| 珠海 | 斗门区斗门镇 | 平沙影视文化小镇 |
| 佛山 | 顺德区北滘镇 | 禅城陶谷小镇（石湾片区） |
| | 南海区西樵镇 | 禅城陶谷小镇（南庄片区） |
| | 顺德区乐从镇 | 南海千灯湖创投小镇 |
| | — | 北滘智造小镇 |
| | — | 龙江智慧家居小镇 |
| | — | 乐从乐商小镇 |
| | — | 陈村花卉小镇 |
| 惠州 | — | 潼湖科技小镇 |
| 东莞 | — | 长安智能手机小镇 |
| | — | 大岭山莞香小镇 |
| 中山 | 古镇镇 | 小榄菊城智谷小镇 |
| | 大涌镇 | 古镇灯饰小镇 |
| | — | 大涌红木文化旅游小镇 |
| 江门 | 开平市赤坎镇 | 开平赤坎华侨文化旅游小镇 |
| | 蓬江区棠下镇 | — |
| 肇庆 | 高要区回龙镇 | 高要回龙宋隆小镇 |
| | 鼎湖区凤凰镇 | 四会玉器文化小镇 |

因此，要根据《粤港澳大湾区发展规划纲要》提出的“到2035年将粤港澳建成活力充沛、创新能力突出、产业结构优化、要素流动顺畅、生态环境优美、有强大文化软实力与国际竞争力的宜居宜业宜游国际一流湾区”的发展目标要求，在广东省现已出台的《关于加快美丽特色小（城）镇建设的指导意见》的基础上，尽快研究制定粤港澳大湾区特色小镇发展规划，根据大湾区各区域的资源条件和文化圈层结构完善需要，在珠三角九市范围内重点布局建设一批有助于文化圈构建、完善的高水平特色小镇，尽快形成国家级、省级、市级等层次分明、结构合理、功能协调的特色小镇发展体系。

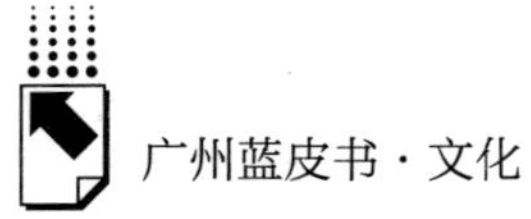


### （二）加强示范引领，围绕重点区域、关键节点和核心领域加快规划建设一批示范型特色小镇

积极发挥特色小镇对文化圈建设的示范、引领与支撑价值功能，围绕重点区域、关键节点和核心领域加快规划建设一批对大湾区文化圈起到支撑作用和引领效应的示范型特色小镇。在区域布局上，建议重点扶持网络节点型特色小镇和大城市依托型特色小镇。一是要加强对深圳、珠海、中山等临近港澳地区的特色小镇的布局，使其成为全面深化内地与港澳合作交流的平台与桥梁；二是要着重加强对广佛、深莞惠等城市一体化关键节点地区的特色小镇的布局，使其成为促进区域一体化的联结纽带。在核心产业领域，建议重点扶持建设有助于粤港澳大湾区产业价值链提升和对文化软实力提升有重大支撑平台价值、对区域文化融合与创新协同发展具有显著示范引领效应的特色小镇，重点规划建设一批高水平的文旅创意型特色小镇、科技创新型特色小镇和智慧生活型特色小镇。

### （三）加强文化与生态引领，依托特色小镇培育打造一批粤港澳文化融合示范合作区与宜居宜业宜游优质生活示范体验区

真正高水平的特色小镇既有自身发展的动力支撑——特色产业，又适合人居——宜居生态，还能满足人们的最终关切——品质生活。特色小镇与传统意义上的行政建制镇的不同在于：前者可提供更为多元共存的文化体验，更加有助于文化深度融合。因此这种以产业为核心，以项目为载体，集产业、文化、旅游和社区等功能为一体的特色小镇，是推进人文湾区、休闲湾区建设的极佳媒介，是支撑大湾区文化圈建设的重要载体。因此建议依托特色小镇规划建设、着力打造一批具有浓郁岭南文化特色的粤港澳文化融合示范合作区与宜居宜业宜游优质生活示范体验区。这些示范区不仅是传统岭南文化、国际大都市移民文化与湾区生态文化培育、融合、创新的重要平台，也是彰显与体验独特岭南文化魅力的重要窗口。建议粤港澳通过文化交流合作与生活体验示范，促进三地文化身份认同，提升粤港澳大湾区的文化软实力与国际影响力。

### （四）加强政策与金融扶持，促进社会资源、高端创新人才加速向特色小镇集聚

特色小镇不同于一般行政建制镇，其投资主体企业化，投资行为市场化，同时，特色小镇项目还具有投资规模大、建设周期长、收益回报慢、用地面积较多、批建难度大、远离中心城区、人才吸引难度较高等显著特征，较高的资金、用地、人才风险使得一些企业对投资特色小镇望而却步。另外，特色小镇不仅具有强大的产业功能，还有相应的生活居住、文化旅游和生态保护功能，因此一些占地面积较大的大型特色小镇，其项目投资强度一般都不高，特色小镇在寸土寸金的珠三角地区选址也困难重重。因此，建议广东针对特色小镇项目的特殊性，在用地、融资、生态、人才等方面及时推出一些倾斜性的扶持性政策，以鼓励支持大型特色小镇项目加速在珠三角九市布局落地，从而使特色小镇能够真正发挥出在大湾区文化圈建设中的支撑与引领效应。

一是适当降低特色小镇的项目投资强度门槛，对有助于大湾区文化圈和优质生活圈构建与区域一体化创新协同发展、有利于粤港澳三地文化交流与合作、有助于提升大湾区核心竞争力和国际文化影响力的重大项目，项目投资强度门槛可以适当降低；二是将具有重大产业与文化价值的特色小镇优先纳入省市两级重点产业建设项目计划，帮助大型特色小镇项目能够顺利突破用地限制，扫除土地调规障碍；三是支持鼓励特色小镇绿色低碳发展和低冲击开发建设，对生态型特色小镇给予一定的政策与财政扶持，提高大湾区的生态环境质量，破解大湾区文化圈的生态约束；四是采取“一事一议”的办法，对粤港澳大湾区建设发展具有重大产业与文化价值的特色小镇项目，在配套住宅、人才公寓和配套商业服务设施用地指标上适度放宽要求，以帮助特色小镇加快形成优质的商业环境和居住生态，促进高端创新人才加快向特色小镇集聚。

### （五）加强规范监管，建立健全退出机制，引导特色小镇规范化、高质量发展

特色小镇虽然对粤港澳大湾区文化圈建设具有重要的价值与意义，但一

哄而上、硬上项目、盲目发展会造成大量的资源浪费和价值功能衰退，反而不利于大湾区文化圈构建、完善与长远发展。因此，必须因地制宜统筹推进特色小镇项目建设，在鼓励扶持特色小镇发展的同时，要切实加强特色小镇的事前、事中、事后监管，引导特色小镇规范化、高质量发展。要严防特色小镇建设中的同质化、产业空心化、地产化现象，建议尽快建立健全退出机制，对获得特色小镇称号后转向房地产开发以谋取更多收益的项目，或产业招商不力特色小镇名存实亡的项目，要实施强制退出。

（审稿人：龙　瑶）

**B**.3

# 2018年广州市文化消费的现状分析及发展对策*

陈　天**

**摘　要：** 2018年，广州市文化消费在扩大消费规模、改善城乡结构、提升本地文化产品服务供给、推进文化精品创作、保障老年人文化消费权益等方面都有所建树，然而也存在着诸如文化消费占比偏低、文化消费增长放缓、城乡文化消费差异较大、文化供给侧创新不足等问题。建议未来广州市应强化文化供给的针对性，汲取其他试点地区的先进经验，建设农村公共文化服务体系，坚持文化创新导向，以促进广州市文化消费的进一步提升。

**关键词：** 文化消费　文化产品供给　文化服务供给　文化创新　广州

截至2018年底，距国家文化部公布首批文化消费试点城市已过去了两年半的时间。在此期间，包括广州市在内的全国各试点城市在刺激城市文化消费上做出了诸多努力，并取得了相应的成效。本报告拟分析2018年度广州市文化消费市场的情况，剖析广州市在成为全国文化消费试点城市后文化消

---

* 本报告系广州市社科规划2019年度项目“美术与教化：近百年来岭南美育的创新实践与社会效应”（编号：2019GZGJ81）的研究成果。

** 陈天，广东工业大学艺术与设计学院讲师，广东粤港澳合作促进会文化传播委员会常务理事，岭南文化艺术创作鉴赏研究院研究员，主要研究方向为艺术创作理论与实践、岭南艺术发展史研究、艺术市场分析等。

费发生的变化与存在的不足之处，并针对存在的问题提出相应的发展建议，以促进广州市文化消费的进一步提升，更好地焕发广州市老城市的新活力。

## 一 2018年广州市文化消费的现状分析

### （一）人均文化消费增速稳中放缓，总额全国排名前列却后劲不足

2018 年度，广州市文化消费的整体规模及人均文化消费均处于提升状态，然而这一增势已开始出现减缓的迹象，具体表现在以下两方面。一是广州市文化消费的整体规模不断扩大。2018 年，广州市按常住人口计算的教育及文化娱乐服务消费（以下统称“文化消费”）总体规模约为 769 亿元，较上年同期约增长 8.2 个百分点，总体文化消费的规模处于持续扩大的状态。二是广州市人均文化消费水平也在不断提升。2018 年，广州市城镇、农村居民的人均文化消费同比约分别增长 4.6% 和 11.3%，城镇居民的人均文化消费增速继续减缓，而农村居民的人均文化消费增速仍在提升。此外，无论是农村居民还是城镇居民，文化消费在消费性支出中所占的比例较上年度都有小幅度提升（见表 1）。

**表 1　2014～2018 年广州市农村、城镇居民人均文化消费与占比水平**

| 类别 | 2014 | 2015 | 2016 | 2017 | 2018 |
|---|---|---|---|---|---|
| 农村居民人均文化消费(元) | 1396 | 1481 | 1667 | 1817 | 2022 |
| 农村居民文化消费在消费性支出中所占比例(%) | 9.6 | 9.6 | 9.4 | 9.6 | 9.8 |
| 城镇居民人均文化消费(元) | 4272 | 4640 | 5044 | 5405 | 5652 |
| 城镇居民文化消费在消费性支出中所占比例(%) | 12.7 | 12.9 | 13.1 | 13.3 | 13.4 |

资料来源：广州市统计局。

此外，广州市人均文化消费水平在全国仍处于前列，但是其优势在逐渐减弱。2017 年，北京、上海、深圳的城镇居民人均文化消费分别为 4325

元、5087元与3559元，分别占到人均消费性支出的10.7%、12%和9.3%。广州市同期人均文化消费与其在总支出中的所占比例分别为5405元与13.3%，在文化消费金额与占总消费性支出的比例上仍然超越了北京、上海、深圳三地，保住了广州市在四大一线城市中位居第一的位置。然而，与上一年度的数据相比，广州市文化消费增长速度不及其他三市，在四大一线城市中仅以4.7%的增长率忝居末位（见表2）。

**表2　2016年和2017年"北上广深"城镇居民文化消费支出对比**

| 类别 | 北京 | 上海 | 广州 | 深圳 |
|---|---|---|---|---|
| 2016年城镇居民人均教育文化娱乐性支出(元) | 4055 | 4534 | 5040 | 3092 |
| 2016年文化消费占总消费性支出比例(%) | 10.5 | 11.3 | 13.1 | 8.4 |
| 2017年城镇居民人均教育文化娱乐性支出(元) | 4325 | 5087 | 5405 | 3559 |
| 2017年文化消费占总消费性支出比例(%) | 10.7 | 12 | 13.3 | 9.3 |
| 较上年增长幅度(%) | 6.7 | 12.2 | 7.2 | 15.1 |

资料来源：北京、上海、广州、深圳四地统计局。

## （二）文化消费结构有效改善，城乡差距持续缩小

近年来，广州市文化消费的城乡差距持续缩小，其中2018年度的变化幅度较往年更为明显。《2018年广州市国民经济和社会发展统计公报》数据表明，广州市城镇居民人均文化消费较上年度约增长4.6%，而农村居民人均文化消费较上年度约增长11.3%，农村居民人均文化消费增速较城镇居民人均文化消费增速高出逾6.7个百分点。这表明广州市城镇文化消费的增速在放缓，而农村文化消费增速在持续提升，说明广州市农村、城镇在文化消费的结构性差距方面在进一步缩小（见表3）。由于广州市农村居民的人均文化消费较城镇居民的人均文化消费增长更快，城乡文化消费的结构也处于持续调整之中。2017～2018年，广州市农村居民相对于城镇居民的人均

文化消费比值由33.6%上涨至35.8%，而在2015～2017年，这一比值仅由32.6%增长至33.6%，2018年度较前几年的增长幅度明显。由于农村居民人均文化消费持续保持高速增长，而城镇居民的人均文化消费增速持续走低，广州市城乡文化消费的差距在日渐缩小。

**表3　2015～2018年广州市城镇、农村居民人均文化消费较上年增长幅度**

单位：%

| 地区＼年份 | 2015 | 2016 | 2017 | 2018 |
| --- | --- | --- | --- | --- |
| 城镇 | 8.6 | 8.7 | 7.2 | 4.6 |
| 农村 | 6.1 | 12.6 | 9.0 | 11.3 |

资料来源：广州市统计局。

## （三）公共文化供给持续改善，本地文化供给逐步提升

广州市公共文化事业持续发展。一是广东各级政府大力推进农村文化基础设施建设。2018年，广东地区新增建成村级综合性文化服务中心超过1.1万个，覆盖率达95%，提升约40个百分点，为广州推进公共文化事业发展提供了良好的外部环境。二是广州市建设“图书馆之城”实现新的突破。截至2017年底，广州市公共图书馆在覆盖率、借阅量及接待读者量等方面实现跨越式增长，已接近纽约等世界文化名城的同类服务指标；2018年数据表明，广州市图书馆外借文献量达1142.75万册次，接待读者866.53万人次，每日人均进馆数约2.5万人次，已跻身世界公共图书馆前列。三是广州市积极利用社会资源建设公共文化服务体系。广州市通过政策扶持、财政支援、政府采购等方式，充分调动社会各界资源以补齐文化发展短板，并提出了在2020年实现“三馆一站两中心”建设全覆盖、全达标的目标。

此外，广州市本地文化产品供需关系持续向好。与上年度相比，2018年广州本地文化产品服务供给情况有所改善，本地文化产业产品的供给呈持续增长之势。2017年，在广州市固定资产投资中，第三产业同比增长

6.4%，而文化、体育和娱乐业同比增长率则达到37.18%。2018年，在广州市固定资产投资中，第三产业的同比增长率仅为2.6%，然而文化、体育和娱乐业的同比增长率却达到了58.5%，在统计行业中位列第一；教育业的增长率虽有所下滑，但其同比增长率也达到了49.5%，在增长率排名中位列第三。此外值得指出的是，外商对广州文化产业投资的意向呈明显下降的趋势。与2017年数据相比，2018年外商在广州市文化、体育和娱乐业及教育业中的合同投资额度分别下降97.6%和79.3%。在外商投资意向明显下滑的情况下，广州市文化产业投资保持了持续的增长，甚至加快了增长速度，这间接说明广州本土的资本被调动起来，用于投资文化产业并改善广州市的文化供给状况。

## （四）着力打造艺术精品，做大做强文化创意产业

广州市坚持艺术创作的人民性、现实性、独创性等原则，不断提升艺术创作的质量，努力推出艺术精品。就广东省而言，2018年全年新创大型舞台艺术作品65台，其中由广东歌舞剧院演出的舞蹈《与妻书》以最高评分荣获第十一届中国“荷花奖”当代舞奖；广东省国家艺术基金申报量保持稳定增长，全年申报项目364个，同比增长45.6%，其中31个项目获得资助，资助金额合计2050万元。广州市作为省会城市，积极推动“文化+旅游”的发展模式，取得不俗的成绩。比如，增城建立的“1978电影小镇”举行第二届华语戏剧盛典；广州市还在2018年建成了一条“最广州”历史文化旅游步径，将各处景点串联，形成一批优秀文化景点、旅游特色区。

广州市在文化创意产业方面持续加力。据统计，2017年广州市文化创意产业增加值达2800亿元左右，进一步巩固了其支柱性产业的地位；除社会资本之外，广州市还积极尝试文博类事业单位与文创产业的结合。广东省文化和旅游厅于2018年底公布包括广东省文化馆、广州市越秀区文化馆、广东民间艺术工艺博物馆等16家文化单位在内的首批省文化文物单位文化创意产品开发试点单位名单，以期开发出满足多样化文化需求的优秀文创产品。

### （五）扎实推进老龄文化服务，切实保障老年人的基本文化权益

2017年，广州市户籍人口中60岁以上人口占比高达18.02%，广州市已处于严重老龄化阶段。其中，越秀、荔珠、海珠三区的老龄人口已接近区域内全体人口的四分之一。针对目前严重老龄化的情况，广州市积极推进老年人基本文化权益保障的相关工作，并取得较好的成效。一是利用财政杠杆与政策力量，完善老年人公共文化服务阵地。2017年，广东省颁布了《广东省老年人权益保障条例》，将“老年人公共文化服务”列入法规条例，这推动了广东省老年人文化服务事业迅猛发展，截至2018年3月，广东省地区的社区（村）综合性文化服务中心的覆盖率已达到63.22%。广州市对人口老龄化问题极为重视，不仅制定了应对城市老龄化的发展战略，而且极为重视城市老年人康体设施的建设，重视城市老年大学建设，取得了较好的成效，并于2018年6月开展广东省文化厅组织的老年大学规范化建设试点自查自评工作。二是广泛开展老年人喜闻乐见的文化惠民品牌活动。广州市积极参与广东省组织的省直艺术院团惠民演出、广东戏曲喜剧特邀展、省群众艺术花会、“百歌颂中华”歌咏活动、广东民歌民乐大赛、“同饮一江水”打工者歌唱大赛、粤曲私伙局大赛、文化志愿者惠民巡演、廉洁读书月、廉政小品曲艺创作大赛、“粤读越精彩”全民阅读系列活动等一系列惠及老年群众的文化品牌活动，这些活动也产生了积极的影响。

## 二　当前广州市文化消费存在的主要问题

### （一）试点成效不足，人均文化消费占比依旧偏低

广州市作为国家文化消费试点城市，经过新一年的探索，取得了多种进展，文化消费在严峻的经济形势下呈现较强的活力与特色。但是，无论是与发达国家大城市相比，还是与国内文化消费强市相比，广州市居民文化消费在总支出中的占比水平都仍然处于偏低的状态。特别是与2017年相比，广州市2018年城镇居民的人均文化消费在消费性支出中的占比仅上升0.1%，

达到13.4%，发展速度呈现明显颓势。这与发达国家大城市接近30%的文化消费占比相比，差距依然非常明显。从国内看来，曾被列为2017年度广州市对比对象的文化消费强市长沙市，在2018年仍然维持住了强劲的发展势头。2018年，长沙市城镇居民人均文化消费高达6876元，同比增长7.8%，在消费性支出中占比高达18.7%。虽然长沙市文化消费性支出的增速也略有下滑，然而在较大基数的文化消费水平之下，仍然在总支出占比方面取得了0.3%的提升，增速也没有大幅度的减少。相比之下，广州市城镇居民人均文化消费占比水平仅从13.3%提升至13.4%、同比增长率从7.2%下降至4.7%，这个数据就显得尤为惨淡。目前，广州市文化产业增加值占全市GDP的5%左右，按文化创意产业口径来统计，2017年全年文化创意产业的估值达到2800亿元，甚至占到了全市GDP的13%左右，文化产业已成为广州市支柱性产业之一，然而广州市文化消费的发展势头却难以跟上文化产业的投资速度，这表明以供给促消费的效果并不明显。

### （二）城镇地区消费意愿下降，文化消费增长持续减速

2016~2018年，广州城镇地区居民的人均可支配收入、居民家庭人均消费支出和文化消费的增长率连续三年走低。其中，人均可支配收入的同比增长率的减退并不是很明显，仅有0.7%左右，而居民家庭人均消费支出及文化消费的同比增长率则下降较为明显，均接近4%。由此可知，不但居民的文化消费处于较为低迷的状态，而且广州市城镇居民的整体消费意愿都处于较为低迷的状态（见表4）。

**表4　2016~2018年广州市城镇居民人均可支配收入、人均消费支出和文化消费同比增长率**

单位：%

| 年份＼项目 | 人均可支配收入同比增长率 | 居民家庭人均消费支出同比增长率 | 文化消费同比增长率 |
|---|---|---|---|
| 2016 | 9.0 | 7.4 | 8.7 |
| 2017 | 8.8 | 5.8 | 7.2 |
| 2018 | 8.3 | 3.8 | 4.7 |

资料来源：广州市统计局。

自2016年广州市被国家确立为文化消费试点城市以来，广州市政府下了许多功夫，以提升广州市民的文化消费水平。在具备诸多利好措施的前提下，广州市城镇居民的文化消费虽然一直保持着增长态势，然而文化消费的增速较之以前下降仍然较为明显，虽然广州市人均文化消费总额仍位于全国前列，然而其发展后劲明显不足。就北京、上海、广州、深圳四个特大城市的人均文化消费增速而言，2017年深圳、上海的同比增长率分别超越15%和12%，北京的同比增长率也超过了6%，而广州市却居于四大城市之末，同比增长率仅为4.7%。相比之下，广州市在成为文化消费试点城市之前，城镇地区人均文化消费的增速反而更加迅速，这表明文化消费试点城市所带来的试点利好、政策利好并不足够。换言之，广州市2015～2016年，其文化消费的增速尚可维持在8%以上，但发展至2018年，却无法维持年均5%的增长水平。这说明，广州市虽在增加城市文化供给的方面下了诸多功夫，但在文化消费方面未见到明显的成效，可见城市文化消费水平的提升不能单凭一时的政策机制便会凸显成效，需要长期持久的努力。

### （三）城乡之间的文化消费差异依然存在

近年来，广州市文化消费的城乡差距在逐渐缩小，农村居民人均文化消费在消费性支出中的占比已连续三年持续上涨。特别是在2018年，农村居民人均文化消费占比已达到9.8%；同时，农村居民人均文化消费的增长速度也持续向好，2018年同比增长率约达11.3%。但就整体而言，广州市城乡文化消费之间的差距仍未得到有效改善，还存在着下列问题。其一，广州市农村居民人均文化消费占比不足。2018年，人均文化消费在农村居民消费性支出中的占比与在城镇居民消费性支出中的占比相差3.6个百分点，仅为9.8%。其二，广州市农村与城镇的人均文化消费数额差距仍在逐年扩大，自2014年至2018年，这个数额差距由2876元扩大至3630元，实际消费量的差距也越发明显。其三，广州市城乡文化消费差距的缩小并不是由农村文化消费水平的提升带来的，相反是城镇文化消费增速减缓导致的。换言之，城乡文化消费差距的缩小还仅仅停留在表面的数字上，这从一定意义上可以反证城市居民文化消费的不足或增速的减缓，所以这种差距的缩小并不是健康的、可持续的。由此可见，广州市城乡文化消费差距仍然存在并将有可能长期存在，广州市政府有关部门在增加农村公共文化服务供给、刺激农村文化消费等方面还需继续努力。

### （四）文化产品、服务供给创新度不足

初步分析，人民群众的文化消费意欲的高低是由多种因素造成的，既有社会保障系统不完善、经济下行压力、物价上涨等各类外部原因，也有文化消费市场、文化产品供给等因素。从文化消费系统内部来看，人民群众文化消费意愿的下降主要与文化产品、服务供给的质量问题挂钩。2018 年，广州市本地文化产品、服务供给情况得到改善，文化产品、服务的供给也在持续增加，有望以供给拉动市场的文化消费。而且 2018 年度广州市文化产业的投资增长率接近 60%，这是在整体经济下行的大背景下，在其他行业中无法看到的增长速度，但广州市作为文化底蕴深厚的文化产业强市，无论是从文化产业发展的历史来看，还是从 2018 年的文化产业投资增速来看，都没有出现与之相适应的文化消费增速，这是令人遗憾的现象。究其原因，我们认为主要是在文化产品的质量上，特别是文化产品的创意性和特色性上存在不足。因为如果文化产品与服务的供给改革仅停留在扩大供给量上，提量不提质、提质不创新、换汤不换药的话，文化消费市场很容易趋于雷同与饱和，市场提供的文化产品、服务就无法有效地吸引消费者，广大市民的文化需求也会逐渐得不到满足。举例而言，对于习惯了图书馆的一般市民而言，增加公共文化供给、提升图书馆的覆盖率，会让市民们能够更便捷地前往图书馆借阅。然而，如果市民在图书馆上所花费的时间、金钱被限定在一定范围内，已经习惯前往图书馆的市民并不会因为多开了几家图书馆就增加自己阅读的时间，单纯地加大供给量对提升文化消费水平的作用其实十分有限。显然，我们说文化产品、服务供给的创新，并不局限于一个方面，而是要进行文化内容、形式、接触渠道等全方位的创新，这样才能有效地刺激文化消费。

## 三　进一步扩大广州市文化消费的若干建议

### （一）对症下药，强化文化产品、服务供给的针对性

目前，随着城市经济的发展、收入的增加及科技的不断进步，特别是随着粤港澳大湾区建设，广州市民的文化消费需求也在日渐升级，对文化产品、服务供给也提出了更为多元化、更加高质量的要求。广州市政府应在充分了解广大城乡市民文化消费需求的基础上，加强文化产品、服务供给的针对性，不断增加文化产品、服务的供给量与供给层次。其一，要对广大市民的文化消费需求进行进一步的了解。利用大数据等分析现今的城市文化消费的潮流和趋势，了解广州市不同层次市民的文化消费需求，有的放矢地提供广大市民真正需要的文化产品服务。其二，加快推进文化产品服务的受众分层制度建设。我们建议通过调查研究细分文化消费市场，以年龄、性别等为切分标准，将文化产品服务的受众分割开来，针对每个阶段的人群进行偏好调查，提供针对性强的文化产品和服务，形成文化消费市场的良性循环。其三，探索实施文化产品服务的分级制度。为保护城市未成年人的身心健康，同时保障成年人能够正常地享受符合其年龄阶段的文化产品服务，按照国际惯例对文化产品服务进行分级十分必要，这对强化文化供给的针对性也大有裨益。

### （二）借鉴、汲取其他文化消费试点城市的成功经验

我国首批文化消费试点城市的工作已进行了一段时间，其他各试点城市都在摸索刺激文化消费的手段，开展文化惠民一类的活动，初步形成了提升城市文化消费水平的成功经验。建议广州市对国内其他试点城市的经验多加研究和借鉴，形成适合广州市文化消费的发展模式和政策举措。例如，长沙市在成为首批文化消费试点城市后总结出“供给引导消费、创新驱动发展”的文化消费“长沙模式”，注重抓统筹、出政策、优服务、兴项目、强实体、重开放、建机制、促融合，在试点工作方面取得了卓越成效。长沙市整

合各界资源，与多家单位展开文化消费试点工作的合作。如长沙滨江文化园便注重不断满足市民对文化的多元需求，由此激发了群众在文化消费方面的潜力，充分发挥了公共文化服务体系对文化消费的助力作用。这种成功的经验就很值得广州市借鉴。

此外，全国各地都探索建立了许多值得借鉴的发展经验和模式。比如，安徽大力推行“文化消费季”，推行“立减折扣”“好戏大家看”系列展演，提倡创新，开展文创及非遗产品展销、数字文化产品展览等活动；又如，北京注重协同发展，推动京津冀文化消费区域协同，同时推行传统街区特色小镇升级、文化企业下乡；再如，山东采取联动的方式，省、市、县、乡、村五级联动，采取“五个一、多方融合”的运行模式，推行文化惠民消费季，并通过构建“六大板块支撑、线上线下联动、十七市协同推进”的文化惠民活动体系，实现全民共同参与文化惠民活动。这些经验，广州市都可以对其多加思考并进行活用，以维持广州市文化消费的持续高走态势。

### （三）继续加强农村地区的公共文化服务建设

近年来，广州市城乡文化消费差距虽持续缩小，但是由于城乡公共文化服务体系基础、文化产业基础、居民的消费观念和收入水平等差距都较为明显，城乡文化消费的差距依然十分突出，亟须继续提升广州市农村地区的文化消费水平。我们认为可以从以下几方面入手。一是继续大力支持农村地区的公共文化服务基础设施建设。加速推进“三馆一站两中心”建设在农村地区的全覆盖、全达标，并对《广东省基本公共文化服务实施标准（2015—2020 年）》《村级综合性文化服务中心建设标准（2017—2018 年）》等文件进行贯彻落实。二是继续开展和扩大农村地区的文化惠民活动。推进广州市的省艺术节、广州艺术节、羊城国际粤剧节等知名品牌及各种文艺院团、美术书法协会、非遗机构等组织的文化下乡活动，并通过财政补贴等手段减少农村地区的各类文化消费开支。三是鼓励广州市文化产业、文化企业在农村地区进军。对农村地区的产业进行整合与再规划，鼓励社会资本、文化企业在农村地区发展文化产业，并对其进行税收减免、财政补贴，推行相应的优惠政策。四是以城带乡，持续帮扶农村地区的文化建设。在城乡之间建立对点帮扶，将城市的资金、技术与农村地区的未利用资源、未开发市场及各种利好政策相结合，抑制成本的同时优化资源配置，同时让文化产业融入农村居民的生活中，潜移默化地改变其消费观念，这有助于刺激农村地区文化消费增长。

### （四）坚持创新导向，对文化供给侧进行全方位创新

广州城市文化底蕴深厚，广州市民接受中西文化洗礼较多，对文化产品服务的质量有较高的要求。如果广州市有关方面不能为市民提供更为创新的文化产品、服务，那么市民的文化消费意愿便很难得到刺激和提升。为此，建议广州市有关部门在文化消费的内容、形式和供给渠道等各方面进行创新，以满足市民日益增长的文化消费需求。一是要促进文化产业的跨界合作，继续推行“文化+”模式，全面促进文化与旅游、金融、互联网、科技等热门业界的联合，提升文化产业的竞争力，不断尝试文化供给的新的可能性，创造出新的业态及增长热点。二是推动传统文化的创新性转变。广州市拥有十分丰厚的文化底蕴，但是有相当大一部分文化资源还未得到有效利用，亟须对传统性文化进行创新性改造，使之更为符合现代生活的需要，促进文化供给的活化性。三是深化“放管服”改革，合理设置市场准入门槛，并将更多的文化供给改革权限下放给市场，由市场对文化供给进行观察、思考、改造。四是大力支持文化创意产业发展，进一步强化其支柱性产业地位。建设更有特色的文化创意产业园区，激化文创产业以差异化进行的竞争，丰富消费者在文化消费时的选项，以更为创新的文化产品、服务供给带动新一波文化消费的浪潮。

（审稿人：孙晓莉）

B.4

# 广州市文化创意产业园高质量发展的问题及对策建议

民进广州市委员会课题组*

**摘　要：** 文化创意产业园是高质量发展的重要载体，对孵化培育文化创意企业、推动广州制造向广州创造转变、为老城市发展注入新活力等具有重要意义。当前广州文化创意产业园区和基地数量多，但发展过程中存在缺乏科学定位和合理规划、文化创新特征不够突出、园区对企业的服务能力弱和层次低、政府对园区及企业的扶持政策力度不足和精准性不够等问题。对此，建议开展全市文化创意产业园发展情况调研，完善文化创意产业园认定、评估与考核，完善对园区和企业的支持政策，推动园区运营模式创新。

**关键词：** 文化创意产业　文化创意产业园　高质量发展

文化创意产业脱胎于文化产业，是以创意为核心，以文化为灵魂，以科技为支撑，以知识产权的开发和运用为主体的知识密集型、智慧主导型战略产业。而文化创意产业园（以下简称“文创园”）是文化创意产业集群效应

---

* 课题组成员：江东，民进广州市委员会副主委，广州市政协教科卫体委员会副主任；梁晓玲，民进广州市委员会副巡视员；王中圣，民进广州市委员会社会发展工委副主任，广州歌舞剧院国家一级编导；韦思聪，民进广州市委员会经济与科技工委委员，广州合壹招标代理有限公司总经理；周方颖，民进广州市委员会参政议政处副调研员；张海新，民进广州市委员会教育工委委员，广州墨墨教育咨询有限公司总经理；任慧明，民进广州市委员会参政议政处副主任科员。执笔人：张海新、任慧明。

的一种表现形式，是具有鲜明文化形象并对外界产生一定吸引力，集生产、交易、休闲、居住于一体，具备一条完整的产供销一体产业链的多功能园区。

## 一　广州市文化创意产业园的基本情况

近年来，随着广州开展“三旧”改造和“退二进三”，推动产业转移和产业升级，广州集聚和发展了一批文化创意产业园区和基地，若从资产规模、营业收入、就业人数、企业数量等方面考量，其综合实力排名全国第三，仅次于北京、上海。

广州市目前共有 217 个文创园，其中 15 个国家级园区、10 个省级园区、20 个市级园区。从园区行业分布来看，217 个文创园中有文化科技类 51 个，创意设计类 47 个，文化贸易展览类 27 个，文化休闲娱乐服务类 14 个，动漫游戏类 12 个，互联网文化类 11 个，工艺美术类 11 个，广播电视电影服务类 10 个，新闻出版发行服务类 3 个，文化设备类 6 个，非物质文化遗产类 3 个，知识产权类 2 个，综合类 20 个。

从园区位置分布来看，广州市文创园主要分布于海珠、番禺、天河、黄埔、荔湾、白云等区。据初步统计，海珠区 51 个、番禺区 39 个、天河区 33 个、黄埔区 26 个、荔湾区 24 个、白云区 22 个，其他 5 个区则总共为 22 个。

按园区性质划分为以下 5 种类型。（1）产业型：一是独立型，园区内产业集群发展相对比较成熟，有很强的原创能力，产业链相对完整，形成了规模效应，如浩洋电子国家级文化产业示范基地；二是依托型，依托高校或企业发展，也形成了一定的产业链条，如羊城创意产业园、中山大学国家大学科技园。（2）混合型：这种类型的文化创意产业园往往依托科技园区，并结合园区内的优势产业同步发展文化产业，但园区内并未形成文化产业链条。（3）艺术型：这种类型的园区也是创作型园区，原创能力强，但艺术产业化程度还较弱，如小洲村、信义会馆等。（4）休闲娱乐型：这类文化创意产业园区主要满足当地居民及外来游客的文化消费需求，最有代表性的是广州长隆集团旅游景区。（5）地方特色型：该种类型如聚龙设计文化创意园、西关古玩城、猎人坊、永庆坊等。

从园区投资主体来看，广州市文创园的发展呈现多种所有制共同参与的局面，投资主体性质多元，包括政府投资、国有企业投资、民营企业投资、国有企业与民营企业合作投资、高等院校投资等。其中，绝大部分是企业投资，尤其是民营企业投资。

在当前推动经济高质量发展的大背景下，各地纷纷把文创园作为城市转型升级的重要载体。房地产企业在调控政策下从出售物业转向运营文创产业，媒体等文化企业利用本身优势跨界经营文创园区，旧城、旧厂、旧村及村级工业园也竞相升级为文创园，投资经营主体日益多元且实力更强。文创园从高速增长进入高质量发展阶段，规模更大、创新要素更集聚，文化特征更鲜明，产业融合更深入。如广州羊城创意产业园已入驻企业 145 家，产值超 120 亿元；碧桂园集团在东莞高标准打造 33 创意小镇，融入文化创意、休闲体验和创客商务三大功能，计划将村级工业园转型为 5A 级景区。

当前，大力提高文创园发展质量，建设一批业态集聚、价值创新要素凸显的文化创意价值园区，对实现老城市新活力具有重要意义。一是培育文创产业，建设创意设计之都。通过针对性政策、全方位服务提升文创企业研发、生产和创新能力，并使其不断发展壮大。二是服务制造业，推动广州制造向广州智造转变。汇集优秀工业设计、包装创意、广告宣传等制造业第三方服务企业，通过文化创新要素集聚、产业生态形成、多元业态的融合，推动制造业发展。三是融合旅游业，打造城市新名片。通过对城市工业遗存、旧厂、旧村、村级工业园的改造，推动周边环境改善。融入文化创意元素，形成旅游消费节点，打造城市新名片，实现老城市新活力。

## 二　广州市文创园发展亟待解决的问题

### （一）文化创新特征不突出，要素集聚不明显

一是入驻文化创意企业比例低。园区缺乏对“文化要素”的培育和对

入驻企业产业形态的筛选意识，园区内入驻的文化产业类企业数量较少，没有具有核心凝聚力和带动作用的骨干企业。部分园区入驻的文化企业占该园区入驻企业的比重不足一半，大量引入餐饮企业，园区成为没有美食文化的美食园。二是入园企业未与园区内其他企业形成上下游的关系，多数入园的文化企业只是地域空间上的简单集聚，园区内企业间缺乏内在关联，缺少知识、信息生产上的交流合作，导致文化产业集聚效应不高，孵化作用难以发挥，产业链难以形成。三是园区间同质化现象严重，发展类型相似、政策趋同，园区入驻企业同质化现象普遍，产业特色不鲜明，交流协作机制尚未建立，难以实现资源共享和优势互补，导致有企业无产业，有数量无质量，难以形成联动效应和规模效应。四是园区环境没有精心融入文化创意元素，难以形成鲜明的文化特色和独特的创意氛围。

### （二）园区对企业的服务能力弱、层次低

文创企业一般规模小、人员少、专业性强，根据《广州市文化及相关文化产业统计概览（2016）》的数据，2015 年广州全市文化产业法人单位达 32082 个，但平均每个单位不足 11 人。因此，企业非常需要园区提供法律法规、相关政策解读、专项资金申报和企业资源认定等培训，以及政务、财税、人才、法律、投融资、行业交流、资源对接等服务。但部分园区没有统一的管理方，部分园区管理方满足于做二房东甚至三房东，园区运营管理能力不足，服务平台建设不足，难以满足企业需求，更谈不上对企业的孵化，“以地引资、以地养园区”为主的粗放发展模式难以形成企业对园区的黏性，造成“招商难—低质招商—收益低—招商更难”的恶性循环。

对比深圳市，龙岗区在天安云谷创业园区建立了全国首个政企共建产业园区公共服务平台，率先将政务服务引入园区，打通了政务服务“最后一公里”，为龙岗区企业和创新团队提供涉及技术、人才、资金及载体等 176 项政务服务的“一站式”创新服务，满足企业及其员工对政务服务的实时性、个性化需求。深圳市 F518 创意园通过设立文化创意产业研究基地、文化创意项目孵化基地、创展中心、F518 国际创意设计中心和客服中心，为

园区企业提供行业信息和产业研究、人才培训、投资孵化基金、企业形象展示、产品研发设计及展示交易等服务。在对园区企业服务方面，广州市还存在很多不足。

### （三）缺乏整体规划及与周边环境的整体打造

广州市文创园呈现多种所有制主体共同参与投资的多元化局面，但多数园区属于“自发生长”。一是园区建设规划与城市总体发展规划、区域发展定位不相匹配，缺乏科学定位和合理规划，发展方向摇摆不定。二是园区与周边环境没有统筹规划，周边环境与文化创意氛围不协调、道路不连通、公共交通不衔接，难以形成旅游节点。如荔湾区芳村大道一带集中了信义会馆、1850、宏信 922、七喜、1879 等一批文创园，如能整体打造，可形成规模体量较大的文化创意片区。

### （四）对园区及企业的扶持力度不足，精准度不够

一是政策扶持力度不足。广州市已出台的各类政策倾向于扶持奖励已获国家、省市级认定的园区，如大型企业或总部企业。广州市文创企业小微型居多，平均从业人数不足 10 人，面临较大的生存发展压力。以租金补贴为例，目前广州市成熟文创园区平均租金 100～150 元/（平方米・月），与南京、深圳等地相比偏高。深圳市专门针对中小文创企业出台《深圳文化创意产业园区认定办法及入驻的中小文化创意企业房租补贴操作规程》，市创意产业专项资金对区提供的补贴给予 1∶1 配套。广州市只出台动漫产业专项扶持政策，其他行业文创企业一般只能通过申请高新技术企业认定以获得扶持。而与科技企业相比，文创企业较难获得相关的认定。二是用地问题有待解决。广州市许多文创园都是旧厂房等工业用地，容积率低，空间布局狭小。运营成熟的园区如羊城创意产业园、T. I. T 创意产业园等长期处于满租状态，孵化成长后的企业很难在本园区内获得新的发展空间。三是宣传推广力度不足。缺乏对文创园区统一的宣传推介，文创园区较少参与全市性大型文化活动。

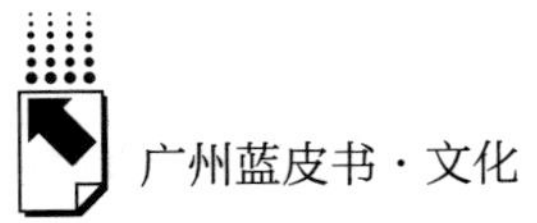



## 三　他山之石：发展文化创意产业园的经验

### （一）政策引导文创园发展

1. 北京市

近年来，北京文化创意产业高速增长。2017 年，北京文创产业实现增加值 3908.8 亿元，占该市 GDP 的比重达 14%，文化企业超过 25.4 万家，规模以上法人单位实现收入 1.6 万亿元。文创产业成为北京经济发展的重要引擎。2018 年 6 月，北京市发布《北京市文化创意产业园区认定及规范管理办法（试行）》（以下简称《办法》）。《办法》规定了园区发展情况和考核内容，包括园区建设发展目标和规划实施情况；园区整体运营、管理情况；搭建公共服务平台、提供文化创意产业公共服务的情况；园区经济效益和社会效益情况等。《办法》同时明确，对已认定的园区，在老旧厂房保护利用、资金申报等市级文化创意产业政策中给予倾斜。市级出台的文化创意产业政策，原则上优先支持园区和园区内文创法人单位。对考核评估为优秀的园区将在市级文化创意产业示范园区评定、资金支持、宣传推广、人才培养等方面予以优先考虑。处于整改期间及被撤销命名的园区不享受《办法》的支持政策及服务。

2018 年 8 月，北京市委、市政府印发《关于推进文化创意产业创新发展的意见》（以下简称《意见》）。《意见》提出，要组织实施重点企业扶持行动。制订“旗舰计划”，力争用 5 年时间，培育 1 ~2 家年营业收入过千亿元、5 家以上收入过 500 亿元的龙头文创企业。实施“涌泉工程”，选择具有行业领先优势、高增长潜力、年收入亿元以上的企业，对其高精尖项目给予支持，力争 5 年内培育形成 100 家具有品牌优势、创新优势、规模优势的骨干文创企业。开展“滴灌行动”，连续 5 年，每年选择支持 200 家创新性强、增长速度快、发展前景好、规模达千万元以上的优质中小企业，重点提供投融资、专业技术、政策服务，培育“专、精、特、新”文创企业。

2. 深圳市

自2003年以来，深圳文创产业保持了年均20%的增长速度。2018年，深圳全市文化创意产业实现增加值2621.77亿元，占该市GDP的比重超过10%，文创产业已经成为深圳国民经济的支柱产业。深圳发展文化创意产业园的经验主要有以下几个方面。一是坚持市场化导向。在产业园区主题规划、投资建设、招商引企、运营管理等方面坚持市场化。全市园区90%以上为民间资本投资建设和运营管理。二是坚持政府扶持与规范引导并举。早在2003年深圳就提出把文化产业打造成支柱产业的目标，并出台了国内第一个文化产业促进条例，随后又发布了10余个文化产业政策或规划。确定每年市财政安排5亿元扶持经费，各区财政用于扶持文化产业的资金每年也达5亿元左右。比如，市级专项资金对入驻文化产业园区的中小微文化企业提供最高可达500平方米的办公用房租金补贴。出台《深圳市文化创意产业园区认定管理办法》。三是充分借助文博会平台的带动促进作用。积极推动和引导全市各文化产业园区参与文博会并在园区设立分会场，有效地促进园区提升资源对接能力，扩大园区品牌影响力，助推园区产业转型升级。四是广泛对接国内外产业资源。成功互建国际创意产业孵化中心，深化与国际发达城市创意产业的交流合作，促进创意资源的跨国整合。五是努力推进园区运营模式创新。推动园区从要素驱动向创新驱动转变，从单纯提供硬件设施向提供金融、产业、人才对接等软性服务转变，从拼租金价格的低水平竞争向拼产业生态的高水平竞争合作转变。

## （二）文创园推动自身发展的举措

1. 南京国家领军人才创业园

南京国家领军人才创业园是一个工业老厂房改造项目。园区占地8.3万平方米，集聚包括文化创意、设计服务和科技创新等业态的各类创业企业110余家，是南京最受好评的文化创意园区之一。园区的主要做法有：（1）建设南京创意设计中心，创意设计中心通过开展多项富有成效的活动，包括产业链的延伸和衔接，文创产品在世界范围内的展示和传播，南京文化元素的推介与宣贯等，已成为南京文创产业的中场发动机和发展风向标；（2）建设江南近现代工业遗存公园；（3）建设南京设计廊，设计廊集文化创意培育、文化元素传播和旅游内涵拓展于一身，进行文创产品展示和销售。

2. 台北松山文创园

台北松山文创园前身为松山烟厂。文创园区被定位为“台北市的原创基地”，以“创意实验室”、“创意合作社”、“创意学院”和“创意橱窗”为创意四大策略。台北松山文创产业园区的做法是：（1）布局合理、精益求精；（2）建立文化创意产业数据库，推动文创产业发展；（3）研发文化核心内容，打造支柱性产业；（4）注重园区细节问题，拉近情感距离。

## 四　推动广州市文创园高质量发展的建议

### （一）加强文创园统筹规划及与周边环境连片打造

首先，全面梳理全市文化产业园的发展现状、存在的问题和发展经验，统筹文创园发展。加快推进文化创意产业功能区发展，按照主体清晰、管理有序、体系健全的原则，提升主导产业规模，提高专业化服务水平，推动产业资源和配套服务设施向重点区域倾斜，实现集聚发展、错位发展。

其次，完善文创园规划布局，将已具有一定规模的园区、具有发展潜力的园区纳入城市规划，“一张蓝图干到底”。摸底普查工业遗产，通过功能性流转、创意化改造，有效盘活老旧厂房资源，建设新型城市文化空间。将文创园区作为区域旅游重要节点纳入规划，治理周边环境，配套交通、旅游设施，融入文化创意元素，带动片区环境品质提升，连片整体打造城市旅游新名片。

### （二）完善文创园的认定、评估与考核

借鉴《北京市文化创意产业园区认定及规范管理办法（试行）》和《上

海市文化创意产业园区管理办法》，制定园区认定标准方案，明确园区的认定条件和认定程序；出台广州市文创园管理和考核评估办法，制定日常管理办法和动态考核评估体系，组织开展园区考核评估工作，并与园区的扶持认定、各级园区创建相衔接，推动从重文创园数量向重文创园质量转变。建立退出机制，对评估不合格的园区予以摘牌，从根源上解决资源要素配置不优化、产业层次不高、经营管理机制不完善、低水平重复建设等问题。

### （三）完善对园区和企业的扶持政策

首先，借鉴北京市开展的“旗舰计划”、“涌泉工程”和“滴灌行动”做法，建立健全园区、企业梯度培育机制。按照文创园区、企业的规模和发展阶段，根据行业特点和发展需求，分层施策与分业施策相结合，实施不同的奖励和扶持政策。针对龙头文化企业亟待培育的短板，制定评估标准，遴选成长型文化企业，在政策、资金、人才、社会保障等方面为企业提供支持，助推成长型企业做大做强。依托文化产业园区，鼓励各类资本投资兴建便利化、全要素、开放式的文化产业孵化器和文化创客空间，吸引更多的文化产业创业者，培育更多的小微文化企业。发挥枢纽型骨干文化企业带动中小文化企业发展的作用，形成大中小企业相互促进、分工协作的产业生态体系。

其次，在财政、税收、金融、用地等方面，加大对文化创意产业的政策扶持力度，积极协调有关部门出台具有可操作性的配套政策。设立文化发展基金，强化财政资金引导作用。探索文化领域政府和社会资本合作模式，推进一批合作示范项目，形成可复制、可推广的示范案例。积极落实用地政策，合理安排重大文化创意产业项目用地计划指标，提高产业用地利用效率。对孵化成功的企业给予新办公场地租金补贴；对需要项目落地的企业，在全市土地利用计划指标中优先安排用地。

最后，推动建立文创园协会和联盟，加强园区间、企业间的交流合作，促进资源整合和优势互补。统筹组织有条件的园区开设广州设计周、广州文博会等大型文化活动分会场，提高园区及企业的宣传推广力度。

### （四）推动园区运营模式创新

首先，指导园区建立入园企业评估体系，根据企业与园区定位的匹配度、与园区企业的关联度，建立准入门槛，优化园区内产业布局，打造园区内的产业链闭环。围绕广州市已确定的网络文化新经济、虚拟现实、泛娱乐、网络游戏等重点行业，大力打造园区的功能链、价值链、产业链。

其次，充分发挥“广交会”的龙头辐射作用，发挥广州市会展业的优势，建设文化贸易平台。加快建设专业化服务平台，提供创意研发、设备共用、标准研制、检验检测、信息共享、技术示范、知识产权保护等“一站式”服务，发挥平台共享要素资源、降低企业成本、提高效率效益等作用。鼓励园区通过提供政策咨询、项目落地“一站式”中介服务，精准对接、及时反馈企业需求，提升服务质量，构建起特色鲜明、覆盖广、效率高的平台体系。

最后，鼓励园区开展资本运作，对入驻企业进行股权投资，或以物业换股本参与经营，优化园区盈利模式。推动优秀园区管理团队总结经验，形成模式，开展经验复制、代管和团队培训等经营性服务。

（审稿人：龙　瑶）

# B.5

# 特色小镇的文化生态系统及其创新：以广州市为例

林 玮　张亚楠*

**摘 要：** 特色小镇作为国家新型城镇化的一种路径和供给侧结构性改革的应对策略，对产业转型升级、提质增效及区域性经济发展具有重大意义。广州市特色小镇在2017～2018年的建设实践可以"文化生态系统及其创新"为理论定位，从而判断其发展趋势和基本特征，这有助于特色小镇的产业升级和可持续发展。

**关键词：** 特色小镇　广州实践　文化生态系统　美学治理

从2016年10月广州市政府印发《加快规划建设北部山区特色小镇实施方案的通知》开始，两年多来，广州市特色小镇建设始终有序开展，成效显著。由广州市发改委作为特色小镇建设协调小组办公室，通过制定标准、加大扶持等方式，尤其是以富有岭南文化特色的小镇作为空间载体，依托新一代信息技术、生物与健康等战略性新兴产业所产生的创新性文化，整体融入乡村振兴战略和粤港澳大湾区建设中，在特色小镇的文化生态系统及其创新方面做出了富有成效的努力。

2018年以来，广州市发展改革委员会印发了《广州市进一步促进特色

* 林玮，浙江大学传媒与国际文化学院副教授、硕士生导师，博士；张亚楠，浙江大学传媒与国际文化学院硕士研究生。

小镇健康发展实施意见》（以下简称《实施意见》），明确提出要“培育建设一批具有岭南文化魅力、产业特色鲜明、服务便捷高效、环境美丽宜人、体制机制灵活、模式形态多元的特色小镇，不断提高人民群众的获得感、幸福感”，在“北部生态区”和“中南部地区”分别打造“以山脉、森林、河流、古驿道、古村落等为依托”的“旅游+”特色小镇群、特色小镇带和“以先进制造业和现代服务业为主攻方向……对标对表最高最好最优，创建展现岭南文化特点的特色小镇”。这种划分，为特色小镇文化生态系统的完善提供了一种基本思路，即分别突出生态和产业优势，形成传统岭南文化富有当代广州特色的新诠释。

《实施意见》的“重点任务”单列“强化特色小镇与文化的融合共生”，明确提出要“推动文化产业高端要素集聚”。2017 年和 2018 年，市级财政安排了从化区、增城区、花都区每年各 1 亿元的特色小镇专项资金，对特色小镇进行财政支持，并统筹美丽乡村、中心镇建设名镇名村等乡镇扶持资金，将其投入特色小镇建设。尤其是北部山区的小镇建设，因为涉及农村发展问题，2018 年，广州市本级基本建设统筹资金还特意安排增城区、从化区村道建设资金 1405.57 万元。而从这些资金的流向来看，广州市特色小镇的文化生态系统也有焕然一新的趋势。它们为建设粤港澳大湾区宜居、宜业、宜游优质生活圈，生动诠释岭南文化，提供了一种新的范例。

## 一　文化生态系统视域中的特色小镇：从“特”到“色”

“特色小镇”的概念实践，从 2014 年“浙江模式”的流行开始，各地就有不同的理解。特别是国家发改委、住建部、财政部三部委在 2016 年 7 月联合发布《关于开展特色小镇培育工作的通知》，提出到 2020 年全国将培育约 1000 个不同特色、富有活力的集休闲旅游、商贸物流、现代制造、教育科技、传统文化、美丽宜居于一体的特色小镇，并先后公布了两批共 403 个国家级特色小镇名单。此后，对“特色小镇”的理解出现了一种文化上的泛化意义。2018 年 6 月和 11 月，广东省分两批公布了包括广州番禺区沙湾镇在内的91个省级特色小镇创建名单，提出要争取在2020年前建好一批具有产业竞争力的美丽特色小镇，这显然是把“产业”作为特色小镇的文化内核，引导小镇建设的宏观走向。

但事实上，特色小镇的文化内核理应具有更强的文化属性。广州市特色小镇的发展需要在“特”字上做文章，需要对特色生态因势利导，从而凝练特色文化，推出特色产品，形成特色品牌，特别是形成具有产业内涵的品牌。值得指出的是，“特”固然重要，但小镇的“特”往往基于已有的自然资源或产业基础禀赋，注重外在表现，而容易忽视小镇之于人的生存、生活的意义，因而失却了对“色”的重视。这里所说的“色”，其实是一种基于人而存在的文化生态系统，是小镇不同于一般产业集群、产业园区的特殊价值所在——它不只是“4A级景区+产业集聚”，而是在这种能够迅速被人捕捉的表面现象之后，还有更为深层的过程化、内在性、精神性的文化内核。这种内核以人为核心，呈现多维、非线性、复杂的关系。具体来说，举凡地方乡土文化、历史文化、民俗文化、科技文化、潮流文化都是特色小镇文化生态系统的重要构成元素，也是小镇发展的重要推动力。因此，在建设特色小镇时要注重结合地域特色，挖掘其深度内涵，形成小镇个性，并将这种文化融入小镇建设的各个层面，培育文化底蕴，以发挥文化的凝聚和引领作用，汇聚人文资源，由内而外实现共荣共生共享。

以广州市特色小镇的培育建设情况为例，在2018年广东省分两批公布的省级特色小镇培育库入库名单中，广州市仅有番禺沙湾瑰宝小镇（第一批）、增城派潭生命健康小镇和番禺化龙汽车小镇（第二批）3个小镇入选，不足全省12个地级市约7.6个小镇入库的平均水平（见图1）。而与入选数量最多的佛山市（12个）相比，这三处小镇的“特”尤为显然，分别侧重珠宝、健康和汽车，但对“色”的凸显，就远没有佛山强烈。后者在产业一翼有创投、智造、智慧家居、家居五金等特色，而在生活一翼则有花卉、岭南文荟、陶瓷等领域展现，而且这些产业特色相互之间的支撑作用也比较明显。如佛山石湾镇对陶瓷创意产业的金融、物流、科技支撑，就可以来自顺德杏坛高端装备制造小镇、南海平洲玉器珠宝小镇等。

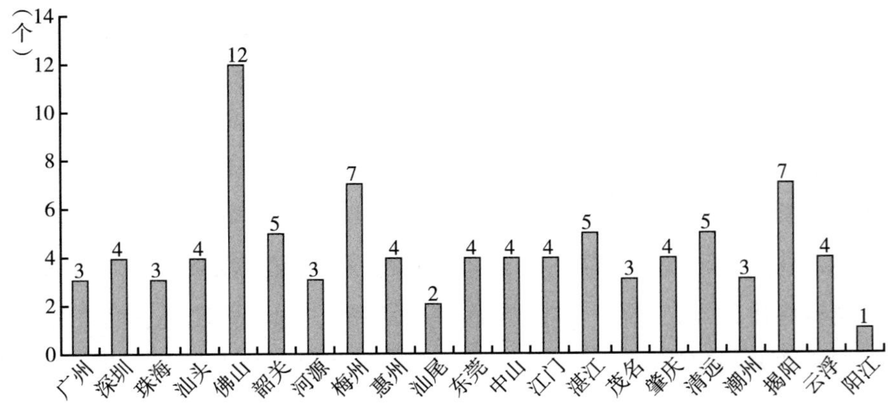


**图 1　广东省创建示范特色小镇区域分布情况**

这样，特色小镇的区域优势就有可能形成集聚效应，并产生新的小镇空间链接。诚如论者所言，特色小镇“其试金石不只在于区域性差异化、理想性差异化，更在于规划与治理体系的前馈性差异化，更在于历史长河与竞争过程中适应性选择的差异化”。① 而这种选择，其实也是规划与治理体系发展的结果。这是需要特色小镇在其内部与外部进行资源要素整合和各产业之间的联动的。特别是在经济新常态、全球共创新的背景下，构建丰富的小镇产业生态链，促使小镇经济和生态发展由“特”向“色”转变，形成产业协同、整体联动、共生发展的文化生态系统性变革，是特色小镇在资源、产业与人的相互适应中的必然选择。

在特色小镇的发展过程中，有专家借用“创新生态系统”（innovation ecosystem）来理解和概括浙江省梦想小镇等特色小镇的发展策略。这一术语本是经济学家用来形容一种新型的经济共同体——新兴区域产业集群中的合作组织和专业元素之间像自然界各物种之间一样，形成了一个相互依赖、共衍共生的关系；② 但从广东省，特别是广州市的特色小镇发展来看，其建构更像是一种带有创新意识的“文化生态系统”建构。这里所言的“文

① 吴伟等：《特色小镇的特色化策略》，《风景园林》2019 年第 1 期。

② 李万等：《创新 3.0 与创新生态系统》，《科学学研究》2014 年第 12 期。

化生态系统”包括两个方面：一是自然禀赋的空间基础，二是岭南文化的当代演绎。前者是广州市特色小镇发展划分北部生态区和中南部地区的缘由，而后者则是广州市特色小镇在具体发展过程中融入产业特色的关键。显而易见，广州处于产业转型升级的关键时期，中心城市的区位优势和资源外溢为周边城镇地区发展特色小镇提供了契机。北部山地，南部平原，矿产资源、土地资源、林地资源、水利资源和野生动植物资源等自然资源丰富，具有突出的自然区位优势，可以形成“特色”；而改革开放 40 年来，广州作为改革开放的前沿阵地，在粤港澳大湾区建设中与各种高新产业形成快速对接，则凸显了岭南文化的当代价值。

在这个意义上，2018 年广州市对特色小镇的建设突出强调与美丽乡村、乡村振兴、文化旅游的关联是有重大意义的，但这种意义不能仅局限在一种产业类型内部，而应该以人的生产、生活、生态为核心，推动小镇区域内和小镇区域间的文化生态系统融合，进而打造“宜居、宜业、宜游”的发展空间。

## 二　文化系统与产业类型：小镇的生活本体互通

广州有着 2200 多年的历史，又是改革开放的先锋者，沉淀了丰富的历史文化遗存和资源，留下了众多特色各异的岭南古建筑和历史文化街区，也因国际枢纽型城市建设的基础坐拥丰厚的国际资源，在资本、科技等方面的创新位居全国前列。这些文化生态如何在“系统”化的建构中，助推小镇的点状崛起，从而在突破“大城市病”发展困境过程中，构建中国城市化发展的新样板？这就需要特色小镇在文化生态系统的创新性建构中，完成文化与产业的相互贯连与沟通。

2018 年以来，广州市从化区的莲麻小镇，以及增城区的白水寨小镇、1978 电影小镇、米埗小镇等依次对外开放，游客人数不断上升；而从化区西和万花风情小镇、花都区狮岭跨境贸易小镇等初具规模；番禺区的沙湾瑰宝小镇更是入选了国家第二批特色小镇和全省第一批特色小镇创建示范点

（见表1）。从这些特色小镇可以看出，传统城镇化进程中的“一镇一品”模式，正在为广州特色小镇的文化生态系统构建所娴熟掌握，历史人文、风俗建筑、生态环境、新兴科技、自然景观等都可能形成“特”（但未必包括“色”），从而成为特色小镇的一种发展基础。从2018年广州北部山区规划建设的30个市级特色小镇产业类型分布来看，文旅产业约占63%，传统产业约占20%，现代产业约占17%，这恰恰突出地说明了特色小镇的“文化”属性。

**表1　2018年广州市入选国家级、省级特色小镇名单**

| | 名称 | 产业 |
|---|---|---|
| 国家特色小镇(第二批) | 番禺沙湾瑰宝小镇 | 历史文化　珠宝产业 |
| 省级特色小镇(第一批) | 番禺沙湾瑰宝小镇 | 历史文化　珠宝产业 |
| 省级特色小镇(第二批) | 增城派潭生命健康小镇 | 历史文化 |
| 省级特色小镇(第二批) | 番禺化龙汽车小镇 | 高新科技产业链 |

特色小镇的“文化生态系统”之“文化”又并非“文旅”之“文”，而是带有生活整体意味的“文”。要讨论这种“文”的意义和作用，就必须先将特色小镇进行品牌定位上的类型划分。总体来说，广州市现有的特色小镇可分为产业型特色小镇和文化型特色小镇两类，其中，产业型特色小镇又可细分为传统产业型和新兴产业型两类；而文化型特色小镇又可分为历史文化型和生态文化型。

先来看产业型特色小镇。产业型特色小镇的文化意味主要表现在产业类型上。因为传统产业型的区域普遍面临转型难题，所以政企合作依托地方良好的产业基础，在原有的以制造业为主的专业镇基础上，对现有的一些优势产业或者传统产业进行“小镇化”的创新改造，打造高端要素集聚平台，促进产业升级，就成了区域空间规划的一种常见策略。如广州市花都区狮岭跨境贸易小镇，就于2016年入选花都区十大特色小镇，并成为花都区2018年政府投资项目计划中重点建设的4个特色小镇之一。狮岭特色小镇约3平方千米，近期建设区域约1平方千米，计划3年投资85亿元。它以皮具产业作为发展切入点，抓住“一带一路”倡议和数字贸易蓬勃发展的良好契机，发展高品质的皮具产业制造，利用新产品、新材料、新工艺展销平台和国际化贸易平台，加快当地中小企业转型升级。再如番禺区石碁镇利用60年累积的红木家具产业打造了长达4千米的红木家具产业带，首期工程将在2019年完成。石碁镇与周边的石楼镇等5个小镇协同打造新的经济增长点，涵盖岭南文化、红木雕刻、滨水景观等多项产业元素，将成为集工业、商业、服务业、旅游业、文化产业于一体的特色小镇。此外，花都区秀全珠宝小镇也将原有的珠宝生产工厂改造成集加工、展览、销售于一体的“石头记体验馆”，并向游客开放珠宝生产线，以此模式探索从珠宝生产制造向工业旅游、文化创意产业转型的路径。

大体来说，这一类型的特色小镇在文化生态系统的建构上侧重转型，往往要求利用“互联网+”的创新模式，创新融合，引导小镇从传统单一性功能空间向集高端生产商贸、创新创业、跨境贸易、服务研发、生态宜居等功能于一体的空间转变。但这种转变是以产业为基础的，很难有生活形态的更高层次的变迁。

而新兴产业型的特色小镇就略有不同。它一般都具有很强的虚拟经济属性，围绕互联网技术而展开，包括新一代信息技术、生物技术、高端装备、新材料、新能源等新兴产业集群。这种小镇的原有资源基础更为薄弱，而原创性则更强。这类小镇的文化生态系统建构更需要注重人的要素。2019年4月，国家发展改革委员会发布了《2019年新型城镇化建设重点任务》，首次提到了“收缩型城市”的概念。这一概念的背后有着强烈的“去工业化”的宏观语境。“所有发达资本主义国家在20世纪最后的25年中都经历了去工业化过程”，而这种潮流的结果是“短期的投机式发展给城市创造了一定的财富，但这是以牺牲大多数工人阶级的利益为代价的”。[①] 换言之，新兴产业型的特色小镇需要兼顾社会公平。

---

① 〔英〕罗纳尔多·蒙克：《去工业化：英国》，菲利普·奥斯瓦尔特主编《收缩的城市》，胡恒等译，同济大学出版社，2013，第53、58页。

如果专注于文化，广州市的特色小镇发展也可以有两种指向。一是突出地域色彩，依托广州地区特有的广府文化元素和岭南文化元素，对历史文化进行传承和发扬。如番禺区沙湾瑰宝小镇就是一个具有800多年历史的岭南文化小镇，自培育建设以来，依托原有的深厚文化底蕴，打造文旅文化小镇，相关项目工作和建设项目有序推进，取得了阶段性进展。截至2018年底，“福涌项目”沙湾文创旅游休闲综合体已动工，并将福涌村旧村改造项目纳入番禺区2018年度城市更新改造项目，开展了基础数据摸查和编制策划方案工作；而至2018年6月，古镇共接待游客超784万人次。沙湾镇在历史文化与旅游融合发展上做出的积极探索为广州市推进乡村古村镇旅游发展积累了经验。同时，番禺区作为国际珠宝产业集聚地，珠宝产品的产量占到全球的60%，而沙湾瑰宝小镇在培育建设期间有序推进的珠宝园控制性详细规划，以及相关旧厂收储等工作都是一种文化积淀的显现。但重要的是，“艺术和建筑寻求可见性，它们试图提供关于情绪、感受和功能性生活规律的能够感受到的形式”，但“大多数地方都是在没有经过深思熟虑的情况下产生的，它们的出现只是为了满足实际需要”。[①] 因此，这种地域性的文化基础应在特色小镇这一带有强烈政府意识的空间规划调整中予以丰富。

同理，依托生态文化基础而建设的特色小镇，也必须对“绿色”“生态”等空间要素予以整合。广州市北部人口密度低，森林覆盖率超55%，温泉、耕地资源丰富，并且有乡村旅游基础，确实可以“山河秀丽”“吸氧”为卖点，打造现代农业特色小镇，吸引都市人回归自然，在喧嚣与宁静、高楼与森林的融合中，以一种“乌托邦”的气氛使都市人的心理需求得到满足。因此，2018年，广州市发改委围绕“产业特色鲜明、人文气息浓厚、生态环境优美”的总要求，在花都、从化、增城三个区创建30个具备相应产业、技术、规划、资金、人文基础等要素的市级特色小

---

① 〔美〕段义孚：《空间与地方：经验的视角》，王志标译，中国人民大学出版社，2017，第137页。

镇的计划，本就是一种对区位、交通、产业和生态综合优势的集中整合。以从化区为例，依托当地丰富的生态资源，两年以来，莲麻小镇、西塘童话小镇、温泉财富小镇、米埗小镇、西和万花风情小镇等 10 个特色小镇建设初见成效。2018 年春节黄金周期间，从化区共接待游客突破 100 万人次，实现旅游收入 3.31 亿元，同比分别增长 6.4% 和 7.8%。2017 年 7 月，米埗成为从化区首批十大特色小镇之一。两年来，小镇先后投入了约 1750 万元，对小镇内部设施、道路等进行改造升级；对村内景观进行美化，增添特色景致；将民宿作为重点项目推进，并打造 3 处休闲娱乐小广场。“公司 + 农民合作社 + 村民”的模式，拓宽了村民的收入渠道。2018 年，村民年人均收入从 2017 年的 1.87 万元增长到 3 万元，集体年收入达到 100 万元。预计到 2020 年，村民年人均收入可达到 4.5 万元，集体年收入可达到 200 万元。西和万花风情小镇利用当地独特的花卉种植的资源优势融合技术创新，借助互联网直播等平台，将销售、宣传转移到线上，集中打造万花园产业平台。2018 年，西和万花风情小镇累计接待各地游客近 100 万人次，实现旅游收入 8000 多万元，农民年人均纯收入约 2.6 万元，其中西和村村集体年收入增加到约 48 万元。

从广州市现有的市级特色小镇产业布局来看，大部分特色小镇突出文旅产业，而以非文旅产业为发展特色的小镇仅约占三分之一（37%）（见图 2）。这说明广州市特色小镇的文化生态系统已有相当基础，在接下来的实践中应该高度重视文化与产业的互联互通，重视文化类小镇对产业类小镇的支撑和改善，以及产业类小镇对文化类小镇的引流与提升。尤其要以生态发展为基础，以绿色的生态环境、传统的民俗文化、舒适的民宿产业为特点的文旅特色小镇，作为广州市城乡空间转型的先锋，促使原本处于乡村的广大山区成为广州地区人口聚集地的缓解区及珠三角城市旅游目的地的新“网红”。在“产业集聚—都市农业—文化创意”模式的生态宜居特色小镇建构过程中，形成广州特色小镇独有的“文化生态系统”，营造优美的镇域生活空间。这对落实生态文明理念，推进城乡融合发展具有重要意义。

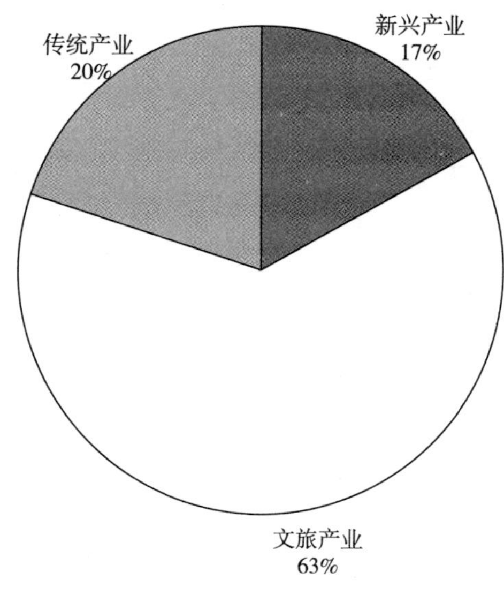


**图2 广州市市级特色小镇产业比例**

## 三 特色小镇的文化创新：一种美学治理的视角

文化生态系统进入特色小镇研究，可以为小镇发展的区域空间、人员流动和产业资源提供一种具有生命性和更新意识的共同体思维。在文化生态系统中，传统文化、生态文明、产业创新都不是企业的单面行为，而是整个规划者、政府、市场和社会组织共同参与的行为，是以人的生活为基础的美学重构。通过核心产业主导，各项元素共同参与，产业之间互惠互利、资源共享，尤其是小镇之间的相互支撑和砥砺，形成完整的城乡一体化文化生态系统，以产业联动、资源集聚、流量互通、人群自由移动为特征的城乡生活形态，不仅能够降低生产成本，还能增强与外部的竞争力和防干扰能力。而从广州市市级特色小镇的文化类型来看，这种文化生态系统已经得到了初步的建构，且具有相当丰富的空间实践（见表2）。

表2　广州市市级特色小镇的文化类型

| 类型 | 特色 | 例证 |
| --- | --- | --- |
| 历史文化型 | 深厚文化底蕴、悠久民俗历史 | 沙湾小镇 |
| 休闲旅游型 | 城郊休闲娱乐 | 温泉财富小镇 |
| 生态发展型 | 生态旅游、农业服务 | 莲麻小镇 |
| 新兴产业型 | 以电商、互联网、高端制造等新型产业为特色 | 花都区狮岭跨境贸易小镇 |
| 特色产业型 | 以某一细分特色产品为品牌特色 | 派潭镇生命健康小镇 |
| 资源禀赋型 | 以独有资源为品牌特色 | 石碁红木特色小镇 |
| 金融创新型 | 以金融带动发展为品牌特色 | 金融街花溪小镇 |
| 时尚创意型 | 以影视、音乐、绘画等艺术为品牌特色 | 星海小镇、1978电影小镇 |

而在这些小镇的创建过程中，文化生态系统也需要不断创新，按照创新、协调、绿色、开放、共享的发展理念，追求生产、生活、生态一体化。2017年，广州市出台的《广州市特色小镇基础设施和公共服务设施配置标准建设指引》就可以视为这种文化生态系统的一种标准化创新。而2018年广州市提出的要将特色小镇融入粤港澳大湾区建设，发挥特色小镇作为供给侧结构性改革重要平台的引领作用和带动效应，则可以看作这种文化生态系统的创新性提升。

可以说，文化生态系统的建构是对特色小镇的发展的一种美学治理。[①]而从国家层面来看，这种美学治理不但带有鼓励性，也已提出了动态调整的要求。2018年3月，国家发改委正式发布的《关于实施2018年推进新型城镇化建设重点任务的通知》明确指出，“对已公布的两批403个全国特色小城镇、96个全国运动休闲特色小镇开展定期测评和优胜劣汰，不符合要求的特色小镇即将被淘汰”。2018年11月23日，国家发改委发展规划司还召开会议指出，两年多来特色小镇的发展取得了一些进展、积累了一些经验，但是，有一些地区却存在滥用概念、名不副实、盲目发展、质量不高、房地

① 参见林玮、邓凌妍《以美学治理建构杭州都市圈特色小镇研究》，洪庆华、沈翔主编《杭州都市圈发展报告（2018）》，社会科学文献出版社，2018，第227～244页。

产化等不良倾向，引发了负面的社会舆论。

特别是以“旅游+”为幌子的文旅小镇泛滥，混淆了特色产业之于小镇发展的基础性意义，以及产业之于小镇的核心功能。而广州市在这一方面就有较好的实践经验，如番禺区正全力打造的石碁红木特色小镇，就是在红木这一传统产业之外，结合依托“跨境电商+旅游”的花都区狮岭跨境贸易小镇，构建起新的小镇之间的联盟化生态。就此而言，避免片面重视美学，将特色小镇模糊于新城建设、园区发展、景区开发或美丽乡村建设，出现“千篇一律的湖、千篇一律的船、千篇一律的花圃，千篇一律的街……”乃是特色小镇发展的新的美学治理原则。而这种治理原则的核心，其实仍是美学的——是一种回归生活层面的美学认知，就是要实现新一轮的产、城、人、文的融合，集聚创新要素，整合特色产业，培育新的空间载体，以此培育新兴产业，优化产业结构，提升产业水平，实现生活变革。

可以说，这是一次特色小镇自身的革命，是特色小镇文化生态系统的进一步创新。针对部分特色小镇发展中空间品质较低和服务水平仍需提升等问题，广州市的特色小镇发展要更加明确价值导向，完善投融资体制机制，加快市场成熟。文化生态系统着眼于特色小镇的“自组织现象”，即小镇与周边、小镇与其他小镇之间是共生、共赢、相互支撑的关系，而不是相互竞争的；它要与周边节点有产业上的强联结，有高度的分工合作系统，才能达到协同效益、利益共享。要避免特色小镇发展“见地不见人”的困境，就必须解决这一问题。不妨以增城区派潭镇为例，对这种前景略加分析。派潭镇的发展以“健康+互联网”融合为主要目标，将历史文化名村和大健康流行理念作为关键培育主体。它融合了地域性的客家文化和广府文化，尤其突出独特的饮食文化和族群文化，在已成功申报舞春牛、舞貔貅、舞鱼灯等非物质文化遗产的基础上，引进世界生物研究前沿成果和世界先进智能设备，打造旅游健康服务，建立“健康+生态旅游”“健康+互联网”的相互融合产业模式。目前，派潭生命健康小镇已与普天集团签订合作框架协议，计划合作建设养老院、国家级医学工程实验室，开展国家课题合作；与北京同仁堂集团签订框架合作协议，在健康小镇建设同仁堂华南总部，计划共建同仁堂疗养院、空乘人员、运动康复等康复疗养中心等。这些都可视为文化生态系统在特色小镇层面的一次创新性尝试，以及对岭南文化的当代更新。

总之，特色小镇作为新型城镇化发展的引擎之一，是可以为广州经济建设和可持续发展提供强有力支撑的。近年来，各地政府和市场都对特色小镇建设投入了大量精力，地方特色小镇建设也已进入全国普及阶段。但作为一种产业创新，特色小镇在创建过程中显然还存在一些问题。广州市这两年来特色小镇建设的一些阶段性成果，可以用“文化生态系统及其创新”加以定位。值得说明的是，这只是一种从理论上对广州市特色小镇发展进行提炼和提升的尝试，而其进一步开拓仍有待实践的铺陈。

（审稿人：田　丰）

# 文化事业篇

**Cultural Business**

# B.6
# 关于整合提升广州市花城花事文化的政策建议

杜　红*

**摘　要：**在“花城看花”的格局之下，广州市全城四季花开满地，花事活动此起彼伏。但是如果只有政府大量投入，市民游客只看热闹，再加上部分传统花艺正在流失，新的花事活动式微，“花城”文化品牌就会失去竞争力。本报告从广州市已具备的花事文化资源出发，浅述整合资源建设广州花艺博物馆的建议，并探讨如何通过花艺博物馆的影响力提高“花城”文化自信，促进城市文明的提升，从而让广州真正成为世界级别的“花城”。

* 杜红，高级工程师，广州市儿童公园管理处副主任，民革广州市委委员、民革广州市委妇女青年委员会副主任。

**关键词：** 广州　花城　花事　花艺博物馆

广州素有“花城”美誉。从清代中叶开始，广州就逐渐形成了闻名海外的迎春花市，年末“行花街”这个传统习俗一直延续至今。近年来，广州市政府以“广州过年，花城看花”为主题向国内外宣传广州，且以各类花境装饰城市，吸引了国内外游客慕名来穗。2018 年，花城仅是春节黄金周就接待市民游客 1561.10 万人次，连续两年同比增长率超过 15%，且呈持续升温的趋势，令广州市的春节，变成上千万人为“花”狂欢的节日。

虽然在广州可以看见全城花开满地，2018 年春季更有“花开倾城”的一系列赏花活动，但城区内却少见介绍花故事、花历史的场馆，各项花事活动昙花一现。广州虽被誉为“花城”，但其文化魅力得不到升华，花城的“花品牌”不能真正征服世界。

广州迎春花市已被列入广东省非遗名录，却于申报全国非遗名录时落选，其原因多样，其中之一是缺少传承人。广州市其他涉及国内外的花事活动也是“来得高大猛、去得净空快”，建设广州花艺博物馆利于积淀花艺精华，凸显花事脉络，让花城的“花文化”传承下去，让花城品牌形象远播海内外，逐渐征服全世界。

## 一　广州花事文化资源现状

长期以来，在政府及市场的推动下，广州市的花卉景观、花事活动和花卉生产得到长足发展，广州的花事文化资源遍布城区各地，早已具备整合建成博物馆的条件，为建设广州花艺博物馆、持续擦亮“花城”文化品牌奠定了基础。

### （一）城区建设已围绕着“花城”理念开展

截至 2018 年底，广州市已列入公园名录的公园有 210 个，总面积达

3567.36公顷（见表1），在各区分布相对均衡。此外，还有湿地公园948.66公顷，3500千米的绿道贯穿全市。这些都是建设花开满城的园林的基础。今年为更进一步规划建设“听见花开”的美丽广州，政府也正整合市区部分园林资源，计划建设“1个广州花园+11个区级花园”。城区建设已紧紧围绕“花城”理念开展。

**表1 广州市各区已列入广州公园名录的公园情况**

| 序号 | 行政区域 | 公园数量（个） | 总面积（公顷） |
|---|---|---|---|
| 1 | 越秀区 | 19 | 493.97 |
| 2 | 海珠区 | 14 | 354.57 |
| 3 | 荔湾区 | 15 | 219.34 |
| 4 | 天河区 | 14 | 470.51 |
| 5 | 白云区 | 32 | 421.71 |
| 6 | 黄埔区 | 34 | 304.66 |
| 7 | 花都区 | 22 | 444.78 |
| 8 | 番禺区 | 23 | 356.66 |
| 9 | 南沙区 | 9 | 214.78 |
| 10 | 从化区 | 5 | 31.6 |
| 11 | 增城区 | 23 | 254.78 |

## （二）各类花事活动提升了城市形象

1. 木棉被评选为市花

自1982年木棉花被定为广州市花以来，大部分公益宣传都使用了木棉花形象。市政府多次用木棉造型雕塑赠予国际友好姊妹城市。华南理工大学、南方航空公司以及部分“广州制造”的品牌标志，都使用了木棉花的图案。木棉树形挺拔，花开红火，其落花干脆而不容颓势的精神，象征着广州精神。

2. 从清代开始广州就举办了全国独一无二的除夕花市

一年一度的迎春花市成为市民辞旧迎新、同欢共庆的场所。发展至今，广州市11个区共开设12个迎春花市。2019年春节，花市共设花档2717个，吸引了海内外540万人次“行花街”，成交总额达1.47亿元。广州迎春花市已成为国内外颇负盛名的岭南民俗嘉年华。

3. 政府部门每年定期举办花展，种类繁多

新中国成立后，广州市各大公园里，春有“迎春花会”，秋有“羊城菊展”，夏赏荷花睡莲，室内赏插花展，冬天盼着除夕前的迎春花市。市民一年四季都能参与花事活动（见表2）。

2001年，广州市首次主办了第4届中国国际园林花卉博览会，吸引了国内外60多个城市的150个单位参展，共展出130天，这是广州市历时最长的一次国际性博览会。2017年和2018年连续举办了两届广州国际花卉艺术展。国际性的花事活动提高了“花城”形象的认知度和美誉度。

**表2　广州市举办的花展（2018）**

| 序号 | 花展名称 | 地点 | 时间 |
|---|---|---|---|
| 1 | 第16届流溪河梅花节 | 流溪河森林公园 | 2017年12月16日至2018年1月15日 |
| 2 | 大型绿雕艺术花卉展 | 云台花园 | 2018年2月13日至3月24日 |
| 3 | 第24届广州园林博览会 | 海心沙 | 2018年2月14日至3月2日 |
| 4 | 第10届黄金花海观赏节 | 石门国家森林公园 | 2018年2月1日至4月5日 |
| 5 | 第3届金秋睡莲展 | 莲花山 | 2018年9月20日至11月1日 |
| 6 | 第2届广州簕杜鹃花展 | 雕塑公园 | 2018年11月12日至26日 |
| 7 | 第59届羊城菊会 | 文化公园 | 2018年11月16日至12月2日 |
| 8 | 第3届广州黄花节 | 黄花岗公园 | 2018年11月23日至12月16日 |
| 9 | 第2届广州国际花卉艺术展 | 海心沙 | 2018年11月30日至12月3日 |

## （三）花卉生产的进步和发展，积淀了花事文化

广州建城2000多年来，种花、贩花、买花、赏花成为市民生活的一部分，构建了成熟的育种、生产、销售的花商体系。近年来，政府又划定了花卉生产保护地，保障了花卉生产所需。花木精品早已具备辐射全国的影响力。至2017年底，广州花卉种植面积近2.1万公顷，拥有花卉品种2000多个，花卉年产值50亿元，花卉贸易已居全国第一，出口额0.45亿元（见表3、表4）。

表3　2017年广州市花卉产销情况

| 类型＼项目 | 种植面积（公顷） | 销售量 | 销售额（万元） | 出口额（万美元） |
|---|---|---|---|---|
| 合计 | 21886.66 | — | 501599.99 | 647.09 |
| 鲜切花类（万枝） | 3460.57 | 156136.00 | 110152.10 | 24.45 |
| 盆栽植物类（万盆） | 9246.51 | 13886.67 | 294119.67 | 380.14 |
| 观赏苗木（万株） | 7302.40 | 6085.33 | 86472.54 | 22.53 |
| 食药用花卉（千克） | 209.56 | 17557.10 | 2810.02 | 216.77 |
| 其他花卉（吨） | 305.70 | 300.01 | 153.74 | 0.00 |
| 草坪（万平方米） | 1126.86 | 1126.86 | 3493.28 | 3.19 |
| 种子用花卉（千克） | 0.00 | 0.00 | — | 0.00 |
| 种苗用花卉（万株） | 210.26 | 10782.95 | 4346.40 | 0.00 |
| 种球用花卉（万粒） | 24.80 | 21.30 | 52.24 | 0.00 |

表4　2017年广州花卉保护地栽培情况

| 类型＼项目 | 合计 | 温室 | 其中节能日光温室 | 大棚 | 遮阴棚 |
|---|---|---|---|---|---|
| 面积（公顷） | 5697.73 | 395.77 | 173.70 | 1534.27 | 3593.99 |

从前广州人称花匠为“花王”。“花王”以手工作业为主，以让普通植物展现无穷艺术造型为傲。枝剪、水仙刀、手锹等由“花王”自己加工修整，仅看工具也能看出“花王”的资历。但随着社会化大生产的发展，目前，生产方式、生产工具与传统大相径庭，因而“从前”的手艺与工具早已成为值得人们收藏与回忆的古物藏品。

## 二　广州花事活动存在的问题及分析

### （一）广州花艺历史普及度有限，未能深入民心

广州是从南越王的后花园开启花城历史的。五代南汉时期，珠江南岸庄头村一带就成为素馨花田，促成了每天早上卖花的“花渡头”。芳村“花

埭”直到今天仍是全国闻名遐迩的花卉产区和花卉集散地。广州花卉文化历史悠久，独树一帜，与江南、北方的艺术风格不同，“适用为度，适时而变，兼容并蓄”的岭南文化特征及“开放兼容，多元并蓄”的文化个性非常突出。但在我们要提出建设“花城”的今天，着眼于城区的巨变，却伴随着花事场所的减少及新旧市民对花艺历史的淡忘与无知。在周围城市都提出建设“国际花城”的今天，广州深厚的花艺文化未被发掘弘扬。

### （二）广州缺乏凝练花城品牌精华的场馆

广州被称为“花城”已有1700多年，此起彼伏的花事活动，缺乏文化脉络系统梳理和整合；市民和游客不能在短时间内集中获取花城历史文化；木棉花缺乏宣传，年轻一辈及新广州人对木棉花的认知度不高；各类花展缺乏文化渲染，市民游客只能看热闹，领会不了花事的内涵。最具岭南特色的民俗文化中，已列入“非物质文化遗产”的行业大多有自己的行业博物馆，其中包括广东民间工艺博物馆、粤剧艺术博物馆、陈李济中药博物馆等。然而，广州迎春花市以及和花市交相辉映的各类花事活动，却没有固定的场馆，也没有稳定的专技人员深入研究、整合花事文化资源。

随着人民日益增长的对美好生活的需求，其他城市开始兴建有特色的花卉博物馆，不断举办国际性花艺展览，城市的国际知名度不断提高。北京已于2014年建成中国插花艺术博物馆；昆明也有被戏称“亚洲最大室内花卉博物馆”的“七彩云南花之城”。而自称“花城”的广州，既然要打造“花城”城市品牌，必然要有沉淀花文化的视觉焦点。

### （三）园艺工匠日趋减少，传统工艺正在流失，花艺发展后继乏力

广州花事的生产与加工已从小农作坊向产业发展，规模扩大了，精品却少了，传统工艺亟待传承。花事活动从最初以鲜花交易为主向花艺交流发展，但市场上花艺营销却远比花艺本身更易得到高收入、高报酬。社会化、现代化大生产令传统花艺技能评定系统失去市场认可，花匠流失严重，工艺得不到有效传承。

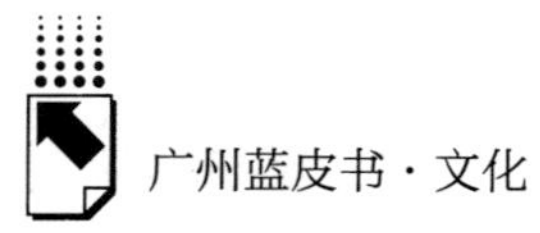


广州的花艺行业长期以来都以工匠为主力，有创新、有推广，却缺乏凝练和宣传，从事花艺研究、理论提升的人员较少，且没有适当发挥的平台，素质偏低。

### （四）市民爱花种花的情结缺乏依托

随着城市化程度的提高和城市建设发展的需要，市民赖以种花的院落越来越少，建筑密集，阳台受光有限，市民逐渐失去种花的环境。市民对种花养花技艺及意义的了解，多数依赖政府操办的花事活动，但这只能满足市民赏花的要求，远远满足不了市民参与种花、理解花文化的需要，不利于提高市民对花城的自豪感及建设城市的使命感，也不利于培养爱花惜花的公共意识。

## 三 建设广州花艺博物馆的具体建议

博物馆体现了一个城市文化的积淀，承载着城市的文明。广州要想持续擦亮花城文化品牌，建成世界级著名花城，还须深入挖掘并整合宣传“花”对城市的影响，以及未来“花”会带给城市的竞争力。

建议以公共文化服务体系建设的高度，谋划广州花艺博物馆的建设。以全市的公园绿地为载体，在展示城市绿色生态环境的同时，加强历史文化再现、宣传，建设特色品牌，组织开展广大市民可以动手参与的花事文化活动。

博物馆的研究、收藏及宣教使命，可以激励行业主管部门“不忘初心，砥砺前行”，依据行业的变迁及时调整政策，确保行业传统技艺得以保存、继承和弘扬，创新成果得以推广、运用和引领发展。

### （一）优化现有公园规划，建设随季候、节庆变化的“动态花艺博物馆”

进公园亲近自然早已成为市民生活的一部分。通过有目的地优化提升建设，不同的公园绿地可以在不同的季候、节庆推出赏花活动，弘扬花艺历史文化。

1. 保护、利用、重建花城花艺文物体系

在花城悠久的历史中，芳村曾是有名的花卉之乡，“花埭”有以花卉命名街巷的历史传统，浣花路、红棉街、剑兰街、芙蓉三约、杏花大街等路名，使老广州人念念不忘；广州有“岭南画派摇篮”之称的十香园，因种植多种香花植物而得名；广州市还有花都、萝岗等多处传统花事胜地。

大力兴建新型“广州花园”的同时，配合规划修编，将花城各区历史花艺文物体系从现代建设中剥离出来，有意识地加以保护和重新建设，使传统花卉文化与现代体系和谐共存。我们可以因地制宜地修复名园名街，挖掘街巷村镇命名的历史和隐藏千年的花卉文化秘密，打造“花城看花”的经典景点及经典路线。

2. 规划打造个性的公园花事文化品牌

包括尚未进入公园名录的，广州市已经拥有247个公园绿地。建议学习北京的做法，重视公园花事文化建设，通过“1＋11”花园建设，调整规划，促使不同的公园打造植物观赏的“专业性”和“特色化”，作为提升公园形象的主要手段。

公园不仅要种植有特色的“一园一花境”，还须认真挖掘和宣扬所建花境的文化内涵，与市民互动，将普及和宣传花艺文化、提升花城品牌作为公园发展的又一使命，扩大花事活动的群众基础，培养市民对花城建设的自豪感与使命感，从而增强文化自信，促进城市文明的提升。

3. 特别建议要扩大市花木棉效应

行业主管部门无须顾忌木棉花絮扰民而约束木棉种植。木棉花期后的广州已进入雨季，花絮飘扬对市民的影响会随春雨消逝。而木棉花期为2～3月，正值“广州过年，花城看花”阶段，建议在适宜的区域建设木棉文化园。公园要比其他行业更能直观地宣传木棉文化品牌，让木棉精神借远方来客实现对外传播。

## （二）选择公园绿地，建设实体的“固态花艺博物馆”

花艺不同于其他行业，阳光、雨水是不可或缺的“展品”。因此，建议选择公园或公共绿地作为实体博物馆场地，实景重现花城的花事文化生活。

1. 统筹记录现代此起彼伏的花事活动

政府部门每年定期举办的花展已成为市民生活不可或缺的一部分。花城的花事活动频繁，需要系统整合才能凸显其文化脉络。实体的花艺博物馆将作为游客体验花城之旅的起点。如果说花城本身就是一座赏花的大型展场，那么花艺博物馆将是赏花展览的前奏，可以引领游客深入领略花城品牌的整体魅力，对中外游客欣赏广州花事起到引导作用。

2. 展陈悠久的花艺文化历史

《羊城竹枝词》写道："羊城世界本花花，更买鲜花度年华。"广州人爱花、惜花、咏花，许多动人的花卉故事和诗篇流传至今。流花桥与流花女演绎了素馨花的传说，钟玉岩成就了萝岗香雪仙景，长盛不衰的迎春花市带给市民一年一度同欢共庆的喜悦。策划建设花艺博物馆，展陈这些悠久的花艺文化历史，可以让花城丰富多彩的花文化家喻户晓，植根于市民心中。

广州市民爱"讲意头"，乐意以花寄情、以花传情，不断推出寓意深刻的花语。广州人为花起的昵称本身就是一部花艺宝典。另外，从传统的五花茶、霸王花煲汤到今天的葵花鸡、荷叶饭、石斛宴，鲜花在最大程度上滋润了广州市民的生活。花艺博物馆可以展现广州的民俗风情，尽显广州人对大自然的敬意。

3. 展现广州花卉生产历史与水平

广州花卉工艺具有鲜明的民族风格和地方特色，流程完整，制种、扦插、栽培、造景应用等技术积累厚实，是历史和文化的载体。但岭南家族式的匠师培养与技艺传承体系各自独立，缺乏有效的沟通渠道与合作方式。因此，以博物馆为平台进行传统工艺记载与交流，能保护和传承岭南花艺文化遗产，实现岭南民间传统工艺的可持续发展和振兴。

同时，建城2000多年来，广州构建了成熟的育种、生产、销售的花商体系。近年来，花卉的引进育种成果研究（见表5），更是为花城建设锦上添花。花艺博物馆可以向全国甚至全世界展示广州花卉业的成果。

表 5　近年来广州已成功推广的部分引进育种成果研究

| 年份 | 品种 | 课题 |
| --- | --- | --- |
| 2014 | 美丽异木棉 | 不同种源木棉生长及光合特性研究 |
| 2015 | 多花野牡丹 | 野牡丹属新品种“天骄”和“心愿” |
| 2015 | 簕杜鹃 | 观赏簕杜鹃在广州地区的引种及综合评价 |
| 2015 | 洋紫荆 | 洋紫荆的文化内涵及其园林应用价值 |
| 2016 | 杜鹃花 | 品种间杂交亲和性及其杂交种子萌发研究 |

## （三）利用互联网无限延伸花艺博物馆空间

充分发挥现代媒体的作用，建立花艺网络博物馆，利用虚拟技术更生动地重现已逝去的花事历史，同时响应习近平总书记建设网络强国的互联网思维。花艺网络博物馆宣传面广、受益人群多，可以快速宣传花城悠久的花卉历史文化和现代的各种花事活动，提升城市影响力。花艺网络博物馆还可跨越国界，与游客开展更多互动项目，也便于行动不便的游客参与花事活动。

## （四）多渠道融资建设花艺博物馆

博物馆是一个展现行业水平的窗口，而行业内不乏经营成功的企业需要文化的彰显与提升。建设花艺博物馆，可以不局限于政府资金，利用学会、协会、商会的力量，发动、募集行业内成功企业的人力、财力，合力建设花艺博物馆。番禺的百万葵园和宝墨园、荔湾的花博园、大学城的岭南印象园等，可以从空间、资金、人力等资源方面给予其支持。虽然私有或合资的博物馆必定收费，但是只要文化创新有自信、内容丰富精彩，市民还是愿意为此付费的，博物馆因此也更有积极性不断提升综合服务水平。

近年来，不少企业家重视文化建设，利用私人资金成功建起了诸多专题博物馆，为我们提供了许多成功的案例。我们可以参考正佳自然博物馆，其藏品不比广州博物馆的自然馆差。同样，在正佳广场内筹建的雨林馆，也是利用私人资金填补广州市生态行业空缺的一个例子。

### （五）不拘一格，加强花艺文化人才队伍建设

花艺博物馆平台可以综合民俗研究、园林建设、文化产业等各方面，广招人才，使研究人员、设计从业人员与民间工匠体系相结合，共同挖掘历史，创新发展，碰撞出现代产、学、研三结合的成果。

（审稿人：龙　瑶）

# B.7

# 加快推动广州市花都区文化事业发展研究报告

中共广州市花都区委宣传部课题组*

**摘　要：**　本报告通过分析广州市花都区文化建设总体情况以及存在的问题，针对新时代花都区经济社会发展的实际，提出了加快推动文化事业发展，提升城市文化软实力，实现文化综合实力出新出彩的对策建议：提高思想认识，把文化事业建设摆上重要位置；把握时间节点，加快推进公共文化设施建设；持续增加投入，着力补齐公共文化财政支出短板；加强人才储备，加大对文化人才队伍的培养建设力度；立足时代发展，加快推进公共文化服务数字化建设；创新投融资机制，大力促进文化产业繁荣发展；优化产业发展格局，建设粤港澳大湾区旅游生态合作区。

**关键词：**　文化事业　文化产业　文化软实力　花都区

习近平总书记在视察广东、广州时指出，要注重文明传承、文化延续，让城市留下记忆，让人们记住乡愁，推动城市文化综合实力出新出彩。近年来，广州市花都区高度重视文化事业发展，始终坚守中国特色社会主义文化

---

* 课题组组长：邹璇，中共广州市花都区委常委、宣传部部长。成员：李君民，中共广州市花都区委宣传部常务副部长；何东升，中共广州市花都区文化广电旅游体育局党组书记、局长；吴术球，中共广州市花都区委宣传部理论科科长。执笔人：吴术球。

发展道路，坚持以人民为中心的工作导向，以高度的政治责任感和历史使命感，推动社会主义核心价值观和中华优秀传统文化广泛弘扬，公共文化服务水平不断提高，艺术创作持续繁荣，文化市场规范有序，文化产业蓬勃发展，人民群众文化获得感大幅提升。2017 年 9 月，花都区成功创建了广东省首批公共文化服务体系示范区。

## 一　花都区文化建设总体情况及成效

### （一）公共文化设施网络基本覆盖

花都区公共文化服务单位共有 270 余个，其中区级文化单位 8 个（洪秀全故居纪念馆、民俗博物馆、文化馆、图书馆、美术馆、花都体育场、花都区体育馆、花都东风体育馆），街道（镇）综合文化站 10 个，村（社）综合文化室 255 个。近两年新建了洪秀全故居纪念馆、区美术馆、区博物馆、艺术展览馆、广州民俗博物馆等一批大型文化设施，启动了区群众文化服务中心、花都图书馆新馆、市民广场、花都大剧院等设施项目建设；10 个街道（镇）综合文化站全部达到省一级站标准，其中 7 个达到省特级站标准；进一步完善了 255 个村（社）综合文化室功能，其中重新升级改造农村综合性文化服务中心 80 余家，实现了村（社）级文化设施的信息化和多功能化，大大提升了城区“十分钟文化圈”和农村“十里文化圈”的承载力。全区每万人拥有室内公共文化设施面积 1344.2 平方米，比 2014 年底增加了 218.6 平方米。

### （二）文化阵地效能凸显

充分发挥文化阵地作用，凸显公益性、均等性，保障群众读书看报、参与活动等公共文化服务基本权益。区文化馆每年开展公益展览近 20 场次，公益类培训辅导班 30 余种。区群众文化活动中心全免费公益开放，舞蹈活动室、戏剧活动室等活动室每年使用 2000 余次，接待群众 5 万余人次。区图书馆大力推广“全民阅读”，每年开展各类公益文化讲座20余场，“广州读书月”及“公共图书馆服务宣传周”等阅读推广系列活动180余场。洪秀全故居纪念馆、广州民俗博物馆充分发挥爱国主义教育基地的作用，结合博物馆日等每年开展系列活动20余场次，获评2018年广州市爱国主义教育基地“优良基地”和“良好基地”称号。2018年，洪秀全故居纪念馆共接待观众27.5万人次，广州民俗博物馆共接待观众9.1万人次，其中未成年人为2.4万余人次。

### （三）区域特色文化逐渐成为品牌

“天王故里”“盘古王诞”“花都古村落”“花都侨文化”“花都合唱团”5张区域特色文化名片越擦越亮。花都合唱团先后10余次获国际国内大奖，并获得第10届中国艺术节暨第16届合唱节“群星奖”；在广东省第12届“百歌颂中华”歌咏活动决赛中获金奖第一名、三亚国际合唱艺术周金奖第一名；2017年，其在宁波举行的第14届中国合唱节上荣获成人组混声合唱金奖。盘古王祈福活动的影响扩大到整个珠三角和海外侨界，该活动被列入广东省第六批非物质文化遗产代表性项目名录。狮岭镇、赤坭镇被评为广东省民间文化艺术之乡，炭步镇成为广东省古村落保护基地（岭南村落），塱头村被评为第六批中国历史文化名镇（村），花东镇荣获全国首批“侨之家”、广东省东南亚侨文化艺术之乡称号。

### （四）文化活动由惠民向悦民延伸

每年轮流举办的文化欢乐节、街镇文化节、花都合唱节、盘古王民俗文化节、“书香花都”全民阅读节，以及春节文化系列活动，定期为市民奉上“文化大餐”。近两年来，花都区传统节庆文化活动、行业文化节此起彼伏，先后举办全区性大型文化活动30余场。送文化下乡成为常态，“流动图书馆”“流动博物馆”“流动舞台”“流动电影院”“流动文化超市”遍及城乡。2018年，各场馆推出送戏下乡、送展下乡、汽车图书馆下乡等主题惠民活动181场次，送展、送书下乡天数超过200天；举办各类文艺文化讲座

34 场，举办“天王的后裔”等文博活动 165 场；全年农村电影放映 3217 场次，完成全年任务量的 143%，观影总人数超过 50 万人次。

### （五）文化志愿者队伍发展壮大

花都区委宣传部、区文明办印发《花都区关于建立健全文化志愿服务体系的工作方案》后，文化志愿服务队伍扩大到 700 余人，“悦读”华广图书馆志愿者服务队荣获广州市公共图书馆 2018 年度优秀志愿服务团队称号，广东行政职业学院志愿服务分队被评为广州市优秀文化志愿服务团队。洪秀全故居纪念馆、广州民俗博物馆、区文化馆志愿者队伍呈现蓬勃发展的局面，洪秀全故居纪念馆“送展下乡”志愿服务获广州市优秀文化志愿项目。

### （六）文创作品成果丰硕

原创舞蹈《抢头灯》在广东省第 4 届岭南舞蹈大赛中荣获银奖，并被央视播录；情景歌曲表演《金绣银绣线儿绣》先后获得广州市级金奖及广东省第 7 届群众音乐舞蹈花会银奖；创编戏剧小品《最美的未来》，参加了广东省第 8 届群众戏剧曲艺花会并获得了银奖。此外，创作作品山歌对唱《我家办起小旅馆》参加 2015 年广东省客家山歌大赛第 3 届（中国·河源）客家文化节并荣获铜奖。非遗工艺作品屡获国内外大奖，金绣裙褂作品《花篮中五福》荣获 2018 年第 6 届“中国·金艺奖”国际工艺美术创新设计大奖金奖，铜胎画珐琅《四季如意瓶》在 2018 年粤港澳大湾区工艺美术博览会“国匠杯”上荣获金奖，珐琅装饰画《地球系列 2》获中国（深圳）文博会“中国工艺美术文化创意奖”银奖，灰塑《花瓶》获第 5 届珠三角工艺美术作品邀请展“工美金匠奖”金奖。

## 二　花都区文化事业发展存在的主要问题

近年来，花都区文化软件建设成效显著，但文化硬件建设严重滞后，区内现有大型公共文化设施均为 20 余年前规划建设，与花都区经济飞速发展的现状不相匹配，文化设施建设的短板尚未补齐，还无法满足市民日益增长的文化需求，离文化综合实力出新出彩还有一定的差距。主要问题表现在以下几个方面。

## （一）公共文化设施建设明显滞后

近年来，花都区经济快速发展，人民生活水平大幅度提高。而与之相比，公共文化基础设施建设却明显滞后，场馆老化、面积狭小、设施陈旧等问题较为突出。

1. 图书馆总分馆制不达标

《广州市公共图书馆条例》规定，公共图书馆每千人建筑面积要在37.5平方米以上，区、镇两级馆舍总建筑面积为4.12万平方米方可达标，公共图书馆馆藏纸质信息资源人均拥有量到2020年应达到2册（件）以上。目前，花都区图书馆总馆面积为0.86万平方米，街道（镇）分馆面积约为0.44万平方米，区、镇两级馆舍总建筑面积为1.3万平方米，每千人建筑面积为13平方米，加上预计2019年完工的新图书馆面积1.55万平方米，区、镇两级馆舍总建筑面积为2.85万平方米，每千人建筑面积为28.5平方米，远低于《广州市公共图书馆条例》规定的建设标准，在全市各区中排名靠后；全区各类图书馆现有馆藏纸质信息资源80万册，人均拥有量为0.73册。目前每年购书经费约为100万元，以常住人口110万、每册新增书35元计算，每年人均入藏纸质信息资源仅为0.02册，要想在2020年达到《广州市公共图书馆条例》规定的标准，花都区未来两年每年需投入约2500万元购书经费。

2. 文物库房不达标

依据中华人民共和国住房和城乡建设部发布的《博物馆建筑设计规范》（JGJ66－2015）的相关规定，洪秀全故居纪念馆属中型博物馆，藏品库区建筑面积应占总建筑面积的10%～15%，但纪念馆文物库房面积实际仅占总建筑面积的5.7%，尚未达到国家标准。且现有文物库房为普通建筑，楼龄已近30年，墙体多处开裂，抗击力不强，排水管道、用电线路老化迹象明显，存在较大安全隐患，不符合文物库房建筑的安全性要求。

3. 村（社）综合性文化服务中心不达标

《广东省人民政府办公厅关于推进基层综合性文化服务中心建设的实施意见》（粤府办〔2016〕13号）要求，2018年村（社）综合文化服务中心建设省级达标率为100%。目前，花都区255个村（社）中，只有80余个建成综合性文化服务中心，完成率仅为30%，离省级标准差距甚远。且在已建成的综合性文化服务中心中，也有部分名不副实，有的缺乏管理长期不能正常服务，有的设施陈旧长期无人问津，有的建好不用长期闲置。

## （二）公共文化经费投入不足

近年来，花都区的公共文化服务建设投入得到了区、街道（镇）两级政府的高度重视，实现了较快发展，但与群众潜在的文化需求相比，投入还显不足。

1. 公共文化经费投入比重偏小

文化事业的投入低于其他行业的投入，文化事业的发展依然受到资金的制约。2018年，花都区文化体育与传媒（文化）预算支出5071万元，占全区财政总预算支出的0.42%，在全市11个区中排名第六（荔湾1.22%、黄埔1.0%、越秀0.64%、增城0.56%、南沙0.52%、天河0.40%、海珠0.39%、从化0.34%、番禺0.24%、白云0.22%），低于全市0.54%的平均水平。

2. 人均文化事业费支出偏低

据省文化厅公开数据，2017年，全省人均公共文化财政支出为271.79元，粤东西北12个经济欠发达地市的人均公共文化财政支出从高到低分别为：韶关214.92元、汕尾188.15元、汕头175.29元、清远174.87元、茂名162.03元、梅州157.17元、潮州153.55元、云浮149.79元、阳江148.70元、河源141.25元、揭阳114.47元、湛江89.96元。同期相比，花都区2017年文化与传媒支出（除去体育支出）1.93亿元，以常住人口110万计算，人均公共文化支出为175.45元，人均公共文化财政支出短板问题比较突出。

3. 文化事业经费配置不均衡

政府投入的重点是在文化设施、文化场所硬件建设上，而其对设施运转、文化活动开展的配套资金投入还不够，必要的专项资金支持也不够。比如，2016 年，花都区图书馆经费投入 650. 49 万元，投入增长 18. 16%，金额和增速均为全市倒数第一；2017 年，区图书馆经费投入 575 万元，居全市倒数第三；全区 7 个省特级、3 个省一级街道（镇）文化站，按照文化站评估定级要求，每个特级文化站每年应有 40 万元、每个一级文化站每年应有 30 万元的业务经费，但区、街道（镇）均未足额安排资金；区每年给各村（社）文化室下拨 1. 5 万元经费，按文化室管理规定，街道（镇）应按比例配套投入资金，但所有街道（镇）均没有配套投入常态化的保障经费，有限的经费既要用于改善管理人员工资，还要用于订阅报纸杂志、支付网络费用等，这导致村（社）文化室无法正常运行。

## （三）公共文化服务力量严重不足

目前，花都区文化队伍总量偏少、成员年龄偏大，结构性矛盾尤为突出，缺少一批高层次的专业人才、文化管理和经营人才，这一定程度上制约了全区文化事业的发展。

1. 图书馆工作人员编制少

《广州市公共图书馆条例》规定，“按照服务的常住人口每一万人至一万五千人配备一名工作人员”，对照花都区实际情况，按 110 万常住人口计算，全区公共图书馆从业人员应为 74 ~ 118 人，而目前从业人员仅为 42 人。

2. 村（社）文体协管员配备不达标

根据省级基层综合性文化服务中心建设要求，每个村（社）应配置文体协管员不少于 1 人，街道（镇）综合文化站专职工作人员要达到 3 名以上，并做到专干专用。但多数街道（镇）都只有 1 名文化工作人员，且还要兼顾其他事务，存在“在编不在岗、在岗不在任”的现象，这造成基层公共文化队伍普遍存在不专职、不专业、不专心的问题。

3. 文化场馆工作人员现状与未来发展不相适应

区图书馆、区大剧院建设已经启动，花都阁即将竣工，骆秉章家庙工程已完成，广州民俗博物馆二期工程正在筹备，这些文化场馆建成后专业人才的需求量将会更大，特别是区纪念馆既要负责管理洪秀全故居，还要负责管理花都阁、骆秉章家庙，人才供需矛盾更为突出。另外，全区各文化场馆都面临专业人才年龄老化、创作型文化人才缺乏、年轻专业型人才因编制所限无法引进等共性问题。

## （四）文化数字化建设重视不够

文化部《“十三五”时期公共数字文化建设规划》明确规定，“到2020年，基本建成与现代公共文化服务体系相适应的开放兼容、内容丰富、传输快捷、运行高效的公共数字文化服务体系”。但各级政府部门对公共文化数字化、信息化建设重视不够、投入不足。目前，省市两级都在加快推进数字文化建设，打造“数字文化云平台”，广州市要求在2020年前全市开通使用，但花都区专门服务于文化领域的服务平台仅有微信公众号“文化花都”，缺乏综合性的公共数字文化服务平台，文化信息化应用网络还未形成，届时将难以与省市对接。另外，区、街道（镇）、村（社）三级信息化设施还不完备，按照省公共文化服务体系示范区创建要求，100%的村（社）文化室应当设置共享工程服务点，而花都区仅有147家村（社）文化室基本达到要求，仍有108家村（社）文化室不具备硬件设施条件。

## （五）文化产业发展动力不足

花都区文化产业推动起步较早，2013年4月，就率先在全市11个区中挂牌成立了花都区文化产业发展办公室，并研究制定了《广州市花都区文化产业发展专项资金管理办法（试行）》和《广州市花都区优秀文艺作品创作和奖励专项资金管理办法（试行）》，对推动文化产业发展起到了积极的促进作用。但目前文化产业发展动力不足的问题依然突出。主要表现在：一是资金投入不足，文化产业的扶持力度不够；二是优惠政策不明晰，对社会资本吸引力不强，多元化的投融资体系尚未形成；三是产业规模小、集聚度不够，产业竞争力不强；四是对历史文化遗产保护和开发的力度不够，本土特色文化产业未能得到充分整合，文化资源旅游产品转化率较低。

## 三 关于进一步加强花都区文化建设的几点建议

### （一）提高思想认识，把文化事业建设摆上重要位置

文化既是凝聚人心的精神纽带，又是增进民生福祉的关键因素。近年来，国家出台了《公共文化服务保障法》《公共图书馆法》《关于加快构建现代公共文化服务体系的意见》等法规政策，广东省也先后印发了《广东省公共文化服务促进条例》《广东省建设文化强省规划纲要（2011—2020年)》《关于加快构建现代公共文化服务体系的实施意见》等法规政策，为文化事业的发展提供了有力的法律政策支撑。各级党委政府必须充分认清文化建设在“五位一体”总体布局和“四个全面”战略布局中的重要地位和作用，切实承担起文化事业发展的主体责任，把实施文化惠民工程纳入经济社会发展总体规划和公共财政预算，不断提高文化惠民产品和服务的有效供给能力，更好地满足人民群众日益增长的文化需求。

### （二）把握时间节点，加快推进公共文化设施建设

公共文化设施是实现文化大发展大繁荣的重要平台，是满足群众精神文化需求、保障群众基本文化权益的物质基础，更是构建公共文化服务体系的基本条件。当前，各类法规文件都把完成公共文化服务体系构建的时间定在了2020年，但事实上，花都区离建设标准还有很大差距，公共文化场馆老化陈旧、城乡文化设施不平衡、人均公共文化设施占有率低等问题，仍然是制约公共文化服务体系构建的重要因素。因此，各级党委政府要发挥公共文化设施建设的主导作用，严格遵循时间节点，拿出攻城拔寨的决心，重点突破、连续发力，努力缩小差距，尽力达成目标。一是加大新图书馆、大剧院

等大型公共文化设施建设力度，确保能够按时、按质建成并投入使用；二是待新图书馆建成后，将现有图书馆改为少年儿童分馆，确保图书馆建筑总面积不下滑；三是加快推进广州民俗博物馆一期工程建设，尽快启动二期工程项目建设，力争早日建成并向市民开放；四是按照《博物馆建筑设计规范》，2020 年前重新修建文物库房，着力消除安全隐患。

## （三）持续增加投入，着力补齐公共文化财政支出短板

持续稳定的财政投入，是支撑文化事业蓬勃发展的物质条件和可靠保障。近年来，花都区委、区政府逐年加大了文化事业经费的投入，确保了全区各项文化事业的正常运行。但由于人民群众的文化生活需求日益高涨，加之文化事业发展的历史欠账较多，常规性的经费投入只能维持现状，无法有效缓解供需矛盾。因此，要进一步加大对公共文化财政支出的投入力度，以短期性的高效投入补齐文化建设短板。一是调整文化体育与传媒（文化）预算支出占全区财政总预算支出的比例，以 2018 年全市各区平均 0.54% 的占比为基准，2019 年应调整为 0.6%，2020 年应调整为 0.7%，以此加速提高人均文化事业费水平，促进全区公共文化服务均等化发展；二是加强街道（镇）文化站建设，严格对照公共文化服务体系示范区建设要求，按每个省特级文化站每年 40 万元、每个一级文化站每年 30 万元的标准下拨建设经费，并采取逐点建设、分步到位的方法，力争 2019 年达标 30%、2020 年达标 60%、2021 年全部达标；三是推动村（社）综合性文化服务中心建设，督导各街道（镇）按适当的比例投入配套建管资金，并视达标情况进行考核，力争 2020 年以前实现 100% 达标。

## （四）加强人才储备，加大对文化人才队伍的培养建设力度

推动社会主义文化大发展大繁荣，队伍是基础，人才是关键。繁荣人民群众文化生活，发展文化事业与文化产业，归根到底要靠队伍、靠人才。未来三年，花都区大型公共文化设施要想逐步完善，文化服务供给网络要想不断延伸，必须大力加强以文化行政人才、文化经营管理人才和文化艺术专业

人才为主体的文化人才队伍建设。一是针对各文化场馆新建后工作人员不足的突出问题，依据省委办公厅、省政府办公厅发布的《关于加快构建现代公共文化服务体系的实施意见》中关于“对实行免费开放后工作量大幅增加、现有机构编制难以满足工作需要的公益性文化事业单位，依规合理增加机构编制或服务人员”之要求，搞好人才需求测算，完成文化机构工作人员增配；二是参照深圳、东莞等珠三角地区引进文艺人才的模式及教育系统人才招聘政策，研究、完善文化人才引进政策，采取体制内培养、体制外引进相结合的方式，拓宽现有人才引进渠道，广泛招揽人才以扩大文化人才队伍；三是按照“不求所有、但求所用”的原则，分步制定、出台相关扶持政策，把民间艺人、非遗传承人、业余文化骨干、文化热心人、文化能人、文化志愿者等体制外人才纳入公共文化人才统计范畴，纳入业务培训规划，不断加大支持民间文化队伍建设的力度。

### （五）立足时代发展，加快推进公共文化服务数字化建设

公共文化服务数字化的兴起，是民众的迫切愿望和时代发展的必然，也是“互联网+”热潮下推动文化领域效能提升的抓手。2015 年，中办、国办印发的《关于加快构建现代公共文化服务体系的意见》明确提出，要“加快推进公共文化服务数字化建设”，这是国家首次正式提出“公共文化服务数字化建设”的概念。文件出台后，省市加快了公共文化服务数字化网络构建、平台开发和终端布局，预计 2020 年即可全面贯通、投入使用。相比而言，花都区公共文化服务数字化建设还较为滞后，纵向与省市相比发展不同步，横向与其他区县相比建设有落差。因此，要高度重视起来，下大决心、出大气力，整合全区公共文化资源，贯通线上线下服务，提供多终端访问，建立交互式需求供给体系，推进公共文化服务数字化建设。一是打造“公共文化桌面云”一站式平台，2019 年完成试点工作，2020 年在全区各街道（镇）推广，2021 年形成花都区数字文化云平台，即从 1 个文化云，扩展到“互联网+数字文化”“互联网+旅游文化”“互联网+体育文化”，使全区群众可以随时随地获取公共文化信息、享受公共文化服务；二是推动

区电竞馆建设，并以此为平台，努力打造多元化的区域数字文化产业园；三是用数字时代新媒体占领宣传文化阵地，借鉴南沙区做法，开通“醉美花都”抖音号，打造文化、体育、旅游的视听展示窗口。

### （六）创新投融资机制，大力促进文化产业繁荣发展

发展文化产业既是顺应时代发展的潮流，也是改变花都区“一业独大”产业格局的必然选择。2018 年 11 月，为深化文化领域供给侧结构性改革，创新文化供给机制，引导社会资本积极参与文化领域 PPP 项目，文化和旅游部、财政部联合印发了《关于在文化领域推广政府和社会资本合作模式的指导意见》，为文化领域 PPP 模式发展提供了重要遵循。政策的出台只是文化领域推广 PPP 模式的第一步，更重要的是让政策措施真正落地落实。这就需要尽快实现文化、旅游、财政等部门的对接，迅速将文件政策的精神落到实处，通过实实在在的工作，将政策红利传导到社会、传导到企业、传导到项目，以此推动文化产业高质量发展，以高质量的文化供给增强人民群众的文化获得感、幸福感、满足感。一是加强规划引领，开展项目物有所值评价和财政承受能力论证，形成文化领域 PPP 模式推广计划；二是建立协作机制，制定文化、旅游、财政等跨部门的工作协作机制，落实部门职责分工，形成工作合力，及时协调解决各类问题；三是加大政策保障，为文化领域推广 PPP 模式和项目落地提供多方位的支持；四是优化资金投入方式，推动具备条件的财政资金从补建设向补运营转变；五是丰富金融支持手段，鼓励符合条件的文化 PPP 项目灵活运用债券和资产证券化等融资方式。充分运用广东省广州市绿色金融改革创新试验区的政策优势，鼓励试验区金融机构大力支持和参与粤港澳大湾区（穗港清）旅游生态区的建设；积极通过设立绿色产业基金、发行绿色债券等方式，不断拓宽文化旅游项目的融资渠道，降低融资成本，不断推动文化旅游产业与绿色金融融合发展。

### （七）优化产业发展格局，建设粤港澳大湾区旅游生态合作区

深入贯彻落实国家、省、市关于推进粤港澳大湾区建设的有关文件精

神，积极抢抓粤港澳大湾区建设带来的旅游发展机遇，有效整合广州北、清远南的旅游资源，加强与港澳旅游行业的对接合作。一是丰富旅游产品供给。推进“旅游+文化”，突出地域文化特色，系统深入挖掘广府文化、太平天国史迹、古村落、地方民俗、岭南戏剧等文化资源，协同打造地方特色文化旅游精品线路。促进旅游与文化创意、数字文化产业相融合，大力发展动漫游戏、网络文化、数字内容等新兴文化消费，推动 VR（虚拟现实）、AR（增强现实）、电子竞技等前沿文化科技在旅游产品和管理服务中的运用，开发沉浸感、互动性强的虚拟旅游产品。二是强化旅游集聚功能。建设粤港澳大湾区重要旅游集散枢纽，强化广州北站旅游集散枢纽功能。引进培育旅游市场主体，围绕全方位、全过程、全产业链招商，大力引进港澳等地区的优质旅游市场主体，吸引市场主体总部或区域分部落户旅游生态区，推动旅游生态区投资建设主体市场化、多元化。推进与港澳的旅游对接合作，善用港澳开放、国际化和现有旅游配套的优势，引进港澳优质旅游企业，带动合作区的文化娱乐产业和旅游合作发展。三是营造旅游发展环境。强化旅游市场整体化营销，开展联合营销，调动政府、企业和社会各界的力量，共同协商确定营销战略和资金合作，对合作区旅游整体形象进行统一宣传促销，联合开展招商引资、旅游节庆宣传，联合推介旅游产品，共同开拓国内外旅游市场。加强客源互推互送，互设旅游接待与集散中心，鼓励各地旅游企业互设旅行社或分支机构，定期互办旅游交易市场、旅游推介会等。共同推进智慧旅游建设，打造集行业监管、景区管理、产品营销、游客服务和旅游统计等功能于一体的智慧旅游公共服务平台。

（审稿人：陈碧莲）

# B.8

# 关于将广州沙面打造为“城市会客厅”的建议

温朝霞　谢小娜*

**摘　要：** 广州沙面是一个历史文化底蕴深厚、富有异国情调、风光旖旎、十分迷人的地方。在新时代，广州要建设“岭南文化中心和对外文化交流门户”，可考虑将沙面打造为面向国内外、传承对外合作交流的粤港澳大湾区“城市会客厅”，同时是欧陆风情的展示区和广州文化对外传播的窗口，以展示传统文化与现代文化、东方文化与西方文化的交融与发展，实现欧陆建筑风格欣赏与自然风光游览的有机结合。

**关键词：** 广州沙面　城市会客厅　粤港澳大湾区　历史文化

广州是我国第一批公布的国家级历史文化名城，具有2200多年的建城历史，历史文化资源丰富，文物和文化古迹众多，文化积淀深厚。《粤港澳大湾区发展规划纲要》提出“支持广州建设‘岭南文化中心和对外文化交流门户’”，重视和支持广州的文化品牌建设。广州市荔湾区作为岭南文化中心地的窗口，是岭南文化的重要根脉所在。位于荔湾区的沙面，坐落在白

* 温朝霞，教授，博士，中共广州市委党校（广州行政学院）校刊编辑部副主任、《探求》杂志副主编，广州市重大行政决策论证专家，主要研究方向为岭南文化、文化产业与文化传播；谢小娜，中共广州市委党校荔湾分校高级讲师，硕士，主要研究方向为社会发展与基层社会治理。

鹅潭畔，是一个历史底蕴深厚、富有异国情调、风光旖旎、十分迷人的地方。在新时代，广州要建设“岭南文化中心和对外文化交流门户”，可考虑将沙面打造为广州乃至粤港澳大湾区的“城市会客厅”，以展示传统文化与现代文化、东方文化与西方文化的交融与发展，实现欧陆建筑风格欣赏与自然风光游览的有机结合。

## 一　沙面的基本概况及主要特点

沙面是荔湾区珠江白鹅潭北岸边的一个面积为0.3平方千米的椭圆形小岛，东接沿江西路，西邻黄沙，南临白鹅潭，北至沙基涌。据档案资料记载，沙面原本不是岛，而是珠江冲积而成的沙洲。这里曾作为广州的城防要塞，设有炮台，重创过英国入侵者的舰队。成岛并被称作“沙面”是19世纪中叶以后的事情，距今已140多年了。

整岛设沙面街道办事处，下辖一个翠洲社区居委会，共有户籍居民4547人，常住户籍1012户，常住人口2100人。岛内注册登记集团、企事业单位约180家，波兰驻广州总领事馆、朝鲜商务处、广东省礼宾府、广东海关分署、广药集团、国药器械、白天鹅宾馆等均设于此处。

沙面岛的主要特点和资源优势有以下几方面。

### （一）历史文化底蕴深厚，是对外开放的先行地

沙面曾是广州海上交通的门户、对外通商的要津。唐代建“津亭”，明代建“华节亭”，管理对外贸易，沙面是华洋商船的重要码头。直到18世纪清朝乾隆年间，清政府在十三行建起“夷馆”以后，沙面才结束了它接待外商要地的历史。

沙面在清代还是广州城的江防要塞，乾隆年间在这里设有西炮台，扼守着广州城的西南面。第一次鸦片战争期间，此地曾发生过抗英激战。1841年5月21日，四川省提督张必禄指挥川军，和以陈棠为首的西关丝织工人、以颜浩长为首的怀清社学义勇军联合向盘踞在白鹅潭的英军舰队展开全面攻

击。由于准备欠周，攻击很快失败，只得退守到沙面的西炮台坚持战斗。他们以火炮猛烈轰击英舰，前后击毁英舰两艘、击伤三艘。经过22～24日三天的战斗，重创英舰队。25日又分兵迎击自四方炮台来袭的英军陆战队，直至弹药用尽，始行撤退。血战西炮台是广州人民在第一次鸦片战争中留下的一段可歌可泣的历史。

沙面因其特殊优越的地理位置和得天独厚的自然、人文环境，19世纪中叶以后被英法殖民主义者看中，辟为租界，他们在此大兴土木，沙面遂成为驻穗外国人的乐园，近百年后，才被重新置于中国政府的管辖之下。在沙面租界内，美国于1920年增设的慎昌洋行广州分行，其业务范围甚为广泛，连中国南部矿产的开采机器，该分行也能完全承办；美国德士古火油公司从日本三井洋行手中收回代理权，以便于更大规模侵入广州；而英国根据在巴黎和会上签订的《凡尔赛和约》条款，将沙面德国财产移交给英国，相继在沙面增设了多家洋行，以加强对广州地区出口贸易的控制，老牌英商怡和和太古洋行也有不同程度的扩张。但是沙面租界地方狭窄，已不能满足洋商在中国这一南大门发展贸易的需要。因此，不少外国的银行、洋行、教会学校等都设在沙基、长堤一带，这使这一带成为沙面租界的伸延。沙面租界除对西堤、长堤、人民南一带影响较大之外，对广州西关的城市化进程亦影响较大。十三行及租界都坐落在西关，洋行买办多在珠江边活动，他们在西关建房定居，在当年的下西关涌郊区、下九路、第十甫、十八甫、十五甫、荔枝湾一带选择地方建住宅，同治、光绪年间这一带已发展成有街有市的住宅区。这些具有时代特色的豪宅分布在多宝路、宝华街等地，属西关大屋的建筑形式。

沙面作为中国被动对外开放之地，历经百年，先后有10多个国家在沙面设立领事馆，9家外国银行、40多家洋行在沙面经营。沙面见证了广州近代史的变迁，留下了孙中山先生、周恩来总理等伟人的足迹，是我国近代史与租界史的缩影。1983年春天，一只卓然而立的“白天鹅”在沙面岛南边冲天而起。这座中外合作建成的内地第一家五星级酒店、被誉为“改革开放地标”的白天鹅宾馆，为当时的广州人，甚至是中国人打开了一扇看世界的窗。改革开放总设计师邓小平同志先后三次到访沙面，多年来沙面共接待包括英国女王伊丽莎白二世在内的40多个国家的150多位元首和政府首脑。岛内现有广东省外事博物馆、沙面历史文化展览馆、白天鹅历史陈列馆等多个文化展示场馆，共同构成了展示沙面丰富多元文化体系的窗口。2017年1月，十三行、沙面入选“广东十大海上丝绸之路文化地理坐标”。

### （二）沙面是广州首批历史文化名街，其欧陆式建筑群独具特色

沙面租界自1861年开始建设到1941年太平洋战争爆发这段时间，正是欧美资本主义文化及社会发生深刻变革的时期。工业化大生产不仅只是一种物质生产方式，更影响到精神产品的生产。建筑作为一种技术与艺术高度统一的产品，受新技术、新材料的影响也最大。

沙面租界的建筑集中了欧洲各国的建筑风格，可以称得上是欧陆建筑的大观园。19世纪60年代至20世纪40年代是西方建筑思潮非常活跃的时代，按时间顺序，欧洲当时出现的主要建筑风格有：新古典主义、浪漫主义、折中主义和现代主义。由于此期间正是沙面租界大规模建设的时期，因此在沙面形成了反映这些风格的建筑群。

沙面全岛至今仍保留有150多栋欧洲风格建筑，包括特色突出的新巴洛克式、仿哥特式、券廊式、新古典式及中西合璧风格建筑，其中53座（处）为国家重点文物保护建筑，是广州最具异国情调的欧洲建筑群。1992年，广州市政府将沙面列为文物保护区；1996年，沙面建筑群被国务院列为全国重点文物保护单位。

独特的历史文化背景，造就了沙面融东西方文化于一体、别具一格的人文景观，虽经历史长河的洗礼，风采依然。2013年，经文化部、国家文物局批准，沙面街获选“中国历史文化名街”。2014年，《广州市历史文化名城保护规划》经市政府批复实施。2019年3月，广州市规划和自然资源局公布了《华林寺、沙面历史文化街区保护利用规划》的批前公示，公示显示：沙面历史文化街区保护面积39.1公顷，其中核心保护范围31.4公顷，主要沿沙基涌沿岸，包括白天鹅宾馆和河涌本身，不得

进行新建、扩建活动，但是新建、扩建必要的基础设施和公共服务设施除外；经批准允许新建、扩建必要的基础设施和公共服务设施建筑高度在12米以下，建筑体量、色彩、材质等方面应与沙面整体风貌相协调；要求保持现有街巷尺度，并且提倡小规模的交通改造与梳理，保持或者恢复其原有的道路格局和景观特征。公示还显示：沙面街区内有多达54处国家级重点文物保护单位，1处市级文物保护单位，还有六二三路骑楼街、沙面一街、沙面二街、沙面三街、沙面四街以及沙面五街传统街巷格局。

### （三）沙面自然环境优美，是休闲旅游摄影胜地

沙面岛地理位置优越，位于精品珠江西10千米的白鹅潭段，三江交汇开阔之处，旧羊城八景之一“鹅潭夜月”正在此处。岛内环境优雅，绿树成荫，堪称广州城区的“世外桃源”，被誉为“广州第九景”，成为广州重要的城市地标和中外游客、市民群众休闲旅游的首选目的地，节假日游客流量每天高达10万人次。

沙面除一栋栋具有欧陆风格的建筑物之外，古树也是沙面特色之一。这些古树见证了沙面的历史发展过程，本身也记载了租界历史。沙面最古老的古树树龄已达到300年以上，这棵古樟树位于沙面四街北面、广东胜利宾馆门前，树身的直径足有165厘米。这棵古树的编号是200号，是广州市最稀有的古树之一，是古树中的重点保护对象。据统计，沙面岛上除这棵树龄逾300年的古树之外，超过百年树龄的古树有154棵，占了广州市古树的半数。其中，180年树龄以上的古树有44棵，130年树龄以上的古树有98棵。从古树树龄我们可以看出，沙面租界的设立距古树栽种约有125年至135年的时间差，也就是说沙面地区在设立租界之前，已种植了不少的树木，已经是一个绿树成荫的地方了。沙面除古树之外，其他各种绿化植物遍布全岛。尤其是沙面大街绿化带，它原来被称为中央通道，长800多米，宽40多米，由东向西横贯沙面，现在种满了各种植物，并建有小游园，这条绿色长廊现在已经成为沙面美化的重要标志。

## 二　沙面的保护与利用存在的问题

从20世纪80年代起，中央和广东省、广州市各级政府就积极地对沙面进行规划和建设。80年代初，沙面从封闭式管理转为开放式管理，特别是随着白天鹅宾馆的建成，广州市政府在1984年将沙面定为“外事旅游区”。到了90年代，沙面建设发展不断加快，为了保护沙面的历史文化遗产，1992年2月，广州市政府将沙面列为文物保护区；1996年11月，又经国务院批准，将沙面清末民初的建筑群列为全国重点文物保护单位。90年代，荔湾区政府和广州市历史文化名城办公室亦先后将沙面列为欧陆风情步行游览区、历史文化保护区。2000年，“沙面历史文化街区”被广州市政府公布为第一批历史文化保护区。

经过多年的努力，沙面的规划与建设取得了可喜成绩，吸引着人们不断去探究其深刻的历史文化背景。但是沙面的建设也依然存在一些矛盾与问题，需要根据形势做出调整。

### （一）居住功能与文物保护利用之间的矛盾

目前全岛建筑约300栋、面积约40万平方米，其产权性质可分为四类：一是省属物业建筑约24.7万平方米，占全岛总量的63%，主要单位有海关、广东省外事办、广东胜利宾馆、教会、南方传媒集团、省侨联、白天鹅宾馆等；二是市属物业建筑约3万平方米，主要单位有广药集团、广州市隧道司等；三是公房住宅5.21万平方米，有802户居民；四是公房非住宅6.88万平方米，主要单位有广药集团、广东胜利宾馆、沙面小学等。

自2007年以来，荔湾区持续开展16幢商业办公和居住混合使用的直管文物建筑房屋的置换工作，截至目前已置换316户，完成78%，为文物建筑的规范保护和有效利用奠定了良好基础。但目前岛上仍有近千户居民，这对文物和历史建筑的规范保护和活化利用工作存在一定影响。

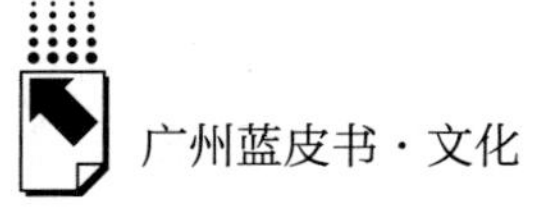


## （二）交通配套不完善与区域经济发展之间的矛盾

随着地区经济发展以及环境的提升，企业进驻数量以及来岛办公、旅游、观光、食宿、商务等活动不断增加，车位紧缺问题更显突出。目前，岛内驻有外事机构、宗教组织、教育部门、机关团体、生产经营单位等180多家，汽车保有量达700多辆，国庆黄金周期间进入沙面的车辆日均4000多辆，而岛内持牌经营的公共停车位总量只有200多个，供需严重失衡。

由于沙面的历史特殊性，土地资源有限，建筑物密度高，路面狭窄，可供开发的停车资源极其匮乏，北街沿线省市重点单位企业较多，对车位需求量大等历史因素，沙面北街沿街路边形成了一批未经审核批准的停车场所，共有车位140多个。利用现有道路设置临时停车场的解决措施虽在一定程度上缓解了车位紧张问题，但占用了路权，影响了道路通行能力，容易造成拥堵、排队等现象，影响了岛内安静整洁的环境和有序的交通秩序。

## （三）景观保养提升不足与会客厅高标准建设之间的矛盾

在历史文物建筑保养方面，岛内大部分建筑保养较好，但现存部分非文物建筑由于缺乏保养、使用条件较差等问题，出现一些外墙残旧破损、阳台破损、空调机架缺失、栏杆窗户破损等问题，影响了沙面岛整体景观形象。

在绿化养护方面，沙面高级别外事活动频繁，对辖区公共绿化要求较高，经常出现需紧急进行绿化补种和更换时令花卉的情况，花木采购量大，绿化工人数量和业务水平上要求较高。

在景观照明方面，现有景观照明普遍体积较大、能耗较高，对建筑的美观和整体节能都有不利影响。

在公共空间方面，沙面南堤滨水景观被白天鹅引桥遮挡，未得到充分利用。岛上统一标识、导览系统、防洪排涝等设施还有待完善。

## （四）产业结构布局与区域高质量发展之间的矛盾

目前，沙面岛主导产业不突出，历史文化资源有待深入挖掘，文化商旅活化提升有待进一步加强。一是岛内文化主题不够鲜明，缺乏各类品牌文化活动，省外事博物馆、沙面历史文化展览馆、和曦美术馆、乔十光美术馆等文化场馆尚未充分发挥作用；二是岛内聚集了白天鹅宾馆、广东胜利宾馆、沙面宾馆、星巴克、侨美、兰桂坊、陶然轩等知名住宿、餐饮服务企业，但游客体验和服务档次均有待提高，自身资源禀赋优势未能得到有效发挥；三是受交通条件和物业载体性质等因素影响，大量优质建筑资源未得到高效利用，这也给沙面引入总部经济带来较大困难。

## 三　将沙面打造为“城市会客厅”的路径

新时代，随着粤港澳大湾区战略的实施，沙面迎来了一个新的、独特的开发与建设高潮。2019 年，将继续对沙面岛完成新一轮的全面改造，改造涉及岛内基础设施升级、产业活化提升等方面。对于沙面的保护、活化与建设，我们应采取积极保护、合理利用的态度，确立一种持续发展、善用资源的方向，要使沙面更能体现其欧陆特色和丰富的文化内涵，充分利用其文化底蕴，展示传统文化与现代文化、东方文化与西方文化的交融和发展；保护沙面清末民初建筑群，实现欧陆建筑风格欣赏与自然风光浏览的有机结合；合理设置商业服务设施，实现沙面风情旅游区的功能定位。

具体来说，新时代沙面的发展目标是：坚持以习近平新时代中国特色社会主义思想为指导，紧紧围绕习近平总书记考察广东重要讲话精神，深化改革开放、推动高质量发展、提高发展平衡性和协调性、加强党的领导和党的建设，突出文化、旅游、休闲主题，以功能完善、景观提升、文物保护、活化利用为重点，让城市留下记忆，让人民记住乡愁，将沙面岛打造成为面向国内外、促进对外合作交流的粤港澳大湾区会客厅、欧陆风情的展示区和广州文化对外传播的窗口。

建议以基础设施建设和文商旅融合发展为抓手，从以下四个方面入手，促进沙面建设整体提升，推进区域高质量发展。

### （一）坚持党建引领，以区域化大党建格局为抓手，推动区域共建共治共享

第一，以“构造党建共同体，铸就美丽新沙面”为主题，开展区域化党建系列活动。近年来，沙面已先后开展“圆梦微心愿”“党员志愿者服务”“央视朗读亭经典诵读”“诵读红色经典　牢记初心使命”等主题活动，取得了明显成效。今后，要广泛凝聚辖区党组织，发挥共驻共建优势，与区域单位通力合作，实现思想工作联做、公益事业联办、文体活动联谊、文明社区联创，以党建推动单位发展和社会建设。

第二，推动区域党建服务阵地建设。努力构建开放、集约、共享的党群服务阵地，除荔湾区区级党群服务中心落户沙面外，整合资源着力建设街道级党群服务中心和街道党校，吸纳辖区党组织书记、社区党组织书记、先进典型代表、社区老党员等作为党校兼职教师。进一步完善党代表工作室的硬件和软件建设，规范运行管理，努力提升党代表工作室“知党情、听民意、解民忧、促和谐”的功能作用。打造基层党建示范社区，建设社区党员民情议事厅，搭建开放、公共的议事平台，让社区党员、热心居民亮出身份参与治理，破解社区自治难的问题。

第三，充分发挥党员先锋模范带头作用，动员各方力量参与区域共建共治。成立沙面党员志愿者服务队，统一定制红马甲，广泛开展“圆梦微心愿”扶贫帮困活动、“党旗红”抗灾救灾当先锋主题党日活动、登革热防控“倒积水”活动、禁毒定向越野活动等。社区党员自发成立“沙面街翠洲社区党员志愿巡逻队”，加强节假日和夜间巡逻及文明劝导，加大整治工作力度。组建一支由协管员、环卫保洁员、社区楼长、车场车管员等200余人的平安志愿者队伍，常态化开展平安联防活动。

### （二）致力城市精细化管理，进一步改善区域综合环境

第一，完善功能配套，提升交通能力。探索实施交通提升工程，考虑引入地铁通道，拆除白天鹅引桥，规划建设西部入岛路径，筹建沙面西南端原

美领绿地立体停车场，增大全岛整体停车容量，优化交通能力。推进交通技防建设，增强本地区交通管控水平。目前，已在沙面重要路段增设了四处交通视频监控设备，并将其纳入市管电子警察交通管理系统，依法运营。

第二，完善基础设施，提升岛内防洪排涝能力。迎亚运综合整治期间，沙面街已开展雨污分流、三线下地、防洪花堤、公共绿化维护等建设，解决了沙面易内涝的百年难题，成功抵御了近几年的暴雨洪涝等自然灾害，较大程度地改善了人居环境。但是2018年9月16日台风“山竹”，给沙面防洪工作再次敲响了警钟。“山竹”风暴潮来临时，珠江水在顷刻间直接漫过花基，导致岛上积水深度超过1.5米，全岛首层建筑无一幸免，损失惨重。广东省委常委、广州市委书记张硕辅在调研防洪防潮排涝工作时指出，要坚持摸清底数、因地制宜，科学评估、制定防洪防潮排涝设施标准。目前，沙面也正对防洪防潮排涝工作开展治理研讨，制定科学性、实操性的防洪整体工作方案，进一步提升岛内防汛能力。

第三，按照“更干净、更整洁、更平安、更有序”的工作要求，改善岛内整体环境。强化“一支队伍联合执法”，拟建设街道综合指挥平台，整合人员队伍，优化资源配置，推动联合执法，加强桥头、路口守点和日常巡查。组建文物安全应急和义务消防队，针对沙面文物建筑的保护要求，进一步加强消防安全工作，开展消防培训和应急演练。着手研发综合巡查 App 系统，整合现有各项巡查内容，提升隐患排查及问题处置能力。加大环境保洁力度，撤销辖区内所有生活垃圾临时收集点，采取生活垃圾直收直运方式，防止环境二次污染。提升绿化养护水平，及时进行绿化补种和更换时令花卉，打造精品绿化工程，展现粤港澳大湾区城市会客厅良好形象。

### （三）擦亮历史文化名街品牌，促进传统文化商旅活化提升

第一，打造露天博物馆。通过升级沙面展览馆，对目前沙面岛主要进出口的全岛导览介绍牌以及各节点位置设置的万向指示路牌、区域导览介绍牌进行全面升级，完善语音二维码系统，直观展现沙面文物建筑历史，实现全岛自助导游，将整个沙面打造成一个露天博物馆。

第二，打造特色文化活动品牌。深度挖掘沙面文化内涵，建设城市艺术岛，使沙面成为引领华南高端时尚与文艺的地标。近年来，有关部门先后在沙面举办了“共享阅读之美”图书漂流活动、“祖国，我爱您”国庆沙面草地音乐会、“爱党爱国爱人民”2018 沙面元旦新年音乐会、“学讲话、讲故事、谈感受”广东首场百姓宣讲报告会、央视《朗读者》朗读亭等品牌文化活动，营造了浓烈的文化氛围。这些活动以群众喜闻乐见的形式，吸引了大批市民参与。今后，要继续打造、擦亮这些特色文化活动品牌，并大力做好宣传与传播。

第三，打造怀旧会客厅。在宣传保护的同时，做好活化利用，探索与公共服务单位的合作，让古楼“自述”，在文物建筑楼宇公共区域设置导览角落，介绍本幢建筑历史故事。打造总部会客厅，提供历史资料，以辖区内企业总部为依托，打造特约开放式的总部文化交流场所。

第四，打造品位中轴线。以高端时尚为定位、以中西文化交融为特征，完善文化展示体系，与有关社会力量合作，吸引高品位艺术团体莅临沙面开展专题文化艺术活动。联合沙面特色咖啡、西餐企业，开展总部文化室外展示活动。

第五，讲好沙面故事。广泛宣传，发动社会力量，开展绘画摄影、历史故事、人文趣事征集活动，留住沙面记忆。以沙面人文历史、事迹掌故为基础编印《百年沙面家国情》，讲好传说故事及历史事件，体现沙面人文内涵，为沙面的文化名片添彩。

### （四）提升产业服务水平，构建全面开放新格局

第一，明确目标定位，坚持规划引领。围绕目标定位，突出规划引领，以依法保护、合理利用、以人为本、可持续性发展为原则，通过挖掘沙面历史文化内涵，最大限度展示和提升沙面价值。荔湾区相关部门出台《沙面岛整治提升工程》方案，计划将整个沙面岛划分为“西街生活径”“西岸优赏径”“西洋文化径”三大部分进行打造，大部分工程将于 2019 年完工。该方案与在编的《沙面历史文化街区保护利用规划》充分衔接，通过科学

合理的规划，引领沙面改造提升工作。

第二，打造全面开放新路径，抢抓全面开放新机遇。一是高水平推动国内外合作交流。近年来，沙面先后迎来2017年广州财富论坛、2018年世界航线发展大会等国际盛会，加拿大总理等多国政要及配偶到访沙面，提升了沙面的影响力和品牌号召力。二是高质量引智、引技、引资、引商。长期以来，沙面街道在市文物保护行政管理部门和房屋管理部门的业务指导下，在荔湾区委、区政府的统筹下，在履行文物保护职责的基础上，结合地区发展规划和定位，有序推进区域招商引资项目，先后引入国药集团、中国民生投资股份有限公司（华南）总部、广州大美时代文化投资有限公司、广州国发文投基金公司等高端企业。

第三，做好居民安置，优化产业发展。结合国家、省、市的全域旅游发展意见，在上级部门的指导下有序推进居民安置工作，逐步将居住功能置换出来，为整岛功能优化腾挪出空间。利用欧陆风情建筑，吸引知名企业总部、时尚艺术经营机构和精品旅游配套服务机构，逐步打造高端文化创意产业集聚区。

（审稿人：孙晓莉）

# 文化遗产篇

**Cultural Heritage**

# B.9
# 广州市推进历史文化街区微改造与活化利用的对策与建议

广东工业大学课题组*

**摘　要：** 历史文化街区是文化遗产保护的重要组成部分，广州市在历史文化街区保护和活化利用方面做了大量工作，成效显著。但仍存在风貌保留不完整、品质不高、保护工作不到位等问题，本报告通过对广州历史文化街区的调研，借鉴国内外的一些成功案例，提出进一步推进广州历史文化街区微改造和活化利用的对策建议。

* 课题组成员：朱雪梅，广东工业大学建筑与城市规划学院院长、教授；廖开怀，广东工业大学建筑与城市规划学院特聘副教授，博士；刘利雄，广东工业大学建筑与城市规划学院讲师，博士。

**关键词：** 广州　历史文化街区　微改造　活化利用

党的十九大报告高度重视历史文化遗产的保护，指出要“加强文物保护利用和文化遗产保护传承”。2018 年 10 月 24 日下午，习近平总书记在广州市荔湾区西关历史文化街区永庆坊考察时指出，“城市规划和建设要高度重视历史文化保护，不急功近利，不大拆大建。要突出地方特色，注重人居环境改善，更多采用微改造这种‘绣花’功夫，注重文明传承、文化延续，让城市留下记忆，让人们记住乡愁”。

历史文化街区作为文化遗产的重要组成部分，其保护与活化利用已经成为党和国家，以及当今社会各界普遍关注的重要议题，它既关乎中国传统文化多样性的存续，也关乎城市特色塑造和民生福祉，进而关系到中华民族的坚定自信心和伟大复兴事业。

广州拥有两千多年的建城历史，是 1982 年我国第一批公布的 24 个国家级历史文化名城之一，是海上丝绸之路发祥地、岭南文化中心地、近现代革命策源地和改革开放前沿地，有着深厚的历史文化沉淀和鲜明的文化个性。从 20 世纪 90 年代开始，广州市陆续地开展了历史文化街区的保护和活化利用工作。截至 2017 年底，广州市已建立了较为完善的保护法规体系，包括《广州市历史文化名城保护条例》《广州市历史建筑和历史风貌区保护办法》《广州市历史建筑维护修缮利用规划指引》等法规，设立了 26 片历史文化街区，编制了 17 片历史文化街区的保护规划。2016 年，广州市开始实施《广州市城市更新办法》，创新性地提出了与整体改造相对应的微改造城市更新模式。2016～2017 年，全市共启动 135 个微改造项目，涉及历史文化街区微改造项目 22 个，进行了恩宁路永庆坊、光塔街怡乐里等微改造试点。

广州市在历史文化街区保护和活化利用方面做了大量工作，成效显著，但不少历史文化街区依然存在风貌保留不完整、品质不高、保护工作不到位等问题，亟须进一步加强历史文化街区微改造和活化利用的对策研究。

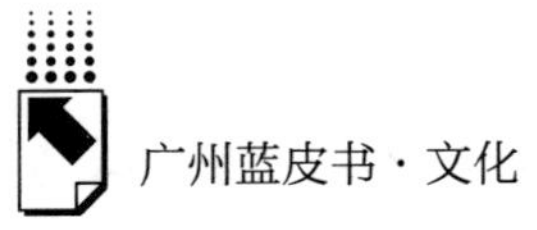



## 一　广州历史文化街区的现存问题

### （一）历史街区建筑私自加（搭）建与风格破坏

历史文化街区内存在建筑私自加（搭）建的现象，如搭建雨棚、遮阳顶等。在现有历史建筑的商业、商务功能置换和建筑更新中往往采取短期行为，部分商家通过采用夸张的建筑外墙颜色、标牌、室外广告和霓虹灯等来增强招徕性，如中山三路一挂牌“广州市历史建筑”的民居改为快餐店，增建的招牌色调与古建筑不协调。此外，在缺乏宏观控制和引导的情况下，部分住户私自对住宅建筑和院落进行更新，擅自变更能够代表建筑景观特质的阳台、门廊、屋顶等要素，忽视了建筑外墙、院落围墙、大门、栏杆、色彩等环境要素的风格统一。

### （二）街区房屋产权复杂、功能老化

历史文化街区内的建筑往往历史久远，经历了长期的变迁，房屋产权关系复杂且不清晰，人户分离现象严重。很多产权人或公房租赁者并不居住在内，一些外地进城务工者，通常几人甚至十几个人租住在一套房里，影响了历史街区的环境，带来社会治安等方面的诸多问题。此外，历史文化街区内建筑普遍老旧，功能老化，居住环境较差，经济条件好的居民一般不愿意住在老旧街区中，历史建筑出现“廉价多户租住”“住改商”“住改仓”“住改厂”等超负荷和低价值利用现象，陷入了“不能修，不能建”的境地，加剧了对历史环境的破坏。

### （三）传统非物质文化遗产和传统技艺面临失传与消失的危机

随着经济、社会的发展，历史文化街区内的传统非物质文化遗产和特色业态面临失传和消失的危机，非物质文化遗产的传承和发展受到制约。如岭南建筑中的传统灰塑工艺，俗称灰批，材料以石灰为主，装饰

于建筑墙壁上沿和屋脊等地方，是岭南传统的建筑装饰工艺。灰塑渊源甚早，以明清两代最为盛行，尤以祠堂、寺庙和豪门大宅用之最多。但由于经济和使用需求等多方面因素的影响，现几乎无人愿意学习灰塑技艺，从事灰塑工艺的艺人，在广州乃至珠三角地区已不多见，存在传统技艺逐渐失传、工匠队伍不足等问题。此外，在社会经济快速发展的背景下，由于历史文化街区空间的衰退，特别是随着全球化浪潮和商业业态的变化，历史文化街区内原本留存的非物质文化遗产，逐渐湮灭于现代城市文明中，文化特色日渐消失。

### （四）街区人口老龄化、活力不足

随着城市发展到一定阶段，由于老城区土地昂贵，存在环境污染、治安等问题，加之街区房屋修缮滞后、基础设施条件较差，老城区富裕的居民或年轻一代逐渐迁离至城市近郊或远郊居住。而老年人由于身体不能适应生活环境的改变，或基于情感的因素，仍然居住在原居住地。伴随历史文化街区人口的外迁，原先位于城市中心的服务企业也随人口迁移而转移到郊区，出现历史街区人口老龄化和外来流动人口集聚的现象。历史街区原有居民的外迁和年轻一代的断层将带来传统文化受众的空白，影响到传统文化的延续和传承。街区人口的老龄化也使街区的活力日显不足。

### （五）街区基础设施老化，对生活与商业生产的承载能力弱

大部分历史街区的市政基础设施年久失修，已无法满足当地用户需求，抗灾能力较弱，已严重影响街区发展。多个历史街区内的基础设施，如给水排水、供电供气等基本市政管网，布局较为混乱，管道网络难以体系化，以临时搭建的方式居多。历史文化街区管道网络与城市的外部主干管的衔接较为困难，缺乏长远的规划，导致恶劣天气下的历史街区出现淤塞、内涝和断电等各种问题，严重影响居民的基本生活。如南华西历史文化街区漱珠涌商业街，因为街道非常狭窄，缺乏相宜的街道景观和休息设施，街区本身基础条件差、欠账太多，环境改善难度大。

### （六）街区的公共交通条件有待进一步优化

首先，街区内部多为步行交通，巷道宽度较为狭窄，街巷之间连接不畅，步行交通环境较差，交通站点与街区间的步行距离较远，公共交通服务不足；其次，历史文化街区停车场等配套设施严重不足；最后，部分历史文化街区车流量大，客货混杂，交通秩序混乱，存在安全隐患，如上下九一带人流量大，人行道路设施不足，道路狭窄，客货未分流，秩序混乱，道路通行能力差，交通压力大。

### （七）历史文化街区品质有待提升

广州对历史文化街区的大规模保护起步较晚，至2016年才由市政府认定并确定26片历史文化街区和45片历史风貌区。截至2017年底，仍然有9片历史文化街区没有编制保护规划，大部分历史风貌区没有保护规划。纽约、巴黎、伦敦三大世界先进的全球城市，均有闻名遐迩的历史街区，纽约的第五大道、巴黎的香榭丽舍大街、伦敦的牛津街等，而广州仍然缺乏具有世界影响力的、高品位的历史文化街区，缺乏国家级的历史文化名街。总体上，广州历史文化街区的品质不高，风貌保护不完整，缺乏国家级的历史文化名街，存在本土文化挖掘不足、全球知名度不高、区域和全球吸引力不足等问题。

## 二　国内外案例的经验借鉴

### （一）英国伯明翰布林德利历史街区

布林德利地区是整个欧洲在城市更新中运用“混合使用”理念进行规划的代表，这一理念贯穿该区域建设的“概念—设计—建设—使用”整个过程。在不断规划改造探索中，采取“混合使用”的理念，改变区域单一的城市功能，增加建设居住和办公单元，做好区域步行交通系统，营造精致的公共空间，吸引人气，极大地提升了街区活力。从整体规划到建筑设计，再到景观环境及细节设计，环环相扣，细致入微，创造了一个颇受欢迎的、积极的、能体现城市生活氛围的区域。

### （二）意大利博洛尼亚历史街区

通过整体性保护留住原有居民。博洛尼亚在历史街区的保护实践中的对象不只是古老的建筑物，更包含了整个城市原有的生活和秩序、城市肌理与城市精神面貌。其成功地将历史中心区和古老建筑物一起保存，并且其中的低收入居民不必因为城市更新而搬离原有的居住环境，保证了人民的生活质量和城市的稳定与健康发展，也保护了历史遗产和遗产周边的环境。该做法的特点是政府投入资金较大，但是仍有很多可借鉴的地方。通过留住原有居民，实现了“绅士”和“平民”和谐相处，体现出城市保护的人文价值，实现了经济、人文、自然环境协调发展的社会目标。

### （三）德国慕尼黑中心步行街区

通过传统与现代相结合的设计手法重建街区。第二次世界大战后，德国慕尼黑进行了战后重建。在重建中，它注重保护传统的空间特征与艺术风格，同时利用各种现代的设计手法。在原状恢复过程中，老旧建筑多进行了重建，但风格并非完全仿古，而是增加了很多现代元素，通过建筑整体轮廓线、材料质感、色彩、比例等与古建筑协调，既具有传统气息，其形式和功能又完全适合现代社会需要。结合步行街区的建设，慕尼黑还对一些传统街区进行了改造，使得很多街区的内部空间进一步向街道开放，行人出入便捷，最终发展成为集购物中心、画廊、咖啡厅、酒吧、餐馆等于一体的公共休闲空间，增强了老城的凝聚力和开放度。改造后的老城区步行街吸引了大量的人流，老城成为充满活力的商业区和休闲区，而且远比新的现代商业休闲区更具吸引力，既丰富了老城的生活文化气息，也进一步加深了老城建筑和空间肌理储存在市民内心中的文化记忆。

### （四）成都宽窄巷子改造

构建“政府、公司、商户”三位一体运营机制。宽窄巷子的微改造采取“政府经营环境、企业经营市场、民众经营文化”三位一体的运营模式。由政府牵头，统一规划、区别保护，积极保护和恢复文化遗产。在市场化运作上，实行国有文化与旅游资源所有权与经营权分离，组织建设与运营管理公司，分工合作，充分发挥市场主体的作用。在功能上既保留了原来的居住功能，又增加了商业、餐饮、酒店、展示、观演等功能。通过保留现状、回迁、合作建设、统一规划、自行建设等多种形式，留住原居民和保持街区原有的生命力，实现新老居民并存。在建设实施的过程中，建设方采用“成熟一个院落，实施一个院落”的方法，实现了循序渐进的、小规模的修缮与更新。

### （五）杭州南宋御街改造

保护性改造推动街区更新。南宋皇城御街遗址见证了南宋全盛时期杭州古都的繁华与文明。南宋御街采取保护性的改造措施，改造方案是由获得2012普利兹克奖的王澍主持设计完成，在不动迁一户居民的基础上，原地改造所有老建筑。南宋御街街道的空间格局微改造遵循其原真性和整体性。一是保护历史文化遗产，通过利用地下设施展示历史遗迹的方式恢复城市的记忆；二是南宋御街仍有大量居民居住，通过更新后的公共设施系统以及增设景观小品、植物、特色雕塑等手段，保持空间界面的完整性与连续性，使新老建筑在传统街区中和谐共存；建三是合理配置业态结构，在保护老字号传统业态的基础上，引入其他新兴品牌，保障多元文化共存。

### （六）上海田子坊改造

植入创意产业带动街区自我更新。田子坊的改造没有国家投资，没有土地开发，也没有居民动迁。通过原有居民出租空置厂房、招徕艺术家入驻，以发展创意产业实现街区的自我更新。利用自身历史文化遗存的资源，原有居民将房屋的使用权出让给文化艺术商家，通过级差地租获得维护旧屋的资金。如此一方面改善了原有居民居住的条件，另一方面使本土文化的发展有了可依托的产业基础和可持续发展的平台基础。通过创意产业的聚集，“田子坊”逐步成为城市地标，成为以文化为资本发展街巷的典范。

## 三　广州历史文化街区微改造与活化利用的基本原则和思路

历史文化街区是打造城市名片、塑造城市特色和品质、提升城市竞争力的重要支撑，对其开展微改造与活化利用有利于巩固提升广州作为国家历史文化名城、国家重要中心城市的地位，有利于推动打造具有岭南文化特色的全球城市。基于这些出发点，借鉴国内外的成功案例，我们提出了广州市历史文化街区微改造与活化利用的基本原则和思路。

### （一）兼顾原真性和完整性的统一

在微改造中需要保存岭南传统建筑结构、材料、平面、空间、装饰、构造等物质形态的真实性，建造技艺的真实性，环境场所的真实性和社会生活的真实性，四者缺一不可。不仅要保护历史文化街区建筑文化遗产本体，还要保护其整体的环境，注意历史文化街区和周边自然环境的结合。

### （二）遵循分阶段、渐进式的有机更新的原则

“有机更新”关键是采取以独栋建筑物为基本单位，合理地区分“危房”与“旧房”，通过“绣花”式的功夫更新修缮危破房，要求危破房的改造不得破坏原有建筑布局和街巷肌理，拒绝“外科手术刀”式的大拆大建。认清历史街区的共性与特色价值，通过判别价值特色的不同，建立历史文化街区微改造的分类指引，做到规划先行，定位清晰，循序渐进。

### （三）以人的尺度、人的需求为原则，实现可持续发展

坚持“以人为本”的人文关怀精神，站在人文角度去规划、保护和改造历史街区。明确实施主体，落实微改造资金，建立监督反馈机制，把握公众参与程度。通过加强岭南传统建筑维修、完善生活基础设施、改善社区环境等措施，消除安全隐患，提高居民生活质量，增强居民的幸福感和获得感。

## 四　广州历史文化街区微改造与活化利用的路径和对策建议

为提升历史文化街区的品质和活力，切实保障民生福祉，增强社区居民的幸福感和获得感，结合历史文化街区存在的问题，我们从特色风貌保护、环境改善与提升、管理制度完善三大层面入手，提出了九个方面的政策建议。

### （一）制定建筑分类保护和修缮政策，规范产权单位的自主更新

将建筑划分为文物建筑、历史建筑（传统风貌建筑）、一般建筑和新建建筑四大类进行保护和更新。文物建筑以保护为主，适度探索活化利用的方法。文物建筑一般不得迁建，文物的微改造必须在具备真实可靠的文字与图像资料，有足够的修复技艺、材料、人力的条件下，严格遵循相关文物保护法规和行业规范，科学、谨慎、适度地进行。

以广州被国家住房和城乡建设部列入第一批十个历史建筑保护利用试点城市为契机，积极探索历史建筑保护与利用的模式创新、机制创新和路径创新。坚持“最大程度的保护，最低程度的限制”的原则，加大历史建筑保护和利用的试点力度，即建筑物质形态应该得到最大程度保护，在使用功能上受到最低程度限制。在明确建筑物的禁止性功能的基础上，支持历史建筑的多功能使用，允许历史建筑增加一定的建筑面积

用于完善电梯、连廊、楼梯等辅助性公用设施，进行适度扩容活化。

积极活化利用一般建筑。对与历史风貌相协调的一般建筑，应予以合理保留；与历史风貌不协调的一般建筑，近期内不具备拆除条件的，需整饰建筑外观，使其与历史风貌相协调；与历史风貌不协调的一般建筑，具备拆除条件的，予以拆除。对于规划拆除重建的建筑，可采取与传统风貌形似的方式或与传统风貌神似的方式，用现代的材料和形式去重建。

## （二）制定历史文化街区特色产业发展和新型产业植入的措施

加快规划、建设一批与国家级历史文化名街、全球城市职能相适应的重点历史文化街区。一是充分挖掘历史文化街区优势资源，以“留存特色产业、侧重文创产业”为导向，大力推进历史文化街区的文化旅游、特色商业、文化创意等相关产业的发展，优化整合 26 片历史文化街区的产业发展，实现特色第三产业的错位发展。二是以推动资源整体利用与文化品牌塑造为突破口，打造历史文化街区重点文化项目，通过“文化线路”串联多片历史文化街区，提升历史文化街区的整体旅游吸引力和活力。采取立体手段加强文化品牌的打造与宣传推广，提升广州历史文化街区内文化资源的旅游价值，实现旅游吸引力的全面提升。三是以功能置换与更新为突破口，科学引领历史文化街区传统产业升级和综合效益提升。做好历史文化街区功能置换中的“加减法”，通过适当减少并优化居住功能，植入并强化文化休闲功能，优化提升商业服务功能来实现历史文化街区功能的置换和更新。植入适于历史文化街区发展的特色产业，通过发展产业带动区域人口疏散、基础设施完善。四是分类制定产业扶持政策，形成保护特色产业与植入新型产业的并行机制。出台针对传统手工业和“老字号”商铺发展的特殊保护政策，扶持“老字号”商铺，守护“老字号”文化基因。符合历史文化街区首要功能定位的产业业态，可以在商铺优先供给、装修补偿、租金优惠等方面享受奖励政策。允许利用落户补助、房租补贴、税收奖励等优惠扶持政策吸引符合条件

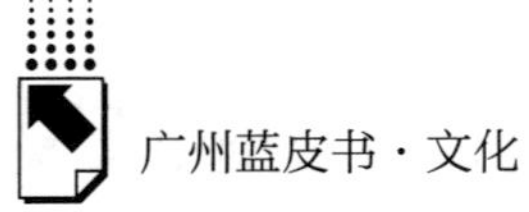


的企业入驻。对符合历史文化街区发展定位的微改造产业发展项目，在资金方面优先安排。

### （三）制定留住原有居民、改善人口密度的政策

对于部分高人口密度街区，如文德南、宝源路、和平中、多宝路、光复南等，实施严格的人口总量控制政策，实施“只出不进”的人口控制，限制历史街区内的房屋租赁活动和暂住外来人口总量，对外迁原住人口进行异地就近安置，优先留住非物质文化遗产传承人。实施人口迁移“适度和自愿”的原则。历史文化街区的人口外迁，应在延续街区传统居住文化的前提下，按照“适度和自愿”的原则，对街区人口逐步进行适当疏散。“适度”是指在街区保持一定的原有居民比例，延续街区传统居住文化；“自愿”是指尊重居民意愿。对于人口密度较低的历史街区，一般为原有居民人口流失严重的区域，如恩宁路、沙面等街区，鼓励非物质文化遗产传承人和原有人口的回迁，严格限制外来人口的迁入。

### （四）渐进改善历史文化街区的基础设施，完善街区标识系统

采取“远近结合，重点建设”的思路，改善历史文化街区的基础设施。“远近结合”主要指近期的改造应尽可能考虑远期的发展，如基础设施主干网络体系的改造要有统筹规划，避免重复建设和影响远期建设；“重点建设”是指重点改善消防、排水、综合管线和指示标识等基础设施。探索老城区小型消防车、小型车道和回车场等灵活实用的消防设施标准。以连、疏为基本手段，扩为辅助，完善给排水系统。采取将电线杆与建筑结合或电力线路下地等方式，提升历史街区的环境品质。加强历史街区指示标识系统的特色设计，强调与街区的历史文化紧密关联，共同打造历史街区良好的环境，延续街区文化。

### （五）优化历史文化街区的交通组织

重点对路口线型、人行道、自行车道、路边停车带、路灯、街道护栏、

绿化、地面铺装、残疾人无障碍设施等进行微改造。在交通上采取“满足基本需求”与“抑制过分需求”相结合的策略，通过保障交通安宁、优化步行系统、加强外围停车设施与内部交通的衔接和转换等措施，改善历史文化街区的交通组织。

## （六）建立微改造的控制指标体系

历史文化街区微改造的指标体系，包括强制性和建议性指标二类，共有 14 项指标（见表 1）。强制性指标具有强制约束力，在历史文化街区微改造过程中不得突破；建议性指标是指实施规划控制和管理时需要参照执行的内容，多为引导性和建议性内容，具有一定的弹性和灵活性。

**表 1　历史文化街区微改造指标体系**

| 内容 | 指标名称 | 计算公式 | 最低标准 | 高标准 | 指标性质 |
|---|---|---|---|---|---|
| 公共空间和宜居性 | 建筑密度 | 建筑物的基底面积总和/历史文化街区用地面积 | ≤30% | ≤65%（按照现状） | 强制性 |
| | 建筑高度 | 屋面面层到室外地坪的高度（新建或改建建筑） | ≤18m | ≤12m | 强制性 |
| | 人均休憩面积 | 休憩空间面积/人口数量 | ≥6$m^2$/人 | ≥15$m^2$/人 | 建议性 |
| | 声舒适人口比例 | 生活在小于 65dB 噪音区的人口/总人口 | ≥75% | 100% | 建议性 |
| | 空气质量达标率 | 生活在 $NO_2$ 排放量小于40mg/$m^3$ 的人口/历史文化街区总人口 | ≥75% | 100% | 建议性 |
| | 行人专用道路空间比例 | 供行人使用的历史街道宽度与总宽度之比不小于 60% 的道路长度/总道路长度 | ≥50% | ≥75% | 建议性 |
| | 道路禁停比例 | （禁止停车的路面面积/总的路面面积）×100% | ≥80% | ≥90% | 强制性 |

续表

| 内容 | 指标名称 | 计算公式 | 最低标准 | 高标准 | 指标性质 |
|---|---|---|---|---|---|
| 街区交通 | 专用停车场满足率 | (非道路路面停车的车位数量/街区理论需求数量)×100% | ≥80% | ≥90% | 建议性 |
| | 自行车停放点满足率 | (距离自行车停放点小于100m的街区居住人口/总人口)×100% | 75% | 100% | 建议性 |
| 绿化和生物多样性 | 人均绿地 | 街区公共绿地面积/居住人口 | ≥3m²/人 | ≥5m²/人 | 建议性 |
| | 绿地率 | 街区各绿化用地总面积/街区总用地面积 | 不得减少原有绿地面积 | 30% | 强制性 |
| 街区文化与传承 | 历史建筑与传统风貌建筑保存完好度 | 保存完好的历史建筑与传统风貌建筑数量/总历史建筑和传统风貌建筑数量 | 80% | 100% | 强制性 |
| | 街区生活延续性 | 原居住人口/总人口 | 50% | 80% | 建议性 |
| | 建筑风貌一致性 | 建筑物的高度、体量、形式、材料、色彩等微更新后与保护范围的保护要素相一致性,采用专家打分法,5分为满分 | 4.8 | — | 强制性 |

注:标准的设定主要参考国家和地方相关技术规范与西方发达国家的经验数值。

### (七)历史文化街区的微改造管理机制创新

完善历史文化街区保护和利用的责任人制度,推动历史建筑的保护和利用落实到个人,明确历史建筑所有权人、实际使用人、代管人为保护责任人,对保护不善的责任人进行一定的惩罚,对保护得当的责任人进行一定的奖励。简化行政审批程序,在微改造的报建审批上,采取底线控制原则,为不突破底线的微改造报建开通审批绿色通道,简化审批程序和手续。

### (八)建立历史文化街区微改造的公众参与机制

加强历史文化街区的社区管治,通过"共同缔造"建立"自下而上"

的微改造模式，变居民的被动地位为主动。通过政策的引导，鼓励居民自发的更新，鼓励社会组织和个人参与历史文化街区的活化利用。搭建由专业人士、社会组织和志愿社团组成的第三方平台，将其作为在历史文化街区和历史建筑合理利用过程中政府与民众沟通的桥梁。第三方专业平台通过对公众参与和自发更新进行组织、协调和修缮技术指导等，依据实际情况为政府与公众的沟通提供方案和策略，保障公众参与实施和个人自发更新的专业性，提高政府推进实施微改造的效率。

### （九）促进街区微改造和活化利用的融资与财政激励机制创新

积极导入 PPP（政府和社会资本合作）、PFI（民间主动融资）、TDR（发展权转让）等新型融资模式，构建“政府引导、多元主体、市场运作、社会参与”的多元化投融资机制。一是针对不同项目类型制定灵活的投融资组合模式；二是试点实施 TDR 模式，允许历史文化街区内的房屋所有者将其发展（再开发建设）权出售给城市其他可开发区域；三是建立社会资本参与历史文化街区项目的政策激励与风险分担机制；四是设立历史文化街区保护专项资金，保障历史文化街区的保护利用和微改造活动的常态化和持续化。

（审稿人：陈碧莲）

# B.10
# 广州市恩宁路历史文化街区保护利用的做法与启示

广州市委政研室文化研究处课题组*

**摘　要：** 历史文化是城市的灵魂，历史文化街区是展现城市历史文脉的生动载体。2018年10月22～25日，习近平总书记视察广东时，专程视察了西关历史文化街区永庆坊，强调城市规划和建设要高度重视历史文化保护，不急功近利，不大拆大建；要让城市留下记忆，让人们记住乡愁。

**关键词：** 历史文化街区　旧城改造　恩宁路

广州有着两千多年的建城史，绵长丰富的历史文化资源是广州一张靓丽的“名片”。近期，我们组织对荔湾区恩宁路历史文化街区保护利用进行专题调研，总结其以“微改造”方式加强历史文化街区保护利用的有效做法，在此基础上对广州市加强历史文化街区保护利用工作提出意见建议：一要处理好保护和发展的关系；二要处理好“软”和“硬”的关系；三要处理好建和管的关系；四要处理好传承和创新的关系。

2018年10月22～25日，习近平总书记在广东视察时强调，城市规划和建设要高度重视历史文化保护，不急功近利，不大拆大建；要突出地方特色，注重人居环境改善，更多采用微改造这种“绣花”功夫，注重文明传

* 课题组成员：韩玲玲，广州市委政研室文化研究处处长；龙瑶，广州市委政研室文化研究处主任科员。

承、文化延续，让城市留下记忆，让人们记住乡愁。广州作为国家首批历史文化名城，拥有大量的历史遗迹、清晰的城市脉络格局和独具魅力的岭南传统文化。在现代城市高速发展过程中，处理好旧城改造与历史文化街区保护之间的关系，让文脉得以延续、传统得以继承、老城焕发新生，具有很强的历史和现实意义。近期，我们对荔湾区恩宁路历史文化街区保护利用情况进行了专题调研，发现其做法对推进广州市历史文化街区保护利用工作具有借鉴意义。

## 一 恩宁路承载着厚重的历史文化记忆

广州历史城区面积20.39平方千米，共有历史文化街区26片，其中14片在荔湾区，保护范围2.33平方千米，占全市的34.8%。恩宁路历史文化街区就是其中的典型代表，满载着厚重的历史文化记忆。恩宁路是骑楼建筑的集聚区。恩宁路与龙津西路、第十甫、上下九步行街骑楼连接，成为全市最完整和最长的骑楼街，仿巴洛克风格的灰砖小楼整齐林立，“满洲窗”五彩斑斓，被誉为“广州最美老街”，一段段充满岁月痕迹的骑楼，护荫着一代代在广州打拼生活的人们，留下了一个个时代的故事。恩宁路是粤剧文化的传承地，曾是粤剧名伶和粤剧堂口聚集地，行走其间，丝竹声声入耳、粤韵历久弥新。坐落于此的粤剧祖屋广东八和会馆、銮舆堂至今保存完好，海内外粤剧人士将八和会馆尊为“母会”，每年从世界各地赶来寻根的粤剧艺人和爱好者不计其数。恩宁路是满载西关情的活体博物馆，诞生于1931年，是当时西关最繁华的区域，洋行、戏台、服饰店、餐厅等应有尽有，路面可以“并行八顶大轿”，沿街分布着李小龙祖居、詹天佑故居等十几处文物古迹。传统手工打铜工艺者也聚集于此，铜器店铺内商品琳琅满目、金光灿灿。恩宁路不仅体现了城市建筑工艺水平和审美倾向，更蕴含着浓郁的岭南风情和西关文化特色，是记录广州地域特性、文化特色和城市记忆的重要载体。

## 二　恩宁路历史文化街区保护利用的主要做法

2017 年 12 月，广州被列入住建部第一批十个历史建筑保护利用试点城市，恩宁路改造是试点项目之一。项目分两期实施，一期为永庆片区微改造项目，二期为恩宁路历史文化街区房屋修缮活化利用项目，现一期永庆坊改造项目已完成并投入使用，二期已全面展开。2018 年 10 月 24 日，习近平总书记在恩宁路考察时，对恩宁路旧城改造工作给予赞许，在粤剧艺术博物馆视察时表示，广州能够把中国的园林、中国的建筑建得那么好，很难得。恩宁路以“微改造”方式加强历史文化街区保护利用的主要做法如下。

一是创新改造模式，着力打造样板工程。一期永庆片区改造项目在广州市旧城改造中率先创新“党委统筹、政府主导、企业承办、居民参与”的模式，采取 BOT（“建设—经营—转让”）方式引入社会资本，通过招标选定万科集团负责项目改造、建设和运营，运营期满后交回政府，实现政府、民众和企业三方共赢。二期项目还引入了具有丰富经验和成功案例的上海新天地设计团队——本杰明·伍德团队，遵照“恩宁路、最广州”的总体定位和“重塑粤韵流芳的城市之心、探索百年老街的当代价值、发掘城市居民的休闲诉求、创造美好生活的欣荣场景”的设计愿景，在建筑设计水平、保护街区风貌、产业导入等方面进行优化设计，着力打造旧城改造精品。

二是突出保护优先，传承西关历史文化。不同于老城发展“推倒重建、大拆大建”的做法，永庆坊项目遵循“修旧如旧、建新和谐，交通梳理、肌理抽疏，文保专修、资源活化”的原则，在全市旧城改造中第一个采用“微改造”做法。即保持原有建筑的外轮廓不变，对建筑立面进行更新、保护和整饰，强化岭南建筑整体风貌特色，保留岭南建筑民居的空间肌理，从而突出地方特色，改善人居环境，传承文明，延续文化；对现存的两处文物保护建筑进行结构加固，沿袭传统工艺，恢复屋瓦面、青砖墙、红砖墙、灰雕、彩塑等传统元素，再现建筑传统风貌；打通片区西侧的步行流线，形成

“两横两竖”的井字形步行网络，改变以往单一出入口的困境；在保存原有空间肌理的前提下，对部分建筑进行适当拆除和原址重建，保证了宽敞的入口空间和较好的步行通道。

三是导入新兴业态，促进老城焕发新生。永庆坊项目坚持历史与现代深度融合、传承与创新共生共荣，通过调整原有部分建筑功能，增加现代化公共服务设备，改善社区卫生、排水、消防等配套设施，导入创客空间、文化创意、教育等新兴产业，植入无明火餐饮、青年公寓、文化展览等服务功能，收到了继承创新传统文化、激发旧有街区活力、实现街区活化提升的效果。随着永庆坊开放运营，年轻创客群体、都市白领、商旅人士、国内外游客、本地市民等人流量不断增多，永庆坊已成为全国关注的特色街区、广州老城新景区、吸引年轻人群重回老西关的网红“打卡地”，目前日均人流量超过 2500 人。

四是加强组织领导，广泛吸纳公众意见。为确保组织领导得力、项目报批和验收管理程序正规高效，荔湾区成立了恩宁路历史建筑保护利用试点项目指挥部，印发了《恩宁路历史建筑保护利用试点工作方案》，出台了《永庆片区微改造建设导则》，统筹推进恩宁路历史文化街区保护利用工作。2018 年 9 月，恩宁路二期改造项目成立了首个广州历史文化街区改造项目公众委员会，通过整合街道党工委、人大代表、政协委员、居民群众、媒体代表、专家顾问等多方社会力量和资源，共同探讨街区改造和基础设施建设方案，协调解决更新改造过程中出现的各种问题和矛盾，做到“众人的事情众人商量”，极大激发了社区居民自主、合作共建的积极性、创造性和凝聚力。

应该说，恩宁路改造项目围绕打造融合岭南文化特色、优美人居环境和秀丽水环境的历史文化街区做文章，推动了片区文化、功能、环境和产业整体提升，取得了较好效果。这一成效的取得，根本在于坚持“像爱惜生命一样保护好历史文化遗产”，在于将旧城改造与历史文化保护传承相结合，在于创新发展理念和保护模式，其做法为广州市开展历史文化街区保护利用工作蹚出了一条新路，提供了有益借鉴。

## 三 加强广州市历史文化街区保护利用工作的几点建议

习近平总书记在恩宁路考察时指出，老的文化元素、文化记忆和现代化不能冲撞，要进行融合。历史文化街区保护利用不可能离开城市更新改造和经济发展孤立推进，我们必须站在提升城市文化软实力的高度，将其融入城市经济社会发展的总体进程，综合衡量思考、一体谋划推进。

### （一）要处理好保护和发展的关系

要坚持在保护中发展、在发展中保护的原则，处理好历史文化与现实生活、保护与利用之间的关系，坚持把历史文化作为城市的灵魂，下定决心，舍得投入，克服急功近利思想，决不搞大拆大建，该修则修、该用则用、该建则建，做到历史文化街区保护和城市有机更新相衔接。要坚持规划引领，将历史文化街区保护纳入新一轮城市总体规划，遵循“红线避让紫线”原则，注重在旧城改造过程中保护历史文化遗产、传承民族文化风格、延续特色传统风貌，在城市建设中视情况融入传统文化元素，促进城市功能提升和文化遗产保护有机统一。要坚持协同发展理念，将历史文化街区保护与推进老旧小区微改造、建设“干净整洁、平安有序”的城乡环境相结合，与加强城市基础设施建设、完善公共服务配套设施相结合，善于用“绣花”功夫改善人居环境，让城市留下记忆，让人们记住乡愁。

### （二）要处理好“软”和“硬”的关系

历史文化街区不仅有历史文化建筑、文物古迹等物质文化遗产，也承载着当地民俗、艺术、传统工艺等非物质文化遗产。开展历史文化街区保护利用工作，不仅要对历史文化建筑、文物古迹等有形载体进行保护修缮，更要对无形的优良传统、精湛技艺和民族精神进行传承和弘扬，做到一手抓硬件建设，一手抓软实力提升，全面增强城市文化综合实力。要加强物质文化遗产保护和活化利用，让历史建筑、历史文物、传统老字号等展现城市历史文脉，留下可以触摸的城市记忆。合理利用好历史文化街区中的文物古迹，通过深度挖掘整理、大力宣传展示，让收藏在“禁宫”里的文物、陈列在广阔大地上的遗产、书写在古籍里的文字都活起来，提升城市文化影响力。要加强对“三雕一彩一绣”、粤剧粤曲等非物质文化遗产的传承，在历史文化街区保护利用中，为岭南特色非遗项目提供展示和发展空间，引导非遗传承人将传统文化同新时代生活元素和审美倾向相结合，赋予非物质文化遗产新的生命力。

### （三）要处理好建和管的关系

历史文化街区改造建设和后期管理要并重并举。要坚持高起点设计、高标准建设，根据街区的类型和特点，精准定位、全面考量，对标最好最优，搞好针对性规划设计，特别是公共文化设施建设，要充分考虑满足人民群众对美好生活的新期待，认真听取专家和群众意见，突出加强质量监督，提高公共文化设施建设的平衡性和协调性，建成精品工程。要提高精细化管理水平，注重品牌打造、服务配套，加强管理机制建设，保证后期维护投入，通过科学精细的管理运营，增强人们对历史文化街区的细节感知，提升人民群众的生活幸福感和文化获得感。

### （四）要处理好传承和创新的关系

不忘历史才能开辟未来，善于继承才能更好创新。加强历史文化街区的保护利用，必须处理好继承和创造性发展的关系，与时俱进，勇于创新。首先，思路要创新。坚持古为今用，按照新时代新要求，把弘扬优秀传统文化和发展现实文化有机结合起来，“以古人之规矩，开自己之生面”，实现中华文化的创造性转化和创新性发展。其次，模式要创新。恩宁路历史文化街区改造项目采取“党委统筹、政府主导、企业承办、居民参与”的模式进行“微改造”，达到了保护历史建筑、打造历史文化保护街区、改善人民群众生活条件的目的，要认真总结经验，因地制宜复制推广，让城市记忆传下去，激发老城市的新活力。最后，手段要创新。充分

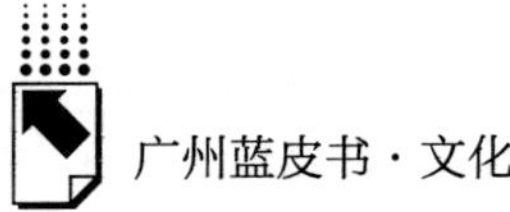


利用现代科技手段，运用微信、微博等网络媒体，拓宽传播渠道，丰富展示内容，加大历史文化街区宣传力度，创新历史文化遗产展陈形式，引导人们关注和喜爱传统历史文化、关心和参与历史文化街区的保护利用，让广州历史文化街区不断增强生命力、焕发新活力。

（审稿人：丁艳华）

# B.11

# 广州市越秀区发掘重塑传统宗祠文化调研报告

## ——以越秀区矿泉街道转制社区瑶台村为例

民进越秀区基层支部课题组*

**摘　要：** 据统计，广州市大大小小的宗祠建筑高达1293间，由此衍生出特定的文化和秩序观念，记录着一个家族、一个村落、一片土地的沿革变迁和繁衍发展，是当地社会人与人之间紧密联系的纽带。本报告选取越秀区矿泉街道转制社区瑶台村的传统宗祠文化进行了专题调研，以期在新的历史条件下，更好地发掘重塑传统宗祠文化，推动社区“共建共治共享”新格局的形成。

**关键词：** 宗祠文化　社会功能　矿泉街道

## 一　越秀区矿泉街道传统宗祠文化发展现状及存在的问题

### （一）现状

1. 浓缩广府历史特色

矿泉街道辖3个自然村，分别是瑶台、王圣堂、沙涌南，村落里分布着

* 课题组组长：钟慧，广州市越秀区教育局副局长。成员：王穗红，广州市越秀区矿泉街道文化站站长；黄妙贤，广州市越秀区瑶台小学校长；邱少明，广州市越秀区教育局财务结算中心主任；简敏标，广州市越秀区文德路小学教师。执笔人：王穗红。

大大小小的7间祠堂。最早的祠堂始建于明朝年间，现存的大都经过重修、改建。祠堂都是姓氏祠堂，主要有：瑶台村的“瑶溪蔡公祠”“崇勋蔡公祠”“晓初严公祠”“近朝陈公祠”，沙涌南村的“乐耕陈公祠”“大夫葵轩陈公祠”，王圣堂的“何氏大宗祠”。矿泉街道现存的祠堂，大多保留明清建筑风格。即使重修或重建过的祠堂，其结构、色彩乃至雕饰，也基本保持明清的基本特征。不同的是，重修或重建过的祠堂，以石料和混凝土为主，间以木质架构。规模最大的“瑶溪蔡公祠”，院落为三进，中门为大门，左右两边为仪门。祠堂或精巧端庄，或古朴凝重，虽然建筑规模大小不一，风格亦有所不同，但它都极具浓郁的岭南特色。

2. 承载传统民俗文化

一座祠堂代表一个家族的繁衍发展，一座宗祠记录一个家族的沿革变迁。瑶台自然村里，主要生活着蔡、陈、严3个不同姓氏的大家族，另加一些姓氏小族。这些族人亲如一家，和睦相处，甚至结婚摆酒都可以借用外姓家祠堂。郡望和堂号是矿泉街祠堂文化中的重要内涵。堂号是同一族人的共同徽号，是弘扬祖德、敦宗睦族的标志。在矿泉街祠堂的大堂中，均悬挂着堂号，近朝陈公祠的“光远堂”、晓初严公祠的“忠和堂”、崇勋蔡公祠的“瓒绪堂”，多是以传统伦理规范和为垂诫、训勉后人而命名的堂号，以区分族属支派。

3. 作为阵地传播新鲜文化

祠堂在社会生活、经济生活、文化生活乃至政治生活中都具有独特的地位和作用。矿泉街道党工委、办事处十分重视祠堂这个特殊“载体”，充分利用祠堂资源，挖掘祠堂文化积淀和传统道德积淀，把祠堂变成群众性精神文明建设和先进思想文化传播的阵地；不失时机地引导祠堂活动，发挥祠堂文化“以德育人”的功能，培育时代道德风尚，为用先进文化占领古老祠堂阵地做了有益的探索。矿泉街道对辖区内7间祠堂进行普查，多方筹措资金，配备了棋牌、锣鼓乐器等文体活动器材；购买了书报杂志供村民阅读。2016年，矿泉街道祠堂庙会首次被越秀区纳入广府庙会系列活动，连办了4年。

### （二）存在的问题

矿泉街道宗祠文化营造了社区的和谐氛围，引导着村民尊崇德义、孝义的价值取向，成为社区文化建设的一个新亮点。但是，由于宗祠文化有着突出的地域性，承载的是千百年来历史文化的积淀，所以，在城中村群众对姓氏宗族的认同感和归属感较为强烈，这也引发了一定的问题。主要有以下几个方面。一是带有封建迷信色彩。不少祠堂设置了功德榜，大力弘扬传统的乐善好施、尊老爱幼、诚实守信、健康乐观的典型精神。但是，社会主义核心价值观、党的十九大精神、精神文明等的宣传相对于传统的内容则较少，或是被摆在不显眼的位置，未能成为主流。二是带有宗族派别之争。辖区内各祠堂都设立了诸如理事会、监事会、老人会等民间管理机构，实行专人管理、专人负责。但是这些机构极有可能会被利用成为社会管理中的不稳定因素。例如，涉及转制社区集体经济组织换届选举时，宗派宗族势力利用宗祠拉帮结派的苗头会有所显现，影响转制社区的稳定。三是宗祠文化传承人不多。随着转制社区城市化的深化及人口老化，年轻一代中参与传统宗祠文化活动的人越来越少，就如瑶台村的“八音锣鼓”，现在能演奏的都是 60 岁以上的老年人，元宵宴“瑶台三宝”的烹饪也缺乏后生传承。同时，宗祠文化活动的内容形式较为单一，部分活动流于形式，覆盖面有待进一步扩大，总体效果有待进一步提高。

## 二　传统宗祠文化的社会功能

要发掘重塑传统宗祠文化，首先要了解历史上的宗祠及宗祠文化具有多元化的社会功能，归纳起来主要有 4 项。

### （一）教化功能

以宗祠文化为核心的传统文化的教育、感化作用。通过宗祠的建筑、堂号堂联、祭祀仪式、宗谱家谱的修订和族规民约的制定等，严格梳理本宗族的血脉源流关系，向后人昭示道德情感、伦理法治和文明教化。例如，矿泉街道现存的7间宗祠，在建筑规制上体现出礼尊而貌严的风格，以达到“追远、报本”的目的。正厅中通常高挂堂号，目的在于区别姓氏、区分宗派，劝善薄恶、教育族人。两侧还配有楹联，楹联内容多与其姓氏源流以及先祖官绩相关联，是宗祠用以慎终追远、敦宗睦族的符号标志。例如，矿泉街道沙涌南村大夫葵轩陈公祠大门内的楹联“西昌派演传厚德，南粤肇祀振新猷”，属于歌颂本族先贤功德、训勉后人的对联。宗祠家谱中，都有一些奖惩、教化族人的内容。例如，矿泉街道沙涌南村陈氏家族的凤翔字派诗，就包含了儒家的一些理念。可见，“敦仁礼，睦家族，和相邻，明礼让”的家训、家规早已内化于宗祠及宗祠文化中。宗祠文化的教化功能最直接的体现是宗祠附设学校，供族人子弟集中上学，这些学校成为传授知识、教化族众和培养子孙后代的场所。新中国成立前，矿泉街道沙涌南村乐耕陈公祠一度被改为小学；矿泉街道瑶台村瑶溪蔡公祠在20世纪40年代曾将宗祠改为小学与幼儿园，近两代的蔡氏及同村其他姓氏子孙大多在这里接受幼儿启蒙教育。

### （二）规范功能

宗祠文化对成员行为方式所起的约束作用。“上奠祖先之灵，下规后嗣之则。”旧时宗祠依祠规或族规、家规担负着重要的执行和监督职责，这是中国传统乡土社会治理的典型模式。在缺乏法制治理的近代社会，宗祠是“民间法庭”，族规、家规在社会治理中往往起到了类似法律的作用，也追求公平公正的裁断。对于一族中出现的纠纷，宗祠可以以仲裁者的身份进行调解并做出权威性的裁决，涉及的人员都必须执行。例如，矿泉街道瑶台村，旧时村中发生纠纷，人们都会去宗祠找长老们一同裁断，不仁不义均能得到遏制与修正。即使到了今天，一些转制社区的居民发生矛盾也会找威信较高的长老们评理。如今矿泉街道转制社区居民的自治大会、选举大会、股份分红会等均在宗祠召开。可见，宗祠及宗祠文化通过祠规民约的制定和对族人的约束，在解决各种社会矛盾，调解社会公共利益、人与人之间发生的冲突等方面起着难以想象的作用。

### （三）维系功能

统一行为与思想，使社会生活保持稳定，使人们保持向心力与凝聚力。宗祠是宗亲联络的场所，能汇聚家族人心。例如，矿泉街道瑶溪蔡公祠每年收录一本此家族制作的《儒林门第》，里面记录着全国各地关于这个宗族的重大事件，同时会记录一些过去的历史故事资料，供这个家族的人阅览。此外，同族的人会不定期地在全国各地进行祭祖及联谊活动，以联系族人，续家族之情，增进家族内部彼此的了解和信任，凝聚人心。数百年来，宗祠的宗亲们守护、发掘、筹资翻修宗祠，让这些古老的建筑得以继续讲述古老的故事，焕发昔日的光彩，让各宗族的子孙得以通过这些宗祠来了解自己祖先的业绩和家族历史，并指引后世子孙的生活。总之，宗祠起到了强大的维系作用。

### （四）调节功能

以宗祠文化活动的娱乐、宣泄、补偿等方式，使社会生活和人的心理本能得到调剂的功能。宗祠是宗族活动的公共空间，逢年过节，以及族内办理婚丧嫁娶、寿喜迎客等大事时都相聚在宗祠，有的宗祠在节庆期间还搭台唱戏庆贺，鞭炮齐响，醒狮起舞。例如，矿泉街道 7 间宗祠，元宵、清明祭祖、添丁、满月、婚姻嫁娶、七夕、中秋、重阳等时的宗祠聚会组成了一幅矿泉街道宗祠文化风俗图画。最为特别的是，每年元宵期间的“年宵饭”也称“元宵宴”，是矿泉街道 7 间宗祠一年当中最重要的活动。旧时瑶台村属恩洲十八乡，其吃“年宵饭”的习俗历时久远，广州市志和各区志记录广州元宵节民俗时提及恩洲十八乡：“广州市白云区的三元里乡，却有正月十八闹元宵的风俗习惯，这种特别的风俗起源于西汉时期。旧时的恩洲十八乡共同约定，为增进各乡友谊，避免械斗，共庆丰收，乃将元宵节作为各乡互相拜贺的日子，并且由各乡轮流做东。1841 年，三元里人民抗英斗争取得胜利之后，三元里乡人民为了感谢瑶台村等市郊各乡人民对抗英斗争的支持，更加隆重地把正月十八日作为增进与邻乡人民友谊的庆典日子。是日各乡互拜，下午云集三元里乡，醒狮采青，鞭炮齐鸣，彩车、彩旗与春阳交辉争艳。末了，在宗祠里外大摆筵席，各乡乡民把酒言欢。此俗至今犹保留，并且比以往更加隆重。”这个宗祠习俗延续至今，矿泉街道下辖的沙涌南村、瑶台村、王圣堂村吃“年宵饭”的日子分别是正月十三、正月十六、正月十七，如此排好日子后，本村村民和邻村村民便会聚首宗祠共庆新春、闹元宵，在外地经商、工作、求学的村民们也会在这天回家与家人和宗亲们在宗祠团聚，场面热闹非凡，年年如此，“元宵宴”中必有用祖传“秘方”古法烹制的“瑶台三宝”（香芋扣肉、鸡油冬菇、发菜鱼蛋）。这一天，大概是村民们一年中最高兴的日子，村里最和谐热闹的日子，所有恩怨在这一天都暂时化解了。

## 三　发掘重塑传统宗祠文化的现实意义以及对策建议

### （一）现实意义

“得地开基，承时崛起。睦邻合道，终古相依。”这是10多年前《广州日报》编辑郭远光参加矿泉街道瑶台村近朝陈公祠元宵宴时现场写的一副对联。16个字概括了传统宗祠文化强大的凝聚力。文化的凝聚力有二：一是亲缘因素、血缘因素、地理因素等的自然凝聚力；二是经济因素、政治因素、精神因素等的社会凝聚力。而具有凝聚力的文化环境可以团结人、吸引人。传统宗祠文化虽立足于姓氏发展，同姓为一宗，但从其功能上看完全具备了自然凝聚力和社会凝聚力，从古至今百姓对传统宗祠文化有着比较深刻的认知、赞同和感情依附。同时，传统宗祠文化以儒家文化为内涵，倡导仁爱和谐，倡导自强敬业，排拒矛盾和争斗，力增认同感和凝聚力。因此，传统宗祠文化具有化解社会矛盾，促进社区稳定的现实意义。面对当今基层社区管理中外来人员众多，各种社会矛盾纠纷多发，思想文化呈现多元的状态，传统宗祠文化无疑是一个重要而有效的载体，在“共建共治共享”的社区治理中能起到维护团结、保障稳定、促进发展的明显作用，这就是传统宗祠文化在现实中的向心力、吸引力和凝聚力。同时，当前各类社会组织争相发展。但是没有哪一个社会组织能像宗祠那样在城乡中普及，并且有众多的基层群众自动参与。这充分说明了宗祠文化建设能顺应形势要求，有着立足基层社区第一线、联系群众面广、便于解决实际问题的突出优势，能体现社会管理的“软性”实力。例如，矿泉街道瑶台村曾发生过村民房产纠纷，宗亲邻里长期闹矛盾等事，闹到村委、社区、街道甚至司法部门都难以调解，而经宗祠长老主动上门做促和工作后，矛盾就被化解了。还有，近年来不少在外创业的瑶台村宗亲，主动捐款捐物，共建村社和社区的公益事业。例如，常年在外做生意的瑶台村蔡汉炎，这几年给蔡氏宗祠、瑶台小学捐款捐物达到70万元，泽被桑梓。可见，宗祠文化“接地气”，有群众基础，能承前启后凝聚人，具有现实意义。

### （二）发掘重塑传统宗祠文化的对策建议

习近平总书记强调中华优秀传统文化是我们最深厚的文化软实力，也是中国特色社会主义植根的文化沃土。而传统宗祠文化是传统文化独特的表现形式，将其作为构建社区“共建共治共享”格局的抓手和载体而进行发掘重塑，意义非凡。因此，提出以下对策建议。

1. 提高重视程度，强组织，巧引导，聚合力

传统宗祠文化中残留着一些封建迷信、宗族派别之争等弊端，极有可能被利用成为社会治理中的不稳定因素。因此，政府、职能部门、街道、社区、村社要加强对宗祠、宗祠文化工作的组织领导和正确引导，聚合当中的积极因素，挖掘当中的道德积淀，把宗祠变成社区群众性精神文明建设和先进思想文化传播的阵地，推进社区“共建共治共享”格局的构建。

2. 拓展教化功能，注文明，塑内涵，创新意

扩大开学季在宗祠举办开笔礼的影响力；在宗祠设置社区文化室、图书室，开设街坊学堂；引入网络平台，打造“互联网 + 宗祠”的发展模式；宗祠对居民、来穗人员开放等。

3. 强化规范功能，建规章，立制度，有秩序

创新探索转制社区“村规民约”、依法治理的基层治理模式。防范利用宗祠文化活动聚众干涉选举、煽动集体上访等影响社区安定、团结的事件以

及群众纠纷；防止宗祠成为赌博和吵闹场所。尝试在宗祠建设社区居民议事厅，引律师进驻，设置转制社区调解室、巡回法庭等。

4. 注重维系功能，修编志，微改造，文商旅

每间宗祠既是小型民俗博物馆，又是家族变迁史。因此，要开展本姓氏源流和编撰族谱的研究，推进撰家谱、修村志街道志。对年代久远、保存较好、具有一定建筑文化价值、体现地方特色的宗祠加以保护和整修。借助宗祠文化的推广进行“城中村”微改造，打造集“文化、国学、美食”于一体的“特色旅游点”以及微型展览馆、博物馆。

5. 发挥调节功能，一社区，一特色，做品牌

宗祠文化颇具个性并有突出的地域性。例如，矿泉街道瑶台村宗祠文化独具特色：较为完整地保留着一套距今 80 多年、用于演奏粤曲的“大标、罗伞、头牌、八音锣鼓柜”宗祠乐器，若完整出演至少需要 150 人；“元宵宴”中有闻名遐迩的美食“瑶台三宝”；传统醒狮、武术洪拳历久不衰；培育了一支亚洲毽球冠军队伍——王圣堂毽球俱乐部；自 2016 年开始，矿泉街道祠堂庙会纳入了广府庙会……但是，随着城市化深化、人口老化，年轻一代主动参与传统宗祠文化活动的越来越少，如上面提到的“八音锣鼓”，现在演奏的都是些 60 岁以上的老人，“瑶台三宝”的烹饪也缺乏年轻人传承。因此，发掘重塑传统宗祠文化，就要突出“一社区，一特色”，做品牌，邀请专家系统调研、培育宗祠文化，力争推出具有社会影响力的宗祠文化人物项目，并在越秀区广府庙会上推广。

（审稿人：丁艳华）

# 文化旅游篇

**Cultural Tourism**

**B**.12

# 以高水平旅游产业支撑广州乡村振兴调研报告*

刘梦华　易　顺　布乃鹏**

**摘　要：** 本报告通过对比分析天津、浙江、台湾等地城郊旅游衍化模式的经验教训，实地调查广州百名旅游创业者眼中城郊发展高水平旅游产业的支撑条件及吸引力，最终将研究重点落在广州城郊发展高水平旅游产业的市场、人才及政策方面的问题及对策上。问题各有缓急，三类人才培育、理顺村级管理者的关系、旅游相关经费造血功能的落实效益可以预见。然而无论旅游相关部门如何负荷前行，牵涉较广的旅游产业，依然需要相关部门的协同创新及旅游主管部门

* 本报告获得“2018年度广州‘献一策’参政议政报告三等奖”。

** 刘梦华，广东石油化工学院经济管理学院副教授，研究方向为国际旅游电子商务与旅游产业评估；易顺，广东石油化工学院经济管理学院教师，政治经济学博士，研究方向为制度经济学与旅游经济；布乃鹏，山东大学商学院讲师，管理学博士，研究方向为旅游规划与旅游经济。

的精准、精细协调推进。所有旅游相关部门只有共同努力，才能以高水平旅游产业促进广州乡村振兴战略实施。

**关键词：** 乡村振兴 城郊旅游 特色小镇 旅游吸引力 旅游支撑力

自党的十六届五中全会“美丽乡村计划”提出之后，休闲农业与城郊旅游已成为农业与旅游部门特别重视的领域。2016 年，住建部与国家发改委推动了“十三五”时期的“千个特色小镇”工程的实施，该工程旨在通过小城镇深化城郊互动，加强小城镇对农村的辐射力。2018 年，中央一号文件进一步提出“特色小镇”“美丽乡村”“田园综合体”的相关政策，这表明国家和各地政府部门会全面加入大力发展城郊旅游与休闲农业的队伍。截至目前，国家层面建有特色小镇、旅游度假区、全域旅游示范区、乡村旅游创客示范基地、旅游文化特色村等县域旅游协调与保障机制；20 万人以下建制镇的旅游规划可以交付丙级旅游规划单位主持；广东省不仅给城郊旅游经营单位以行业标准、荣誉，还为休闲农业与乡村旅游示范镇、示范点和广东旅游名镇（村）等申请200 万元至5000 万元的专项扶持资金。借助美丽乡村建设推进和乡村振兴战略实施的契机，城郊旅游迎来了蓬勃发展的春天。

## 一　当前中国城郊旅游的经验教训

就天津、浙江及台湾的调研情况看，城郊旅游一度带来了农村经济繁荣和农民居住环境改善。然而，从长远来看，城郊旅游要素市场化、城郊旅游规划与特色产品去城市化、城郊旅游发展支撑的本地化以及专项经费的精细化、城郊旅游可持续化决定了城郊旅游是一个系统工程，需要高起点谋划，高水平建设，高质量推进，并寻求中长期的效益。

### （一）天津：大都市、小乡村下的游客缺失

以调研对象天津市为例，天津市城镇化比例为 82.93%，广州市城镇化比

例为86%，两者都是典型的大都市、小乡村。天津大力发展休闲农业与乡村旅游，效益明显。2017年前三季度，全市休闲农业和乡村旅游直接从业农民达7万人，带动农民就业达29.5万人，占全市农业人口总数的11.3%；接待游客数量超过1620万人次，综合收入超过60亿元，同比分别增长了21%和25%。

天津未来主要支持“一村一品、一镇一产”的模式，大力发展休闲农业与乡村旅游，出台了明确的扶持政策，如天津市对休闲农业发展所需的基础设施及服务配套设施的提升改造、文化创意开发、品牌建设及推介活动等，以及规划、策划、宣传培训等服务体系建设给予财政补助，补助资金不超过项目总投资的30%，基础设施和服务配套设施建设单项内容补助资金不得超过补助资金总额的30%。对农（渔）家乐休闲农（渔）业经营户提升改造住宿、卫浴、洗涤、餐饮和整体环境等硬件条件进行贷款的给予贴息，贴息标准按照经营户提升改造贷款年息的6%的比例执行，贴息金额上限为5万元。对基地建设、关键设施设备更新购置、品牌培育开发、质量认证、管理认证、著名商标、驰名商标、“三品一标”、国家级及市级典型认定给予补助，补助资金最高达100万元。

天津城郊旅游的主要消费者是城市工薪族，这决定了粗放型休闲农业产品的基础设施设备及服务流程还有待加强城市性、文化性，整体上旅游季节性的高效创收及低效培训也有待提高和加强。这种提高可来自看得见的宏观调控，也可以是“润物无声”的农村培训。然而，当前天津乡村旅游目的地缺乏游客。究其原因，天津农业农村部每年4000万的培训保障及人社部联合做的百万培训计划，主要适用于一般农民进城务工的技术、农产品栽种技术，较少用于留住本地人发展休闲农业、城郊旅游；而基于乡村的交叉性培训又较少；旅行社、酒店、旅游乘车等专业服务意识较低；村民有关地脉、人脉的美学知识欠缺；知名乡野景区难以持续保持旺盛游客量，而开始过多接待无直接回报的政策性访问团队。

### （二）浙江：乡村－都市无差别旅游开发的特色呼唤

华东与华南一样，也是经济活跃、知名度较高的区域。美丽乡村之浙江安吉余村，是“两山思想”的发源地，通过产业调整、村庄规划、环境美化等举措，余村变得更具魅力和特色；安吉的鲁家村成功创建美丽乡村精品村后，建成全国首个家庭农场集聚区，该集聚区于 2017 年 7 月被纳入国家首批 15 个田园综合体项目之一，产生了良好的经济效益和社会效益。然而，由于缺少科学长远的管理与规划，浙江城郊旅游也曾出现无文化沉淀的无序开发、城郊旅游景区碎片化、城郊旅游市场管理无序与人为过度干扰等问题。当前，浙江城郊旅游产业的主要问题在于城郊景区开发手法过度城镇化、乡村旅游产品过度高端化、城郊农业工业化，这导致一般浙江乡村旅游产品缺乏特色，如旅游纪念品，全部是标准化产品，失去多次购买的乐趣。

### （三）台湾：美丽乡村与田园综合体之外的经验教训

台湾板头村单日接待游客过万；桃米村在地震之后，完全靠自我办旅游创收重建了家园。究其原因在于，台湾乡村旅游借鉴了国内外城郊旅游的优点，特别注重农村接待人才培养，要求乡村民宿与农家餐厅经营者持续保护景观水池，加强农村社区的归属感及旅游规划参与。

台湾在启动美丽乡村资助计划时（2012 年左右），就明确乡野情趣需要结合本地特色。村理事会在“高校 - 乡野‘培智计划’”引领下，发动社区全面参与美丽乡村建设，注重在道路微设计、乡野园林美化、乡村接待单位的排污控制与景观水池打造、动植物认知、旅游纪念品制作以及媒体公众接待、项目申报、接待地品牌构建等方面进行综合考虑。板头与桃米两村也曾遇到过可持续发展带来的困扰问题，即成名之后，慕名而来的参观团队，成为本地接待的负担。理事会根本无力经营乡野景区；另外，部分年长的村民仍然无法紧随乡村旅游与休闲农业的发展步伐，而自己的地又卖给外地与本地商人无法继续从事农业生产；大部分年轻人根本不愿意加入农业生产，也将地卖出。对于第一个问题，台湾采取的解决办法是，各地闻名而来的参观团队越来越多时，村理事会只接受通过旅游代理商前来参观的团队，并以“募捐”名义收取一定的接待费。村理事会通过特意准备的标准化演讲 PPT、本地独特产品、不同于一般旅游团队的讲解词来扩大市场影响力，使参观团队接待费成为美丽乡村后时代的主要收入。然而，对于失地的农民和大部分年轻人不愿意从事农业生产，台湾知名村镇也没有找到有效解决办法，只能通过提高社区归属感、开展常规社区关爱项目等方法来缓解摩擦。

对比成功的乡村旅游目的地，调研发现广州乡村旅游目的地支撑体系的建立与旅游规划的实施，缺乏本地旅游经营者的广泛参与，只是以提供旅游服务为目的，很少考虑本地旅游特色；或者欠缺丰富的体现当地独特的旅游形象的产品；无法借乡村本地独特文脉与地脉提高旅游市场的知名度。

## 二　广州城郊旅游支撑体系探析

2018 年 4 月 27 日到 2018 年 7 月 7 日，课题组率领立志于到广州城郊创业的 6 位广东外语外贸大学南国学院的高年级大学生到增城、从化、花都、番禺四区进行关于“大学生广州城郊旅游创业可行性研究”的调研。其间，调研广州城郊旅游商家 150 个，主要来自番禺沙湾古镇（60 家）、增城 - 从化健康特色小镇（50 家）、从化温泉小镇（10 家）、花都花山小镇与芙蓉度假中心（30 家），回收问卷 91 家，有效率 91/150。

这次调研首先发现旅游资源方面，广州有 1 家国家森林公园（广东石门国家森林公园，从化），8 个国家级自然保护区（从化 3 家，花都 1 家，番禺 1 家，增城 3 家）；4A 级景区 24 家，5A 级景区 12 家，星级饭店 187 家（含五星级饭店 22 家），旅行社 377 家（含国家百强旅行社 2 家）；还有入选广东省的休闲农业与乡村旅游示范镇、示范点，旅游名镇、旅游名村数个。这些资源支撑了广州，使得相关景点、景区及旅游目的地具有观赏价值与团队接待力。

此外，调研数据显示广州城郊旅游创业者的户口有一定差异，旅游回馈本地效益明显：61.5% 的商家为本镇人。究其原因有两方面。一方面，增城白水寨等是 4A 级景区，周围 20 千米以内有“健康特色小镇”、众多高档温泉度假酒店、活化本地文物的新型度假中心——邓村石屋，本地人进行旅游创业具有地缘优势，并通过弥补中低端产品把旅游地的产业供给侧做完整，获得经营回报。另一方面，芙蓉度假中心游客减少、旅游产业活动近乎停止，旅游业只是创业者的家庭副业，当地商户无法在完全市场条件下经营，更多本地以外的旅游创业者纷纷离开芙蓉度假中心。这让研究者担心莲麻小镇、九龙小镇的旅游持续发展情况（见图1）。

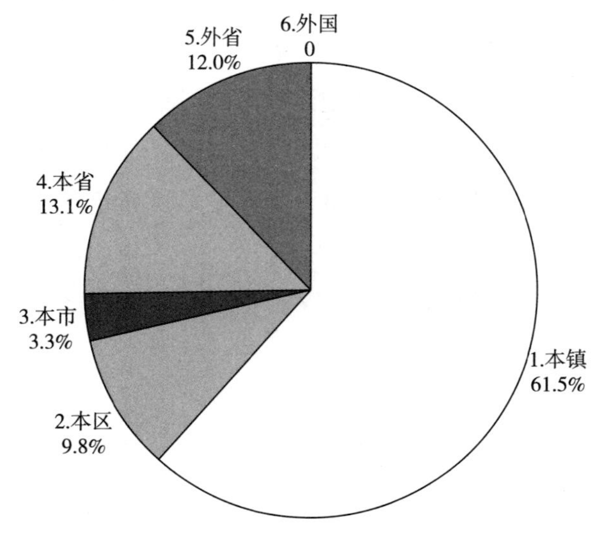


**图1　广州城郊旅游商家户口简况**

景区里外的经营商家都是本地或本村人，基本没有外来人，主要是因为景区早年开发，有当地政府的人均收入托户，所以当地人抓取先机，离开传统农业，发展休闲农业，率先经营旅游业务，服务游客。等景区发展成熟，当地人已经在旅游服务业中站稳脚跟，在中小旅游市场、休闲农业产品、旅游服务、经营等方面都获得了经验。

以旅游六要素为依据评判旅游支撑力，可将广州城郊旅游商家的服务归入六种不同的类型。到2018年夏天，广州花都区郊区、从化区郊区、增城区郊区、番禺区郊区等四大郊区三年以上“特色小镇”的旅游产业支撑情况如表1所示。由表1可知，提供餐厅、购物与住宿服务的商家相对较多，提供旅游乘车服务的基本没有，提供游览服务的则完全没有。主要在于这两类服务中小创业者较难介入；也从一定程度上说明广州城郊旅游产业支撑不够完善，完全靠游客一端的自驾游及非常少量的村级公交车；而游览服务完全没有也表明本地挖掘文脉与地脉的深度不够，挖掘本地特色的参与者不多。

**表 1　广州四大城郊旅游服务业支撑情况**

单位：家

| 旅游服务类型 1 | 有效商家数 | 旅游服务类型 2 | 有效商家数 | 旅游服务类型 3 | 有效商家数 | 旅游服务类型 4 | 有效商家数 | 旅游服务类型 5 | 有效商家数 | 旅游服务类型 6 | 有效商家数 |
|---|---|---|---|---|---|---|---|---|---|---|---|
| 家庭餐馆 | 19 | 卖特产 | 11 | 民宿 | 17 | 乘车服务 | 0 | 无证游览 | 0 | 无证表演 | |
| 流动摊贩 | 12 | 纪念品服务 | 13 | 住宿中介 | 6 | | | 门店游览服务 | 0 | 带游客海吃海喝 | |
| 其他餐厅 | 34 | 夜市与门店 | 8 | 无证家庭旅馆 | 4 | | | 其他 | 0 | 有门店娱乐服务 | 11 |
| 父辈传承老店 | 17 | 其他 | 22 | 其他 | 7 | | | | | 其他 | 8 |
| 经营餐厅商家总数 | 82 | 提供旅游购物服务商家总数 | 54 | 提供住宿服务商家总数 | 34 | 提供旅行乘车服务商家总数 | 0 | 提供游览服务商家总数 | 0 | 提供娱乐服务商家总数 | 19 |

接下来，我们用学者的理念去评估广州旅游支撑力。广州旅游地的支撑体系未“以生态旅游为‘旅游可持续’发展的方向，以社区参与作为旅游可持续发展的关键，以危机管理为旅游可持续发展的基本条件”，欠缺落实可持续发展理念的市级行业准则。旅游的持续发展，离不开环境、资源、智力、动力、政策和法规等五大支撑体系，目的地没有全面促进城郊旅游吃、住、行、游、娱、购等要素完善的体制机制、产业融合措施、政策和人才，旅游要素在广州城郊旅游中不完善。广州的城郊旅游，乃至广州作为旅游目的地，支撑体系还不完全满足可持续发展、宏观经济、旅游要素市场化的条件，但是广州乡村旅游仍具有较大吸引力。

## 三　旅游创业者对广州旅游吸引力的评定

广州休闲旅游具有全国吸引力，这经过了旅游行业及国家旅游局的评定与认同。广州于 1999 年入选全国优秀旅游城市，截至 2018 年，广州城郊有 1 家国家特色小镇（番禺区沙湾镇，2017）、1 家国家全域旅游示范区（番禺区，2017）、2 个全国优选旅游项目（广州万达城及其三期，花都区，2015、2016）、1 个乡村旅游创客示范基地（广东 1978 文化创意产业园，增城区，2017），另有数家旅游文化特色村。这些景点、景区、旅游创客中心与旅游创业项目都在广州城郊，广州城郊旅游具有全国吸引力。

经广州城郊旅游商家反馈，技术优势与亲朋好友带领是其创业的主要动因，其他理由则较多，比如改变生活方式、提前回家养老等也成为不少创业者到郊区进行旅游服务的理由（见表 2）。而在旅游服务规模方面，约 49% 的创业者既是老板，又是员工；而约 42% 的创业者主要是与家人一起做。这进一步说明技术创业与家族创业是两大主要创业类型（见图 2）。

**表 2　广州城郊旅游商家创业动机简况**

你做这个生意，是什么让你自信地开始的呢？（多选题）

| 选项 | 小计（人） | 比例（%） |
|---|---|---|
| 个人比较有见识，胆子比一般人大 | 19 | 21 |
| 自己有相关的技术 | 42 | 46 |
| 学历高，自信还行 | 2 | 2 |
| 有亲朋好友带 | 20 | 22 |
| 其他 | 43 | 47 |
| 本题有效填写人次 | 91 | |

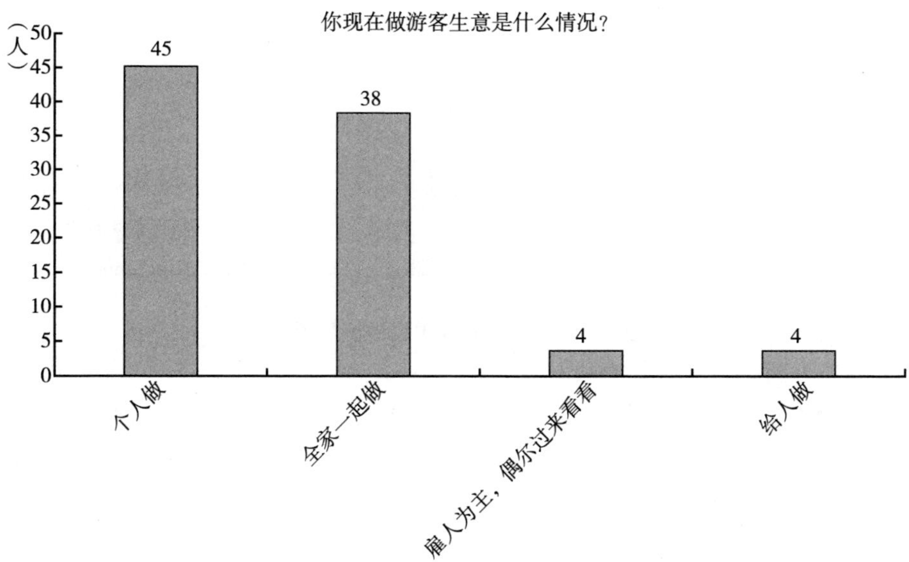


**图 2　广州城郊旅游业经营管理模式简况**

就我们调查的五大城郊小镇而言，广州城郊的游客吸引力较好，近50%具有国家知名度、近30%具有本省知名度，主要吸引省内游客及国内游客，其目标顾客并不是广州市民（见表 3）。花山小镇的知名度可达国际旅客，芙蓉嶂的自然资源与皮具创业园的产业资源都具有全国知名度。

**表 3　游客客源地与小镇知名度**

单位：家

你们小镇(区域)什么程度上很有名?(从游客的来源看)

| 游客来源 | 本市 | 本省 | 本国 | 外国 | 总样本 | 备注 |
|---|---|---|---|---|---|---|
| 有效商家数 | 15 | 20 | 35 | 1 | 71 | 选答 |

另外，旅游经营者以为，城郊游客逗留时间的长短 90% 由景点的吸引力决定，文化魅力、餐饮特色等也具有一定影响（见图 3）。

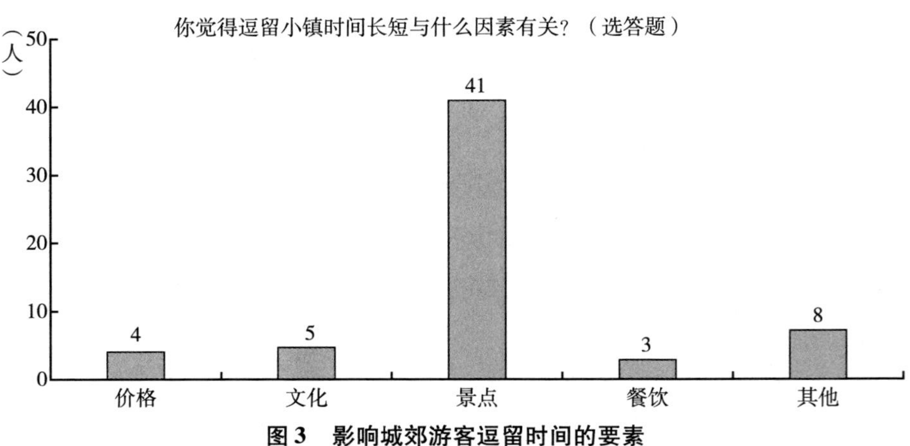


**图 3　影响城郊游客逗留时间的要素**

整体而言，广州城郊吸引力在于郊区吸引城市居民前往乡野休闲、度假与旅游的拉力。旅游产业助力广东乡村振兴，战略上在于促进人口流动与城乡互动。无论是景点、景区，还是目的地，都有三大吸引力，即景观吸引力、文化吸引力、旅游业态吸引力。景观吸引力是古代旅行的延续，是过去观光旅游的核心，也是当下和未来休闲旅游永远不可替代的吸引物之一，即使在一个以业态核心吸引力为主的古城、古镇、古村。文化吸引力主要在于，如果没有文化，当下精神层面的休闲、度假、康养、婚恋、祈福等一系列旅游产品就没有了实际意义。在休闲旅游时代，旅游业态有时已经上升到最突出的层面，如番禺与花都的古村、古镇即正反两个案例。所谓业态必须蕴含着文化，也就是说，吃的、住的、玩的、购的都是文化；至于景观，古村、古镇本身就是，当然，还需要一些标志性景观、主题性景观。

## 四　特色小镇时代凸显的广州城郊旅游问题

深挖广州近郊热点旅游地的支撑力、吸引力，访谈其旅游创业者，主要发现以下几个方面的现状与问题。

### （一）城郊旅游要素市场化程度较低

广州城郊旅游市场的要素不完整，村镇旅游建设还不成熟，在特色小镇政策、乡村创客示范基地、度假旅游示范点、文化旅游乡村的支持下，一些村镇获得较好的知名度，如从化莲麻小镇、花都花山小镇等。以华侨文化聚集地花山小镇为例，自 2014 年创办开始，先后收到本地政府近 500 万元的扶持资金，依靠企业运作，成功打造成了“离世界最近的华侨文化小镇”。尽管有着良好的外部环境，如区级文化单位碉楼群（45 家）、工业设计文化展厅定位（10 家广东企业在此办展厅）、交通优势明显（离飞机场、高铁和地铁站较近），但该景区接待力有待提高，接待 200 人以上的公共设施，如厕所与停车场亟待完善。扶贫推动的莲麻小镇是否能受到省内外旅游市场的青睐，花山小镇是否能持续保持其市场吸引力，主要还得看旅游要素是否完整及相关产业支撑体系是否完善、持续。

### （二）本地居民参与乡村建设的积极性不高，城郊缺乏休闲农业与城郊旅游人才的梯队建设

以高水平旅游产业支撑广州乡村振兴，应整体在新型城郊培育三类人群。即稳定一批从事传统农业的农户；同时吸引大资本持有者回归故里；又要广泛发动中小创业者。如果这些要素缺乏，城郊旅游规划与特色产品缺乏原生态保护，缺乏村级单位保障，规划与经营难以形成一体化，那么就容易出现两张皮。目前，尽管广州城郊旅游创业者愿意长期在郊区经营旅游事业，中小资本并不寻求短期回报，但是大资本缺乏乡土文化，圈地发展疗养别墅意图明显，城郊整体缺乏旅游度假地可持续发展理念。究其原因在于缺乏休闲农业与城郊旅游人才的梯队建设，被动地用资本驱动了城郊的旅游产

业的快速发展。在市区内，从化、增城拥有丰富的温泉资源，资本撬动的国医小镇是否能惠及本地村民，享受到成为广东健康疗养胜地的红利？这是难以预测的。但可以肯定的是，度假酒店林立的从化派潭镇，最大的受益者是疗养基地、度假酒店背后的投资者。这些土地上的农民，则是被安置到新的区域，依赖自己的劳力在大型度假酒店做一份工作；或依赖自己独特的新型岭南建筑，做起民宿生意，渐渐失去了根脉所系与乡愁所寄之地。由此，不难发现，从一个完整的旅游市场来说，广州城郊旅游市场依然缺乏合格的旅游从业人员、有一定见识的旅游职业经理人及对广州城郊具有深厚乡愁的人。具体而言，单独的个体有一定人数，然而两位一体、三位一体则非常欠缺。

### （三）村镇的旅游资源与发展动力错位，财政专项经费精细使用的可持续性观念较差

花都芙蓉小镇是国家级自然保护区芙蓉嶂的所在地，曾是花都全力支持的比较高端的度假中心，鼎盛时期北郊无人不知。然而当前，游客零散、旅游巴士停开、单位疗养中心停业过半、大型山泉水游泳池关闭多时。据坚持营业的当地商家反映，这里自失去了芙蓉嶂桃花水母国家级自然保护区的资助之后，就越来越衰落了。当前，广州城郊出现了一些有资源却无动力发展高水平旅游产业的村镇，也有不少人参与旅游资源并不十分丰富的乡野旅游空间的营造。不论是政府层面还是个体层面，不论是政策支持还是资金扶持，都要提高效益比，光输血不造血是难以维持知名村镇的长足发展的。莲麻小镇等的市场化与企业化过程中，村民培训需求及政策扶持后时代的企业化运作值得持续跟进。

## 五　广州协同发展城郊旅游的特色之路

### （一）在三类经济主体培育上用劲

即稳定从事传统农业的农户，通过政策吸引返乡的本地商户和意欲

参与建设美丽乡村、田园综合体、乡野公园或特色小镇的大资本持有者。只有以厚重的农业生产为基础、广泛的中小旅游企业为条件，才可能与大型投资互为补充，完成城郊旅游接待任务，并成为高水平旅游产业的支撑力量。将城郊旅游经营主体经济互补明显的区域作为全广州的标准，持续向内打造广州的田园综合体、美丽乡村、特色小镇、文创景点，并向外推介这些市场要素完整、具有团队接待力的广州城郊旅游目的地。

### （二）在提高能力、理顺关系上着力

缺乏景观与人文结合协调、美化与内涵融合统一的村镇，最终只能走向低端发展；没有涵养较好的村民，没有一个好的带头人，便无法适应城郊旅游迈向高端发展之路。村级单位需要被有序培育，去挖掘村级面对公众、接待旅游团体的能力；可以鼓励地方高校参与乡村振兴计划，在村镇实施城郊“启智教学”项目。城乡旅游经营村级单位的职责需厘清，村委会与村务监督委员会的关系需要进一步理顺，村民参与一体化经营的程度也需要进一步加强。只有这样，才能心往一块想，劲往一处使，围绕乡野田园、动植物主题园及特色小镇的工薪阶层与亲子游客群体，在吃的、住的、玩的等方面挖掘本地特色，补充欠缺的旅游市场要素；在游览讲解标准化、旅游纪念品本土化等方面，做到最优化。

### （三）在经费造血功能上出招

可考虑将利息交付村级单位，发挥村级单位促进城郊旅游的核心作用，避免竭泽而渔、腐蚀主管部门。例如，将贫困地区的休闲农业扶持经费或旅游示范点奖励资金等专项资金的利息交付给村级单位，可促进村民参与策划与接待，并加强相关标准验收，实现其造血功能。

以上是协同发展广州城郊旅游的相关建议。发展大都市城郊高水平旅游产业，更需要旅游业主管部门做好进行持久战的心理准备，不急于寻求短期回报，如给予两年以上的建设周期，持续地在文化与自然景观上培

育、保护高级别的旅游资源，并牵头进行目的地综合治理与国际目的地的品牌推广。

（审稿人：龙　瑶）

## 参考文献

曹爽、罗娟：《我国特色小镇建设的研究现状与展望》，《改革与开放》2017 年第 11 期。

程必定：《统筹城乡协调发展的新型城市化道路》，《西南民族大学学报》（人文社会科学版）2008 年第 1 期。

吉林省新农村办：《吉林省促进美丽乡村建设与产业融合发展实施方案》，《吉林农业》2017 年第 6 期。

刘梦华、易顺：《从旅游管理到旅游治理——中国旅游管理体制改革与政府角色扮演逻辑》，《技术经济与管理研究》2017 年第 5 期。

**B**.13

# 关于加强广州市红色文化资源保护和利用的政策建议

广州市委政研室课题组*

**摘　要：**　本报告通过梳理广州市红色文化资源保护利用的现状，分析其存在的问题，并借鉴国内其他部分城市的经验，提出针对性政策建议。红色文化资源作为一种特殊的文化遗存，不仅有着明显的教育功能、社会意义和经济价值，也富含强烈的历史、政治色彩。因此，为加强广州市红色文化资源的保护和利用，我们要强化战略思维，整体谋篇布局；突出保护传承，激活红色记忆；合理开发利用，推动融合发展；加强组织领导，形成整体合力。

**关键词：**　广州　红色文化　资源保护利用

党的十九大报告指出，中国特色社会主义文化，源自中华民族5000多年文明历史所孕育的中华优秀传统文化，熔铸于党领导人民在革命、建设、改革中创造的革命文化和社会主义先进文化，植根于中国特色社会主义伟大实践。习近平总书记强调，要把红色资源利用好、把红色传统发扬好、把红色基因传承好。广东省委书记李希同志在省委十二届四次全会上强调，要实施红色基因传承工程，加强革命遗址保护利用，大力弘扬革命精神，教育引

* 课题组成员：韩玲玲，广州市委政研室文化研究处处长；龙瑶，广州市委政研室文化研究处主任科员。

导一代代人不忘初心、继续前行。红色文化是我们党在革命、建设和改革中形成的宝贵精神财富。红色文化资源作为红色基因的有机载体，是中国共产党人精神与文化的象征，其范围广泛、内涵丰富，包括物质资源和精神资源两个方面。广州具有光荣的革命传统、丰富的红色文化资源，保护红色资源、弘扬红色精神，对实现“四个走在全国前列”具有重要意义。

## 一　广州市红色文化资源及其保护利用总体情况

广州是近现代革命策源地，是中国最早建立党组织的地区之一，在民主革命、土地革命、抗日战争、解放战争及社会主义建设和改革开放各个时期，都留下了丰富的红色文化遗产。据初步统计，全市红色文化史迹230余处，其中红色史迹（不可移动文物）115处，包括国家级文保单位9处、省级7处、市级28处。保护利用好这些珍贵遗产对于涵养民族情感、培养时代精神具有重要意义，是提高全民道德修养、培育社会主义核心价值观的重要途径，是推动形成“共建共治共享”社会治理格局的筑基工程。近年来，广州市围绕培育世界文化名城的目标，按照中央和省委决策部署，牢固树立“四个意识”，坚定“四个自信”，坚决做到“两个维护”，坚持保护传承与创新发展相结合，深入挖掘红色文化资源，擦亮红色文化品牌，城市文化软实力持续提升。

### （一）相关保护政策日趋完备

依据国家和省相关法规，广州市先后出台了《广州市文物保护规定》《广州市博物馆规定》《广州市历史文化名城保护条例》《广州市文物保护资金管理办法》《广州市文物保护监督员管理办法》等相关政策文件，有效完善了广州市文物保护和名城保护的工作程序、管理机制，构建起文物资源长效保护机制，基本完成了红色文物保护单位保护范围和建设控制地带划定工作。2014年底，《广州历史文化名城保护规划》获批实施，其中概括了八大城市特色、提出了八大保护主题、划分了八大主题区域，明确提出“革命策源英雄城”的保护主题，将越秀南先烈路革命史迹主题区域纳入全市“一山一江一城八个主题区域”整体保护的空间战略，并列入重点保护范畴。2015 年，广州市文广新局组织编制了《广州市抗战史迹保护与利用纲要》和《广州市红色史迹田野调研报告》；2018 年，又制定出台了《关于进一步加强红色革命遗址保护利用的若干措施》，为红色文化资源保护利用提供了更加具体的规划和指导。

### （二）重点史迹、场馆保护利用工程稳步推进

近年来，广州市持续加大红色史迹保护力度，弘扬工匠精神，严把项目工程准入关、质量关，组织完成了省农民协会旧址、省港罢工委员会旧址、中共中央华南分局秘密联络点中原行旧址、花县第一届农会旧址等红色史迹的文物本体修缮保护工程，并完成了毛泽东视察棠下农业生产合作社旧址、第一次全国劳动大会旧址、中国共产党广东区委会旧址等单位展示利用工程。在积极争取国家、省文保经费专项补助的同时，不断加大红色文化资源保护经费投入。2016 年以来，市财政共下拨 3982.19 万元用于中共三大会址纪念馆、毛泽东同志主办农民运动讲习所旧址纪念馆、广州起义纪念馆和中华总工会旧址纪念馆陈列展览改造提升、文物征集等项目；市文物保护专项资金共下拨 554.9 万元用于修缮周总理视察岑村纪念旧址、广州解放纪念像等文保工程，红色文化资源存续环境不断改善。

### （三）红色宣传教育活动推陈出新

广州市高度重视红色文化宣传教育，以红色文化资源为载体，铭记光辉历史，传承红色基因。同时注重在陈列布展中凸显红色主题，精心制订陈列提升计划，近年来大力举办各类红色主题展览，其中影响力较大的有：在广州起义纪念馆举办的“开天辟地——中国共产党创建史”展览；在农讲所旧址纪念馆举办的“新中国成立前后毛泽东廉政思想与实践”展览；在农讲所

旧址纪念馆举办的“复兴之路”广州展；在中共三大会址纪念馆举办的“不忘初心　砥砺奋进——中国共产党早期正风反腐图片展”等。广州市注重在城市规划设计中彰显红色印记，将红色文化印记融入对文化设施的管理利用中，如将原广州市图书馆改造为广州市少年儿童图书馆，装修时恢复 1969 年原馆主体建筑上安装的“星火燎原”字样和火炬雕塑，唤醒红色记忆，产生春风化雨的效果。广州市注重在创新宣传方式中掀起红色文化学习热潮，依托中共三大会址和农讲所旧址成立“新时代红色文化讲习所”，通过瞻仰一次旧址、参观一次展览、观看一场专题片、重读一段党章、重温一次入党誓词、参加一场宣讲辅导等“六个一”活动形式，全方位展示习近平新时代中国特色社会主义思想的真理力量和近代以来广州一直走在全国前列的历史记忆。各区依托本区红色文化史迹，陆续成立“新时代红色文化讲习所”，打造“家门口的红色学堂”，让讲习接通新思想的“天线”与实际工作的“地线”，这得到了全市各级党组织和党员的积极响应，社会反响热烈。

### （四）红色旅游产业发展活力日增

广州市相继策划推出了“革命传承·不忘初心”红色之旅主题线路，包括 3 条旅行社线路和“广州起义红色之旅”“毛主席足迹之旅”“周总理足迹之旅”等 3 条自由行线路，线路中融入轻运动、城市定向和有奖问答等富有趣味性、娱乐性的元素，寓教于游、寓教于乐，红色旅游的产品质量获得显著提升；结合乡村振兴战略和特色小镇建设，推动乡村红色主题旅游，如从化区吕田镇莲麻村把黄沙坑革命旧址作为重要节点打造，修缮并免费开放黄沙坑革命旧址纪念馆，通过展示众多珍贵的历史图片和实物，回顾东江纵队在从化和粤北的战斗历程，吸引了大批游客观光学习，带旺了人气，带动了民宿、农家乐发展，当地农民收入显著提高，许多外出打工的农民纷纷返乡就业、创业。

## 二　存在的主要矛盾和问题

当前，广州市红色文化资源保护利用总体情况较好，具有标志性意义的红色史迹基本得到相应保护，但也存在一些矛盾和问题亟待解决。

一是部分红色文化资源保护不善。具体表现在以下几个方面：在社会发展和城乡建设过程中，保护红色文化资源一般不能带来直接经济效益，一些地方和民众对红色文化资源的稀缺性和不可再生性认识不足，保护意识不强，保护规划滞后、措施不实；部分红色史迹点本体保护与周边环境整治难度较大，文物建设控制地带违建问题时有发生，有的为了经济利益随意“拆旧建新”，造成人为破坏；许多军事遗址遗迹因位于荒山野岭，交通可达性差，常年处于自然风化、任由侵蚀状态，逐渐损毁灭失。红色文化资源保护经费不足，大量未列入文保单位的红色史迹，保护工作缺乏法规依据和经费来源，保护状态堪忧。

二是红色文化的感召力、影响力不强。从资源分布上看，广州虽是近现代革命的策源地，但除越秀区以外，其他区红色文化资源数量不多、大多分布较散，相互间缺乏有效关联，资源整合度不高。从宣传策划上看，统筹策划、创新思考不够，广州市更多重视一些高价值“点”的保护利用，相对忽视了“线”和“面”，缺少主题性、系统性的深度挖掘和专题研究，尚未形成反映广州革命传统、代表广州英雄城市形象、独具吸引力的品牌，红色文化资源在整体包装打造上，特色不鲜明，印象不深刻。从利用方式上看，重点红色主题场馆在陈列布展方面内容不够丰富，现代化高科技手段运用不充分，互动性、参与性不强；部分设为教育基地的红色史迹由属地街道（镇）或村民维护管理，其工作人员、讲解员管理培训不够，整体素质不高，教育的感染力、实效性有待提升。

三是红色文化资源开发利用效益不高。一方面，各类红色史迹的物权类型分散多样，分别为政府部门、军事机关、村镇集体、社会团体所有，还有部分属私人物业，产权单位保护开发的意识和经济条件参差不齐，管理水平和质量差异较大，其中村镇集体或者私人产权的红色文化资源，如名人故居、祠堂等，保护和利用容易脱节，陷入只保护不利用或无法开发利用的窘况。另一方面，推动红色文化资源开发利用的思路不开阔，社会力量、民间资本参与不足，未能实现市场化运作、规模化运营。如红色文化旅游产品大多形式单一，内涵不丰富、主题不突出，红色文化旅游还处于简单传统的观光模式，与其他文化资源的链接和创新不够，开发层次不高；拳头产品和影响力大的红色文化产品、文艺作品相对较少，红色文化资源对当地的经济发展、现代化建设、产业结构调整未能起到明显的带动或促进作用。

## 三　其他地区和城市的先进经验和做法

近年来，全国各地高度重视红色文化资源保护利用工作，形成了一些各具特色、可资借鉴的先进经验和做法。

### （一）突出政策法规指引，形成保护利用体系

福建2016年印发《红色文化保护、传承和弘扬工程实施方案》，计划3～5年内建设一批国家级红色文化基地，创作一批优秀红色文化精品，办好一批红色文化主题活动，推出一批新型红色旅游产品，打造一批具有全国影响力的红色文化传播平台，并细分了39项重点任务，明确各项工作的职责分工和工作时限等，各地市也相应出台实施方案、工作细则、任务分解等文件，形成了红色文化资源保护利用的整体规划和制度体系。其中，龙岩出台了全国首部由设区市制定的红色文化遗存保护方面的实体法规——《龙岩市红色文化遗存保护条例》，将红色文化资源保护纳入了法治轨道。

### （二）突出打造红色标签，彰显城市文化底色

上海突出打造“中国共产党诞生地”文化标签，依托中共一大会址，邀请专家学者进行重大理论课题研究，发布“中国共产党诞生地·上海”形象表达主题标识，开展红色遗址遗迹修缮和红色文化展示基地改造工作，规划到2021年，使上海的建党历史资源高地、建党精神研究高地、建党故事传播高地形成规模，让“中国共产党诞生地”成为上海的红色名片。遵义突出打造“转折之城”“会议之都”文化标签，深入挖掘和研究“转折之

城”的时代特征和经济价值，吸引游客前来探寻“历史转折、出奇制胜”的神奇，同时大力发展会展经济，使“会议之都”与红色旅游有机融合，使红色文化资源成为推动经济社会发展的有力抓手。

### （三）突出传承红色精神，发挥文化引领作用

红色文化在中国社会主义核心价值体系中具有特殊的精神内涵和价值取向，其富含的精神价值已形成具有世界遗产意义的红色精神。如以“坚定信念、艰苦奋斗，实事求是、敢闯新路，依靠群众、勇于胜利”为核心内涵的井冈山精神；以“坚定正确的政治方向，解放思想、实事求是的思想路线，全心全意为人民服务的根本宗旨，自力更生、艰苦奋斗的创业精神”为核心的延安精神；“两个‘敢于’、两个‘务必’”的西柏坡精神；“爱党爱军、开拓奋进、艰苦创业、无私奉献”的沂蒙精神；等等。这些城市或地区因其特有的红色精神而声名远播，形成独特的精神特质和文化品牌，产生了很强的社会影响力和经济带动效应，有力推动了当地经济社会发展。

### （四）突出创新宣传方式，提升红色文化感染力

天津注重用好科技手段，精心打造的平津战役纪念馆集实物、多媒体、电动沙盘等展品于一体，采取全景式环球电影与微缩景观技术，立体呈现恢宏战场，并开设真人模拟实战游戏场，全方位强化展示效果，提升游览体验。保定重点利用文学和电影资源，将狼牙山五壮士、地道战、平原游击队、敌后武工队等革命战斗故事演绎成一大批著名文学作品和电影，让红色经典深入人心，提升了其知名度和影响力。

## 四　加强广州市红色文化资源保护利用的政策建议

红色文化资源作为一种特殊的文化遗存，不仅有着明显的教育功能、社会意义和经济价值，也富含强烈的历史、政治色彩。加强对红色文化资源的保护利用，不仅是我们应当履行的文化传承使命，也是重要的政治责任和历史担当。

1. 强化战略思维，整体谋篇布局

着眼于建设国家重要中心城市、培育世界文化名城，将红色文化资源保护利用放到经济社会发展大局中通盘考虑，抓好顶层设计、搞好结合融合。要与城市更新、城市环境改造提升相结合，把红色史迹视为广州文脉的节点、精神的高地、战斗的堡垒，将红色文化资源保护利用工作纳入城乡建设规划，严格执行保护范围和建设控制地带规定，做到应保尽保、合理利用，整体规划、协同推进。要与对外宣传相结合，在开展对外文化交流时，注重讲好广州红色故事，弘扬广州革命传统，让红色文化成为广州“敢为人先、开放包容、务实创新”城市精神的内核、城市名片的底色。要与乡村振兴战略相结合，充分利用广州抗战史迹大多分布在乡村的特点，深入挖掘、保护和开发利用乡村红色文化资源，因地制宜、精准施策，红绿互促、农旅融合，让红色文化成为撬动乡村发展的新杠杆。

2. 突出保护传承，激活红色记忆

文化是城市的根和魂，是不可再生的宝贵资源。要坚持保护优先、抢救第一，进一步摸清红色文化资源底数，做好资源搜集、整理和数据化建档工作，重绘广州“红色文化家谱”；加强红色文化资源价值评估鉴定和修缮维护，对该列入文物保护级别的要尽快列入，未达保护级别的遗址遗迹均挂牌或立碑铭记；严格落实行业管理和属地管理原则，建立红色文化资源定期排查和问责机制，实现分级保护管理和资源分配最优化。要加强深度研究和挖掘提炼，依托党史研究部门、高校、社会研究机构等构建红色文化研究平台，结合广州红色历史特点和红色史迹实际，开展红色文化系统性挖掘整理和研究阐发工作，加大对红色文化历史和精神价值的挖掘研究与提炼，提升红色文化资源的精神品质与内涵，擦亮广州红色名片。要创新宣传教育形式和载体，主动适应大众需求和传播规律，发挥全市红色文化博物馆、展馆、展厅的作用，优化展陈内容，综合运用现代科技手段改进展陈方式，强化互动性、参与性；充分发挥网络、新媒体平台作用，用好“两微一端”，发挥新时代文明实践中心（所、站）作用，推动红色文化进学校、进社区、进基层，使红色基因融入市民特别是青少年的世界观、人生观、价值观，提高全社会保护红色文化资源、传承优良革命传统的意识，构筑全市人民共同的精神家园。

3. 合理开发利用，推动融合发展

在保护基础上合理开发利用红色文化资源，这不仅可以发挥其经济价值，也是传承、保护的有效途径。首先，注重发展红色文化旅游。强化规划引领，加强资源整合，把红色文化资源与广州自然资源、历史文化、现代创新元素等放在一起统筹考虑，打通各领域、各行业资源要素的连接，完成红色文化旅游资源从点到线再到面的转型升级；强化精品旅游项目建设规划，推出一批红色文化旅游基地、精品线路与精品景区，培育生成一批红色旅游项目和产品，激活红色旅游市场；强化融合发展，将红色文化与岭南文化、民俗文化等相结合，革命传统教育与红色旅游业发展相结合，实现互促共进、融合共生；强化标准化、品质化服务，以绣花功夫做好城市旅游设计、公共服务规划，解决好现有重点红色旅游点交通拥堵、停车难等问题，整体提升旅游规划质量，优化旅游体验品质感。其次，注重加强文艺精品创作。坚持以人民为中心的创作导向，弘扬时代主题，通过官方策划、媒体引导和组织专门力量，挖掘广州红色历史题材，开展红色文学、歌曲、影视剧等文艺创作；坚持历史厚重感和大众传播规律兼顾，做到既有大部头、重头戏，又有短平快、小清新，反对低俗庸俗媚俗，深耕细作、推陈出新。最后，注重抓好文创产品研发。引导创意产业、非遗传承人等，着眼于把广州红色故事、革命历史人物与“三雕一彩一绣”等传统手工艺相结合，与主题宣传或专题展陈活动相配合，与大众日常生活需要相契合，设计研发相关日用品、工艺品、食品等既富有深厚红色文化内涵又颇具实用性的文创产品；鼓励支持网络动漫企业研发出品反映广州红色文化的网络动漫、网络游戏、动漫衍生品等文化产品，努力形成设计、研发、生产、营销一条龙的红色文化产业链。

4. 加强组织领导，形成整体合力

加强统筹协调，制定市红色文化保护利用协调机制，加强宣传、文化旅游、教育、发改、规划、财政等部门的协调衔接。加强法规建设，推动出台红色文化资源保护利用地方性法规，形成齐抓共促红色文化资源保护利用的良好局面。加大资金投入，将红色文化资源保护利用经费纳入各级财政预算，充分发挥文化产业发展投资基金和旅游文化体育产业投资基金的作用，不断完善以政府投入为引导，金融资本、民间资本广泛参与的多元化投入机制，放大财政资金乘数效应，撬动更多社会资本投入红色文化资源的保护利用，促进市场良性发展。加强人才队伍建设，建立完善红色文化管理、讲解、技术人员等人才的培养和引进激励机制，建立红色文化研究专家数据库，借鉴青年志愿者服务模式，健全红色文化志愿者服务常态机制，吸引更多优秀人才投入红色文化资源保护利用工作，成为红色文化的拥护者、传播者、捍卫者。

（审稿人：田　丰）

# B.14 关于发展广州市乡村民宿旅游经济的调研报告

广州市人大常委会重点课题调研组*

**摘　要：** 广州市农村大部分地区产业基础较为薄弱，相关产业培育需要循序渐进，在打造特色小镇的过程中，寻找一个发展突破口尤为重要。乡村民宿具有依托资源多样、经营模式多元、产品类型多种、可复制推广、吸纳就业能力强、农民增收效果好等优势，以乡村民宿带动旅游特色小镇建设，符合贯彻落实“乡村振兴战略”和“精准扶贫”的要求，符合广州市农村现阶段的条件和特点。调研报告在个案分析和问卷调查的基础上，梳理乡村民宿旅游发展的问题，提出了相关对策建议。

**关键词：** 广州市　乡村民宿　旅游　扶贫

---

* 调研组组长：李小勉，广州市人大常委会副主任。成员：郭凡，广州市人大常委会委员、经济工委主任；沈莹，广州市人大常委会经济工委巡视员；金晏晨，广州市人大常委会副秘书长；周慧，广州市人大常委会委员、经济工委副主任；吴如清，广州市人大常委会委员、教科文卫工委副主任；黄洪飙，广州市水务局副局长；陈永亮，广州市文化广电旅游局副局长；李宏石，广州市人大常委会经济工委副巡视员；陈重，广州市人大常委会经济工委办公室主任；柯显东，广州市文化广电旅游局资源开发处处长；陈建东，广州市推进粤港澳大湾区建设领导小组办公室推进处处长；庄志雄，广州市人大常委会办公厅调研员；李斌，广州市人大常委会教科文卫工委调研员；羿莉，广州市人大常委会经济工委办公室副主任；钟应光，广州市人大常委会经济工委办公室主任科员；林煜塘，广州市人大常委会经济工委办公室科员。

党的十九大报告将实施乡村振兴战略作为建设现代化经济体系的重要部署，强调“农业农村农民”问题是关系国计民生的根本性问题，解决好“三农”问题是全党工作的重中之重。在新发展理念指引下，近年来，广州市不断加快农村地区特别是北部山区建设，提升城乡统筹发展水平，通过建设美丽乡村、打造特色小镇，有效地激发了农村发展活力，加快了脱贫致富步伐。为进一步推动上述工作深入开展，广州市人大常委会党组决定成立重点课题调研组，以“美丽乡村旅游特色小镇建设”为主题开展专题调研，旨在通过分析典型案例，为进一步巩固扶贫成果提供可供借鉴和复制的范本。调研组由广州市人大常委会副主任李小勉任组长，市人大经济工委、农村农业工委、教科文卫工委和办公厅为成员单位，并邀请广州市文化广电旅游局、广州市发改委等部门参与，采取文献研究、实地走访、座谈交流和问卷调查相结合的方式，深入开展调研，形成了调研报告。

## 一　乡村民宿旅游的概念与实践

### （一）乡村民宿旅游的概念

国家旅游局于 2017 年 8 月发布的《旅游民宿基本要求与评价》中规定，“民宿”是指利用当地闲置资源，民宿主人参与接待，为游客提供体验当地自然、文化与生产生活方式的小型住宿设施。按照所处地域的不同可分为城镇民宿和乡村民宿。民宿评价标准包括传递生活美学、追求产品创新、弘扬地方文化、引导绿色环保、实现共生共赢等方面。同时，需要满足规划、房屋安全、营业证照、治安消防、用水、食品卫生、废弃物排放等相关规范要求。2017 年 11 月 1 日实施的《广东省旅游条例》规定，“城镇和乡村居民可以利用自己拥有所有权或者使用权的住宅或者其他条件开办民宿旅游经营，为旅游者休闲度假、体验当地人文、自然景观和风俗文化等提供住宿、餐饮等服务。各级人民政府应当根据旅游发展规划和专项规划，加强对民宿经营管理的引导，鼓励社会力量参与民宿经营管理；支持在具有旅游资源的乡村发展民宿，经营者可以采取租赁、联营等方式，委托有关经济组织经营管理。开办民宿旅游经营实行登记制度”。2018 年 2 月，《中共中央国务院关于实施乡村振兴战略的意见》指出，实施休闲农业和乡村旅游精品工程，建设一批设施完备、功能多样的休闲观光园区、森林人家、康养基地、乡村民宿、特色小镇。上述文件对乡村民宿概念进行了定义，为进一步规范发展乡村民宿旅游提供了法律政策指引。

## （二）乡村民宿旅游经济的具体实践

乡村民宿的特色在于结合当地人文景观、自然景观、生态资源及农林牧渔生产活动，提供旅客乡村生活所需的住宿处所。不同于传统的酒店旅馆，乡村民宿也许没有高级奢华的设施，但它能让人体验当地风情，感受主人的热情与服务，是一种集趣味、乡土味、人情味于一体的新经济模式，它既是旅游经济，也是服务经济，其本身也具有一定的旅游吸引力，实现了人与人、人与自然、人与环境的良好互动和沟通。从经济角度来看，乡村民宿既是符合市场需求的旅游产品，也是推动农村经济结构转变、实现精准脱贫的重要助力；从社会角度来看，乡村民宿是消除城乡二元结构，建立健全城乡融合发展体制机制的全新路径；从文化角度来看，乡村民宿是对农村生产生活实践活动的再现和体验，也是推动现代文明向农村延伸的重要纽带。

在欧美国家，乡村民宿经过较长时期的发展已相当成熟，经营活动高度关注人性化和个性化，业态和产品内容呈现多样化，风格呈现民俗化、本地化、家庭化的特征。同时，乡村民宿旅游法律法规普遍较为健全，政府在政策引导、交通设施、人才培养等方面较好地支持乡村民宿发展，在环境保护、安全卫生、服务质量等方面有较完善的管理和评价机制，行业协会也发挥了规范作用。在国内，近年来，乡村民宿兴起并蓬勃发展，取得了可喜进步，主要表现在：一是高端新型民宿越来越突出，新型精品乡村民宿定位高端、价格较高，如浙江德清西部莫干山以“洋家乐”为代表的民宿群；二是产品迎合各类人群需求，一些乡村民宿综合体提供了较为丰富的业态和产品，如成都邛崃市临邛镇文笔山村的大梁酒庄，提供住宿、婚庆、高端餐饮、游乐场、运动设施等，满足了不同家庭、不同人群的各类需求；三是服务水平显著提升，乡村民宿通常会提供攻略咨询、免费小件日用品、门票代购、预约订餐等服务，提供各类个性化服务以满足多样化需求，使游客感到宾至如归；四是与电子商务融合发展，网上订房、订餐已成为普遍的营销方式，农产品线下展示、线上销售正逐步推广，如贵阳市白云区牛场乡“蓬莱仙界”是以现代农业展示为基本功能，集生态农业、循环农业、精致农业、旅游观光休闲农业为一体的农业旅游区，游客在休闲度假的同时，农产品购物需求也得到了满足；五是集聚创新创业人才，兴办乡村民宿的不再是农民，越来越多的专业人士和回乡创业人员加入了开办乡村民宿的行列。

国内乡村民宿有了长足进步，但总体上还处于初级发展阶段，大部分乡村民宿按功能分类主要有两种：一种是偏重住宿的“家庭旅馆”，另一种是偏重餐饮和休闲体验的“农家乐”。乡村民宿在发展过程中也存在一些问题，主要有：一是统筹规划管理不足，政府主管部门不明确，相关法律法规缺失，行业标准还不完善；二是民宿定位不明确，文化底蕴不深厚，经营主题不突出，同质化情况严重；三是乡村民宿旅游基础设施落后，限制了业态发展，有的还带来了环境破坏；四是开发过度，商业味过浓，失去了乡村民宿原有特色；五是旅游附加产品开发不足，未形成相关产业链；六是经营者素质有待提高，营销、服务意识不强，资金投入有限，大部分乡村民宿水平较低。

## 二　广州乡村民宿旅游发展的基本情况

### （一）基于问卷调查反映的广州乡村民宿旅游的基本情况

为全面了解广州市乡村民宿旅游发展情况，调研组制作、印发了调查问卷，此次问卷调查覆盖了广州市全部（1144 个）行政村，实际回收问卷 1057 份，回收率约为 92.40%，比较全面地反映了乡村民宿发展情况。通过问卷调查我们了解到，已经存在民宿旅游经营情况的有 102 个村，约占回收调查问卷的 1057 个村的 9.65%。总体来说，广州乡村民宿以增城、从化、花都三区为主，距离广州城区较远的乡村发展民宿旅游的意愿较高，尤其是集体经济较弱、贫困人口较多的村对此的关注度更高。另外，广州乡村的自然资源、农副产品资源和历史文化资源丰富，非常适合发展多种形式的乡村旅游。

同时我们了解到，广州乡村民宿旅游尚处于初步发展阶段，呈现以下特点：一是经营历史较短，绝大部分为2010年以后开办；二是经营主体数量较少，近70%的村开办民宿数量为5家以下；三是经营规模不大，约67%的乡村民宿客房在6间以下；四是经营模式多元化，农户个体经营模式与合作经营模式的合计占72.6%，“公司+农户”经营模式的占12.7%，公司经营模式的占11.8%，“公司+农户+社区”经营模式的占2.9%；五是经营标准和条件较低，在102个村中，只有20个村获评星级农家乐，占比约为19.6%。问卷调查还以村干部为调查对象专门设计了问题，从调查反映的情况看，村干部对乡村民宿旅游的关注度和支持度相当高，倾向优先采取“公司+农户+社区”的经营模式，村干部也反映了民宿旅游经济发展存在的问题和面临的困难——按选择比例高低分别为筹措资金难、土地政策不到位、基础设施落后、人才缺乏、营业证照难办、村民意愿不高、交通不便等，希望政府对此提供相关支持。

## （二）基于个案调查反映的增城区正果镇乡村民宿旅游的情况

### 1. 正果镇乡村民宿旅游基本情况

广州市增城区正果镇东北与龙门县交界，西接小楼、派潭镇，南邻荔城等镇，东南依博罗县罗浮山麓，总面积236.4平方千米，拥有保存完好的天然沙滩、榄树林、竹林等，盛产黄皮、青榄、杧果、荔枝等水果，具有较好的生态资源，景点有正果寺、佛爷寺、成佛岩、明山寺等。正果镇充分利用自然资源优势，建设观光农业休闲带，沿景观带内的农家旅舍、休闲配套等设施为游客提供了方便。其中，以蒙花布村乡村民宿和“云水间”精品旅舍项目较为典型。

蒙花布村面积约1.5平方千米，辖4个经济合作社，104户406人，位于增城区正果镇中部增江河畔，四面环水。在各级政府支持下，结合地理景观完成村庄环境绿化，建设1.5千米登山道、3.5千米环村自行车绿道、旅游服务和农副产品展销中心、情侣长廊、休闲景观等旅游设施，完善路灯、文化阅览室、篮球场、健身小公园、公厕等基础设施。整治村容村貌，落实垃圾分类，坚持日常保洁，建设污水处理系统。鼓励村民利用闲置房屋并将其改造成为干净整洁的万家旅舍，扶持发展农家餐馆以及休闲观光、农事体验等乡村旅游活动，积极打造万家旅舍示范村。截至目前，已有26家万家旅舍挂牌对外营业，共有床位170个，设有农家餐馆16家，有可接待约1000人的餐饮服务，共实现约80名富余劳动力就业，农户个体经营者平均年增收10余万元。“云水间”酒店位于正果镇九峰路21号，背靠九峰山，面临增江河，远离城市喧嚣，具有较好的自然条件，正果镇政府利用闲置的厂房，引进民间资本投资建设并进行经营管理。酒店现有客房34间，设接待厅、简约餐厅、酒吧、茶艺厅、豪华客房、绿化庭院、太极养生平台、休闲散步平台、观景平台等设施，其园林布局、装修装饰、服务内容都有着较为新颖的创意，能为旅客提供一个有生活品质的精品民宿度假目的地，具有较强的示范和带动作用。

2. 正果镇发展乡村民宿的主要做法

在发展乡村民宿方面，增城区和正果镇政府发挥了积极的作用。一是扶持引导，鼓励有条件的农户开办乡村民宿，为其他村民起带动作用；二是积极开发，引导社会力量参与投资民宿，丰富民宿类型；三是提供服务，重点协调解决办证难问题；四是做好推介，不断加大正果镇旅游资源的宣传推广力度；五是营造环境，进一步完善基础设施建设，为民宿发展提供良好环境；六是依托平台，以万家旅舍管理有限公司为平台，在其与分散的万家旅舍个体之间建立加盟管理的关系，公司为个体经营者提供人才培训、产品策划、资格准入、品质监督、警告退出、平台宣传一条龙管理服务。万家旅舍有统一的标识、灯标和编号体系，统一的管理标准和电子商务营销平台，统一抓好食品安全、治安和卫生环境等问题。在实践中，万家旅舍形成了农户经营、企业经营、城镇酒店转型、“农户+公司”、出租屋转型、扶贫资金支持等多样的发展模式。

3. 正果镇乡村民宿旅游的不足

一是乡村民宿经营者以有一定经济实力的农户为主，较为贫困的农户仍不能通过开办民宿提高收入水平；二是村集体没有受益，以蒙花布村为例，村集体经济收入一年仅有 1 万余元，既无法更好地改善基础设施（如加固河堤、防止河沙流失等）和维持良好的公共环境，也难以为困难农户提供帮助；三是个体经营民宿档次较低、缺乏特色、配套项目不足，导致客源减少，难以持续发展等。

## （三）广州乡村民宿旅游发展存在的主要问题

从调查的情况看，广州市乡村民宿总体来说，呈不断发展的趋势，但仍然存在制约发展的因素。主要是以下几个方面。

1. 缺乏统筹规划

乡村民宿旅游发展还缺少政府统一规划，相关专项规划和村镇规划对乡村民宿的布局、规模、功能、目标等不明确，缺乏系统设计和科学指导，广州市目前存在乡村民宿的村有 102 个，大部分在增城和从化两区，各行政区间、行政区内部间乡村民宿发展不平衡，也缺乏区域、资源和产品的整合，乡村民宿仍处于自发生长状态。大部分乡村民宿和乡村旅游景点规模和实力有限，整体营销观念滞后，宣传渠道有限，宣传力度不够，难以打造具有鲜明特色的乡村民宿旅游形象，游客知晓率不高，难以成为旅游目的地。

2. 缺乏支持保障

从基础设施供给方面看，大部分乡村民宿和旅游景点存在设施淡季闲置和旺季超负荷运转的情况，节假日道路交通拥堵与停车位短缺现象比较普遍，“吃、住、行、游、购、娱”等不配套，游客在住宿、交通、卫生等方面的要求还难以得到充分满足，游客体验较差。乡村民宿和旅游景点缺乏健全的旅游标识体系、信息与服务系统、环保设施等，公共厕所、路灯等基础设施比较薄弱，乡村污水及生活垃圾处理难度大，卫生状况差、排污能力弱、防火设施不足等问题普遍存在。迫切希望政府在加强农村规划和基础设

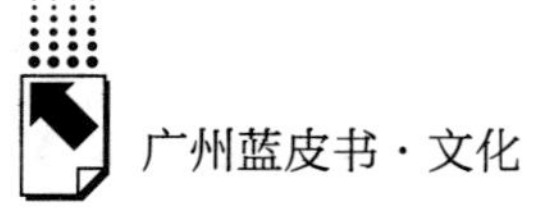



施建设、许可审批、明确主管部门、提供人才培训的机会、建立统一的互联网宣传推广平台等方面提供支持。

3. 缺乏特色体验

乡村民宿经营管理者素质不高，社会创意人才没有很好地融入这一领域。从调研走访的农户个体经营的民宿来看，经营者对现代城市居民所向往的乡村生活缺乏认知，无论是在营造具有文化特色的温馨居住环境，还是在提供富有创意可体验的旅游娱乐项目或特色产品方面，均较为贫乏。广州市乡村民宿未能充分发掘自身的特色资源，产品较为单一，特色不鲜明，文化品位不高，内涵不丰富，大部分仅提供单一的住宿服务，或是局限于一些大众化的耕种、农业观光和采摘等体验项目，围绕乡村民宿带动乡村观光旅游等延伸旅游价值链的文化创意产业较为薄弱。大多数的乡村旅游经营者没有一个清晰的竞争战略，长期主要以低成本、低价来竞争，出现同质化发展和恶意竞争的局面。

4. 缺乏规范指引

在规范管理方面，广州目前有农家乐管理办法，但仍缺少乡村民宿旅游管理规范和细化的行业标准，由于乡村民宿旅游业是集农业、旅游业、服务业等多种行业于一体的旅游业态，其经营管理涉及农业、旅游、环保、工商、税务、建设、国土规划、公安、食品安全等多个政府部门，各部门对民宿的经营和管理并没有针对性的标准和尺度，利用农村住宅、旧厂房、旧学校等开办乡村民宿较难达到相关标准，规划、消防、环保等证照办理审批手续复杂，乡村民宿出现证照不全就开业经营的情况，很大程度上影响了民宿产业的规范发展。在经营模式方面，广州市乡村民宿经营模式虽然存在多种形式，但是绝大多数还是以农户为单位的分散的个体经营，受制于资金、规模、客观环境等因素，规模不大、层次不高，不能很好地提升产品和服务质量，不能迎合游客对乡村民宿的人性化、个性化需求。在行业自律方面，行业协会在行业自律、行业标准制定、提升行业服务质量和水平、维护经营者的合法权益、维护市场秩序等方面可以发挥重要作用，但广州市相关行业协会组织力量仍较为薄弱。在精准扶贫方面，扶贫功能作用发挥不明显。目前，民宿经营主要是有一定经济实力的农户的个体行为，村集体和贫困家庭参与较少，集体和贫困户未在发展乡村民宿旅游中受益。问卷结果表明，乡村民宿旅游与扶贫工作脱节不是个别现象。

## 三　广州市乡村民宿旅游经济发展的对策建议

综合调研中了解的情况和存在的主要问题，调研组提出以下对策建议。

### （一）提高认识，列入议程

广州市农村地区、特别是北部山区具有较好的自然生态环境和人文资源，在加强生态保护和环境治理的前提下，正在着重引导发展休闲旅游、现代农业、金融服务、文化创意、健康养生、历史经典及时尚消费为主导的相关产业，已初步形成了一些特色小镇，并取得了阶段性的成效。但与此同时，也应该看到农村大部分地区产业基础较为薄弱，相关产业培育需要有一个渐进的过程，在打造特色小镇的过程中，寻找一个发展突破口甚为重要。乡村民宿具有依托资源多样、经营模式多元、产品类型多种、可复制推广、吸纳就业能力强、农民增收效果好等优势，欧美等国家乡村民宿促进农民收入水平提高的经验值得充分借鉴，以乡村民宿带动旅游特色小镇建设，符合贯彻落实“乡村振兴战略”和“精准扶贫”的要求，符合广州市农村现阶段的条件和特点，政府应将发展乡村民宿旅游列入重要议事日程，予以大力扶持。同时，充分调动和发挥村集体及农民的积极性，引导包括贫困家庭在内的农户与乡村经济建立联系，使其融入旅游市场的供应链，共享乡村民宿旅游经济发展带来的成果。

### （二）统筹规划，整体推进

调查结果表明，政府相关发展规划的制定和政策的引领对乡村民宿旅游发展的推动作用明显，编制相关发展规划是乡村民宿旅游走向高端、实现有序和可持续发展的基础。目前，广州市开展的美丽乡村建设、北部山区特色小镇建设等工作，在建设规划、基础设施和环境改造、资金和项目扶持等方面均取得显著成效，政府应明确乡村民宿旅游的责任部门，加大统筹协调力度，进一步整合已有的规划、政策和资金资源，结合乡村民宿业特有的需求，制定全市乡村旅游及民宿发展的相关专项规划，明晰乡村民宿的重点发展区域、发展定位、环境保护、空间布局、建设时序以及依据区域特色所形成的发展方向等内容，完善交通道路、停车场、水电、网络、卫生、消防安全、环保排污等基础设施的建设。筹建专家咨询委员会，负责对规划和政策提出意见建议，遵循构成乡村旅游吸引力的建筑、街巷、尺度、色彩、细节、活动、服务、生活各要素的特点，对民宿和村落进行具有本土文化特色的规划设计。

### （三）提供保障，大力扶持

在法规制度方面，完善适合广州市乡村民宿发展实际的法规制度和质量认证制度，制定民宿旅游服务标准，规范服务质量。在资金扶持方面，利用专项资金进行扶持引导，创新乡村民宿旅游投融资机制，重点扶持贫困农户开办乡村民宿和精品民宿。在土地保障方面，以全市乡村民宿旅游发展规划为依据编制村土地利用规划和村庄规划，对重点发展的区域编制控制性详细规划，用足旧村改造、农业设施用地、机耕路建设等相关政策，并探索、采取“点状供地”模式，保障乡村民宿旅游发展的建设用地。同时，按照城市更新政策加快完善历史用地手续，促进边角地、插花地土地归宗，推进土地置换和土地流转，改造提升闲置宅基地、历史公共设施用地和低效破旧建筑。在财税方面，充分利用龙头企业、农业产业化、农村合作社等的优惠政策，给予乡村民宿旅游以税费优惠。在行政审批方面，协调各职能部门，针对乡村民宿的特点，细化完善切实可行的准入标准，尤其针对长期困扰乡村民宿发展的消防、环保问题，在规范管理的前提下做好办理相关证照的指引工作。

### （四）创新机制，共建共享

调查结果表明，村干部对民宿经营模式的选择呈现多元化，但优先选择

“公司 + 农户 + 社区”和“公司 + 农户”经营模式的比例最高。结合国内外及广州的实践经验，建议以“公司 + 农户 + 村集体”为经营主体、以市和区两级乡村民宿旅游开发公司为网络平台，吸引农户经营主体加入，村集体发动协调，构成合作共赢、利益共享的利益共同体。在这一模式中，农户、村集体、公司具有各自的资源、发挥各自的角色作用、获得各自的最大利益。农户拥有自家的住宅，提供或参与民宿管理服务，在品牌和规模效益提升下将获得比之前分散单干时更大的回报；村集体拥有公共资源，可以起到领导村民合作发展的作用，可通过合作带来村集体的富裕并由此带动贫困村民脱贫；公司具有知识、人才、资金和管理优势，应发挥策划运营、管理服务、市场拓展和人员培训方面的作用，引领乡村民宿走上规模化、品牌化、高端化之路，并从中获得应有回报。同时，积极推动建立健全乡村民宿业协会，加强行业自律和提高行会自我发展能力，发挥行业组织在提高行业自律、提升整体素质、保护合法权益、维护市场秩序、协助政府管理等方面的作用。

### （五）营造环境，吸引人才

从国内外发展乡村民宿的经验来看，具有较高素质的专业人才是乡村民宿成功发展的关键因素，乡村旅游产业的发展也与大量富有创意的人才在乡村就业创业有关。应努力打造乡村创业的良好环境，使得本村和外来人才得以互助互惠、合作发展。要吸引人才到乡村创业就业，乡村社会建设至关重要，要加强基层党建和政权建设，团结和带领群众开拓创新，有效地发掘、盘活自然和历史文化资源，积极引入社会各方的资金和人才，开发包括住宿、饮食、观光旅游、购物、娱乐等在内的旅游项目，打造具有特色的乡村民宿旅游产业，带领全村居民走集体致富之路。同时，通过与大学、专业机构、行业协会和龙头企业合作，加快对乡村民宿旅游人才的培养，夯实行业发展基础。

### （六）提升内涵，打造特色

在进一步挖掘自然历史文化特色的基础上，着力加强乡村民宿与文创产业的融合，提升乡村民宿的文化品位和特色，吸引游客体验乡村生活。同时，延伸观光农业、体验农业、创意农业和土特产品、伴手礼产业链，促进乡村民宿旅游的供给侧改革，推进其向价值链中高端发展。运用多种方式宣传推广乡村民宿文化，利用网站、公众号、手机 App 等电子商务方式开展营销，注重乡村民宿活动策划，举办各类传统节庆活动，丰富活动内涵，强化乡村民宿旅游的品牌效应。

（审稿人：丁艳华）

# 精神文明篇

**Spiritual Civilization**

**B**.15

# 广州市民营企业践行社会主义核心价值观的路径选择

朱玉尊*

**摘　要：** 广州市大多数大中型民营企业比较重视社会主义核心价值观建设，将社会主义核心价值观很好地融入企业价值理念规划、经营生产、文化景观、网络传播、党工团活动、公益活动之中，形成了一定的“广州特色”。但在一些企业出资者思想观念、企业顶层设计、执行机制等方面，还存在一定的问题和差距。为此，本报告提出，大力推动民营企业社会主义核心价值观“人文化”“实体化”“常态化”“全员化”建设，以实现社会主义核心价值观教育和践行的可持续发展。

* 朱玉尊，广州市工商联宣教部调研员，副编审，主要从事新闻宣传、企业文化建设等方面研究。

**关键词：** 广州 民营企业 社会主义核心价值观

作为社会发展的重要力量之一，民营企业是当前我国社会就业的主体。从前几年发生的三聚氰胺事件，到2018年曝光的长春长生疫苗造假案件，企业各种违规生产的现象再次警醒我们：在民营企业中大力推动社会主义核心价值观教育既是贯彻落实习近平新时代中国特色社会主义思想和党的十九大精神的必然要求，也是企业内强素质、外树形象，确保诚信守法经营和健康发展的迫切需要。为此，我们结合广州市工商联会员企业的社会主义核心价值观建设情况，对民营企业开展社会主义核心价值观的实践方式及存在问题进行梳理，并提出解决路径。

## 一 广州市民营企业践行社会主义核心价值观的特色

作为改革开放和经济发展前沿地的广州市，民营经济发展迅猛，在广州市经济总量中约占据了“半壁江山”。据有关统计资料显示，截至2018年末，全市实有登记各类市场主体205.68万户，其中，私营企业93.08万户，同比增长29.3%，约占市场主体的45.25%，注册资本（金）72931亿元，同比增长111.9%。全市民营经济增加值为9139.47亿元，占全市GDP的39.98%，同比增长6.7%；全市民营企业吸纳就业人数超过450万人，约占全市从业人员的60%。伴随经营生产的快速发展，民营企业在以践行社会主义核心价值观为重点的思想文化建设等方面，不断加大投入、加强探索、加快提升，为社会主义核心价值观的全民教育行动做了有益的探索，形成了广州市民企践行社会主义核心价值观的特色。

### （一）在企业价值理念规划中融入社会主义核心价值观

价值理念体系的规划是企业文化建设和发展规划的核心，属于企业发展的顶层设计。以往很多民营企业在发展理念构建上基本上是围绕企业本身的文化建设及经营发展层面进行谋划。中央确立“三个层面倡导”的社会主义核心价值体系后，广州许多民营企业主动贯彻落实中央的要求，对照社会主义核心价值观的内涵，把社会主义核心价值观的表述内容融合到企业价值理念的规划中，为企业发展构筑了强大的思想文化动力保障体系。立白集团、国光电器、番禺电缆集团等企业在集团文化规划中贯彻了社会主义核心价值观的精神，将社会主义核心价值观内容融入、写入企业愿景目标、经营理念和发展宗旨，使企业文化与国家使命、社会责任、员工风采紧紧地维系在一起，形成以愿景目标、经营理念、发展宗旨和核心价值观为主体的企业文化思想理论体系，为企业健康发展提供了强有力的思想保障。

### （二）在经营生产中融入社会主义核心价值观

经营生产是企业发展的主战场，也是企业践行社会主义核心价值观的第一线。广州市民营企业在经营生产中十分重视践行社会主义核心价值观，实现了社会主义核心价值观在团队、客户、车间、柜台、产品中的覆盖和延伸，凸显了社会主义核心价值观的真正落地。金发科技股份有限公司十分重视社会主义核心价值观教育，在生产一线大力倡导“敬业”“友善”的精神，开展“提出一条合理化建议”“解决一个突出问题”“关心身边的一批员工”等创先争优教育活动。立白集团以社会主义核心价值观为指导，近年来专项投入数百万元，在番禺生产基地开展了“弘扬工匠精神”等“八项行动”，推动社会主义核心价值观在经营生产一线落地。该公司总结形成的《八项行动筑牢车间价值观》成为广州市企业文化建设成果优秀案例。

### （三）在文化景观中融入社会主义核心价值观

社会主义核心价值观的宣传推广需要有固定的载体和阵地。广州市民营企业充分利用公司文化景观，融入社会主义核心价值观，为社会主义核心价值观的宣传提供了丰富多彩的展示平台。香雪制药股份有限公司利用广东省凉茶养生博物馆、芳香药用植物园、香雪文化特色景观及广东省青少年科普教育基地平台，开展以中华文化、岭南文化、中医药文化等为主题的科普活动，近几年来，接待政府调研、企事业单位、市民群众、大中小学生、外国留学生等参观达1.7万余人次，有力地推动了社会主义核心价值观在企业和客户及社会各界、市民群众间的传播教育。锐丰音响科技股份有限公司致力于民族音响品牌的打造，在装修一新的展馆中以“让世界听到我们的声音”为主线，彰显企业振兴民族音响品牌、在世界赛事中积极传播“中国方案”的决心。

### （四）在党工团活动中融入社会主义核心价值观

社会主义核心价值观的培育要落实在各项具体的活动中。广州市民营企业认真贯彻落实中央意见、精神，积极组织开展形式多样的党工团活动及专题讲座等，以此推动社会主义核心价值观在企业、职工中开花结果。金域医学检验集团等企业每年举办新春联欢会，鼓励企业年轻职工和专业艺术团体、艺术家联袂表演，这既能展示企业员工的才华，又能唱响社会主义核心价值的主旋律；公司的“家庭日”活动，邀请员工和员工家属一起参加，充分体现了企业大家庭的温暖，彰显了“和谐”“友爱”的核心价值观。汇桔网把韶山作为员工教育培训基地，成立“汇桔大学”，每年“七一”前后，在韶山举办员工培训或相关主题工作大会，充分利用韶山红色革命教育资源，教育引导集团员工继承革命传统。

### （五）在网络传播中融入社会主义核心价值观

网络是当前各类思想文化和价值观传播的重要渠道。近几年来，广州市民营企业充分发挥年轻员工占多数的优势，积极利用网络传播技术，通过QQ、微博、微信、电子报刊等技术形式，在员工和客户、消费者群体中大力传播企业文化和社会主义核心价值观。作为非公经济组织党建工作的标杆企业，立白集团利用互联网开展党建的做法备受好评。《光明日报》在党的十八大召开前对该集团的“党建与互联网+”的做法做了专题报道。海印集团则充分利用“海印生活圈”电子商务平台及“掌上海印商学院”学习平台等网络阵地，在传播内容中有机融入社会主义核心价值观内涵，扩大了社会主义价值观的覆盖面和影响力。本身从事互联网传播业务的欢聚时代，则将遵循社会主义核心价值观，把好内容安全关作为公司的首要要求，为了不让有害网络信息进入互联网，公司投资上亿元建成行业内领先的内容安全体系，以净化网络环境，促进网络正能量的传播。

### （六）在公益行动中融入社会主义核心价值观

企业投入慈善公益也是践行社会主义核心价值观的充分体现。广州市民营企业一贯在自我宣传和公共传播上比较低调，但是在投入慈善公益方面，却是表现踊跃、行为慷慨，体现出乐善好施的奉献精神，如2017年中国捐赠个人百杰榜单上，前20位中有10位广东民营企业家，其中出自广州的就有黄文仔、苏志刚、岑钊雄等6位。而从广东“扶贫济困日”活动开启后，近8年来，据不完全统计，广州市工商联民营企业家捐资就已逾15亿元。

除了社会公益活动，广州的民营企业还十分重视企业内部的员工关爱，纷纷设立公司关爱基金。如金发科技、立白集团、香雪制药、海印集团、锐丰科技、番禺电缆、华安达等企业都设立关爱基金，这充分体现了民营企业的大爱精神及企业大家庭的温暖。

## 二　民营企业社会主义核心价值观建设存在的问题

近年来，党中央和各级党委对民营企业践行社会主义核心价值观十分重视，习近平总书记在参加全国政协十二届四次会议民建、工商联界委员联组会讲话时就要求广大非公经济人士“要深入开展以‘守法诚信、坚定信心’为重点的理想信念教育实践活动，始终热爱祖国、热爱人民、热爱中国共产党，积极践行社会主义核心价值观，做爱国敬业、守法经营、创业创新、回报社会的典范”。[①] 广州市委市政府2017年出台的《关于促进民营经济发展的若干措施》也强调：“加强年轻一代企业家教育培养，弘扬企业家精神，引导民营企业家做爱国敬业、守法经营、创业创新、回报社会的典范。”对

① 《习近平谈治国理政》第二卷，外文出版社，2017，第263~264页。

比中央和市委的要求，在看到上述民营企业推动社会主义核心价值观取得成果的同时，我们也应客观地看到，民营企业在社会主义核心价值观建设的总体行动和实际成效方面，还存在一定的不足，主要有以下几方面的问题。

1. 企业领导对社会主义核心价值观的深层意义缺乏高度认识

受地域文化的影响，广州市民营企业素来有低调处事、不爱宣传的惯性思维。虽然近些年来，随着民营企业负责人的政治意识不断增强，企业的宣传思想教育工作得到较大推进。但长期的思维定式，在一定程度上仍影响着企业负责人对企业价值观问题的认识高度和重视程度。这表现为：一些企业领导过于看重生产经营和市场效益，忽视价值观建设与教育，这导致企业没能把社会主义核心价值观建设、教育列入重要议事日程；一些企业负责人对社会主义核心价值观建设活动缺乏参与热情，不能起到示范带动作用，从而影响了企业推动社会主义核心价值观建设的总体氛围。

2. 企业的顶层设计对价值体系缺乏统一规划，社会主义核心价值观建设未能真正融入企业发展战略

作为顶层设计的企业发展战略，对企业的长远和可持续发展具有十分重要的意义。应该说，很多民营企业都很重视企业战略的顶层设计，但是由于思想认识的偏颇，不少企业并没有把建立理念、价值体系作为企业发展大计的重要部分，纳入企业战略的统一规划和部署。因为顶层设计的缺失，企业没有相对独立的企业文化或价值体系建设规划，未能对社会主义核心价值观建设活动进行明确的规划，未能对企业自身的理念口号进行深层提炼和打造，也未能形成富有企业自身特色的价值体系。此外，由于没有统一的规划，企业在社会主义核心价值观教育及实践活动方面缺乏全面部署，这不利于具体工作的开展和推进。

3. 企业社会主义核心价值观建设缺乏组织保障机制

一项工作的实施，必须要有明确的组织保障机制。社会主义核心价值观的推动也一样。从中央的层面，早在2013年，中共中央办公厅就已经印发了《关于培育和践行社会主义核心价值观的意见》，2016年，中共中央办公厅、国务院办公厅又印发了《关于进一步把社会主义核心价值观融入法治

建设的指导意见》，并在全国上下对社会主义核心价值观的内容进行大力推广、宣传。但具体到基层各单位，如何有效地推进相关教育实践及构建工作，还是需要有效的组织工作机制予以保障。目前，由于民营企业在组织体制尤其是政工工作机制上仍不是很完善，大部分企业在宣传教育或文化建设方面缺乏健全的管理机制和固定的管理部门，这在一定程度上制约了社会主义核心价值观建设工作的有效开展。此外，从纵向管理的角度看，对于民营企业社会主义核心价值观教育实践，上级有关部门并没有统一指引和统筹部署，这也使民营企业在工作规划和活动开展方面难以实现较大水平的提升。

4. 企业社会主义核心价值观建设缺乏创新手段

新形势下，传播技术的发展日新月异，价值观的表现方式和人们接受价值观的方式也在不断变化。但是目前很多民营企业对社会主义核心价值观的教育和建设工作还停留于传统的企业文化建设观念上，将价值观建设等同于一般的文体娱乐或者文化包装，传播手段和形式依然是传统的标语口号和会议、讲座等“老一套”，即使是新技术的运用也只是限于简单使用 QQ、微信进行信息传递而已，未能全面引入新媒体技术手段，未能紧跟媒体传播模式等新技术潮流，构建新的传播体系，这导致社会主义核心价值观教育活动过于单调、呆板、老套，缺乏价值观传播的时代性和鲜活性。同时，在宣传教育观念上，也局限于传统教育的“灌输式”，未能全方位、深层次推动社会主义核心价值观在企业文化、经营生产等方面的融会贯通，这影响了企业员工对社会主义核心价值观的认知和践行，影响了企业社会主义核心价值观建设的总体水平。

## 三 民营企业加强社会主义核心价值观建设的路径

### （一）推动社会主义核心价值观的“人本化”建设

“人本化”是价值观教育的立足点和终极目标。正如企业文化研究专家王兵所指出的：“一个优秀的企业，衡量的标准不是财富，而是与核心价值观、企业文化相对应的实质——那就是重视和体现人的价值。”据此，我们认为，在民营企业中推动社会主义核心价值观的“人本化”建设，应该注重人文氛围的营造和“以人为本”理念的贯穿。

人文氛围的营造，首先是要求企业经营管理者和员工们在思想认识上要到位。由于对社会主义核心价值观的意义和内涵认识不足，很多企业管理者和员工把社会主义核心价值观教育局限于专门的思想教育宣传活动。其实，在企业的各类文化活动中，都可以融入社会主义核心价值观的内容，如报告会、沙龙、辩论赛、联谊会、学习交流会，乃至志愿服务、慈善公益行动，等等。现在，又可以利用微信、微博、QQ 等网络和移动传播工具，进行情感交流及文化传播等。在这方面，企业经营者本身的思想认识很大程度上决定着企业践行价值观的氛围。如立白集团所倡导的“一、五、十”文化就融合了集团创立者陈凯旋先生独特的创业心得和人生体味，使公司充满浓厚的人文氛围。

“以人为本”理念的贯穿则涉及企业的经营理念和追求。提倡“以人为本”在社会主义核心价值观建设中的贯穿，首要的工作是要解决企业经营追求的定位问题。毋庸讳言，作为民营企业，利润追求当然是企业经营的最大目标。但如果一味追逐经济利益，忽视了对人包括员工和顾客、合作对象的关怀，那么，就与社会主义核心价值观的精神背道而驰，企业的生命力便会受到影响。眼下，许多企业经营出现的不良风气和诚信问题，归根结底正是价值观的错失，如 2018 年滴滴顺风车乘客遇难事件发生后，滴滴公司负责人程维、柳青在公开致歉信中就坦言：“全公司开始深刻检视甚至质疑我们的价值观是不是正确的。”可见，践行“以人为本”的理念，不仅仅是为了文化氛围的养成，也是为了端正企业的价值观，彰显企业的社会责任，树立企业良好的社会形象，从而使以社会主义核心价值观为引领的人本理念，成为从经营者到广大员工的自觉认知和共同追求，进而形成企业发展的强大凝聚力。

### （二）推动企业社会主义核心价值观的“实体化”建设

价值观建设是属于精神观念层面的东西，把精神观念这种“虚”的东西转化为“实”的载体，让人们更加便于接受，是践行社会主义核心价值观工作的关键。

推动企业社会主义核心价值观的“实体化”建设，需要企业老板在投入上要有决心，文化工作者在执行上做到精心。一方面，企业老板要高度重视，亲自推动，选定实体项目，全力实施。如香雪制药股份公司，在公司老板的推动下，投入巨资建成了面积达1500平方米的广东省凉茶养生博物馆，其中既融入了本公司的文化风格，又展现了广东凉茶文化的传统，这成为公司文化宣传和价值观教育的一大亮点。目前，广州市民营企业不断建设展览馆、博物馆、艺术馆，成立各种文艺、志愿服务团体，这在提升企业文化建设水平的同时自然很好地传播了社会主义核心价值观。在这方面，广州市委宣传部在其于2018年6月制定的《广州市关于推进社会主义核心价值观融入企业文化“八个抓手”的实施方案》中，就明确要求企业文化环境建设要突出抓好“八个一”：加强企业制度文化建设，完善一套企规厂训；建设一个社会主义核心价值观主题宣传栏；开设一个“新时代文明传习所”或员工学习讲坛；设立一个先进典型示范榜；建立一支志愿服务队；设置一个“岗位之星”标兵岗；建设一个党建活动场所；举办一次企业文化展示活动。各企业应该认真贯彻落实该实施方案的精神，对照“八个一”的标准抓好社会主义核心价值观宣传教育的实体化项目建设。

### （三）推动社会主义核心价值观的“常态化”建设

社会主义核心价值观教育已经上升为中央和国家行为，其工作推动不能仅靠各单位或个人的自觉，而应建立起有效的贯彻落实机制，以实现社会主义核心价值观建设的常态化。

首先，要建立组织落实机制。很多企业在其战略发展、文化建设规划中，虽然都会进行企业价值观的提炼和规划，但是要想真正把国家倡导的“社会主义核心价值观”的内容有机融合进去，使社会主义核心价值观成为企业面向全体员工、客户和消费者的思想传播和情感维系行动，就需要有明确的机制推动。如立白集团建立了党群部门齐备的组织运行机制，形成党工

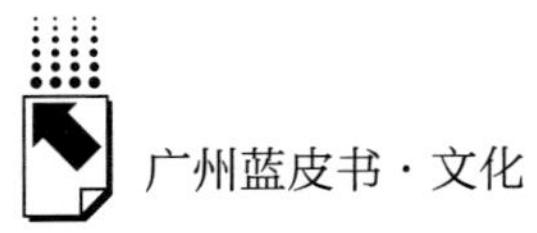


团及企业文化分工清晰的工作执行机制，使社会主义核心价值观的践行有了强有力的组织机制保障。

党组织是推进社会主义核心价值观教育工作的坚强保障。做好民营企业社会主义核心价值观建设，也应该紧紧依靠企业的党组织。据广州市非公党委办公室统计的数据，截至 2018 年 6 月，全市工商联系统会员中已建成党组织 4000 余个，党组织覆盖率达 88%，党员人数有 5.7 万之多。这正是非公企业开展社会主义核心价值观教育的重要组织力量。作为企业的党组织，也必须把社会主义核心价值观教育纳入工作议程，并采取有力措施推动其实施。

其次，建立工作考核机制。这方面应适当引入评估考核办法，结合企业员工价值观状况，对社会主义核心价值观的践行效果建立有效的评估考核机制。员工的价值观在很大程度上决定着一个企业的精神状态和战斗力。近些年来，一些爆发问题的民营企业的案例表明，企业员工的负面思想和内部矛盾正是事故发生的根源。为此，越来越多的企业把价值观考核列入企业员工考核的范围之内。如雪松控股集团致力于探索建立“认知—理解—认同—践行—评估”的企业文化整合机制，促进统一认知的达成，从而推动整体工作效能的提升。

### （四）推动社会主义核心价值观的“全员化”建设

“全员化”是企业管理的常用办法，是指在一个组织内，不是只有领导层参与事务的管理和品牌的建设，而是通过分股、分权、企业（团队）文化教育等手段调动每一个人的积极性，使之参与组织建设。国内企业中以推行全员化管理著称的要数海尔集团。对照这一要求，民营企业社会主义核心价值观实施“全员化”建设，需要企业老板和职能部门人员、普通员工达成共识。在企业价值观的传播方面，老板应率先垂范，具体来说，对于价值观的教育，老板不仅要支持，还要身体力行地去推动、宣传、实施。这样将能产生很好的效应。

当然，在老板身体力行的过程中，离不开工作部门的策划、推动，这也是“全员化”管理能否顺畅运行的重要环节。而员工的自觉领会和积极参与也是社会主义核心价值观教育行之有效的关键所在。这也是长期以来很多企业在思想政治教育和企业文化建设的组织工作方面遇到的一大难题。因此，创新宣传教育方式，使社会主义核心价值观以员工们喜闻乐见的形式传播，增强对员工的吸引力，应该成为社会主义核心价值观建设的重要抓手之一。如广州市誉弘文化传播有限公司创作了《社会主义核心价值观之歌》，并联合专业公司拍摄制作成 MV，增添了宣传吸引力，取得了良好的传播效果。

此外，对企业来说，传播社会主义核心价值观还有另一个很有优势的渠道，即客户和消费者群体。如汇桔网，每天 IP 流量数以百万计，在行业和网民中影响巨大，其一直倡导的“振兴国家知识产权事业”的核心理念，通过网络有效流量的传播，对网民必将起到很好的引导作用。立白集团十分重视客户的价值观引领，每年投入几百万的费用专门培训经销商，为经销商培养优秀接班人，引领经销商共同担负起振兴民族大日化品牌的重任。可以说，通过这种客户合作网络和销售网络的传播，企业的价值观和社会主义核心价值观的覆盖影响将会更广、更深，也会对整个社会产生更强的正能量，形成很好的传承效应，从而实现社会主义核心价值观传播教育的可持续发展。

（审稿人：陈碧莲）

## 参考文献

中共中央宣传部编《习近平新时代中国特色社会主义思想三十讲》，学习出版社，2018。

《习近平谈治国理政》第二卷，外文出版社，2017。

王兵：《以培育和践行社会主义核心价值观为着力点　全面提升企业员工思想道德素质》，《文化产业》2015 年第 1 期。

# B.16 关于广州市越秀区市民道德素养和文明素质提升的研究与建议

## ——以广州市越秀公园打造社会主义核心价值观示范基地为例

李　鸿*

**摘　要：** 本报告通过考察越秀区整合文化底蕴深厚、历史沉淀悠久的广州市越秀公园资源，融合文明创建特色品牌项目，深入打造社会主义核心价值观示范基地，深入剖析市民道德素养的培育及文明素质的养成，细化研究社会主义核心价值观培育载体的活化作用，提炼“阵地+文明+文化+志愿”的孵化引导作用，以特色载体培养良好的市民道德意识和行为规范，从而满足广大市民的精神文化需求，提升市民的幸福感和获得感，延伸越秀文明蔚然成风的影响力和穿透力。

**关键词：** 社会主义核心价值观　道德素养　文明素质

习近平总书记强调，培育和弘扬社会主义核心价值观必须立足中华优秀传统文化，要切实把社会主义核心价值观贯穿于社会生活的方方面面，要通过教育引导、舆论宣传、文化熏陶、实践养成、制度保障等，使社会主义核心价值观内化为人们的精神追求，外化为人们的自觉行动。

越秀区是广州最古老的中心城区，是国家重要中心城市广州市的文化核

---

* 李鸿，中共越秀区委宣传部主任科员，中山大学公共管理硕士。

心区和文明窗口区。自东吴设广州起，历朝所设军事、行政中心均在越秀区区域内。越秀区下辖18个街道，总户籍人口115.84万，人口密度为34735人/平方千米，属于广州市人口最稠密地区。[①] 2005年，广州区域合并后，越秀区成为广州市区域面积最小、人口密度最高的中心城区。

2017年以来，越秀区从活化培育载体入手，启动一批文明创建品牌活动，在街道社区、学校、企业、军营等深入推进社会主义核心价值观宣传教育，着力引导市民培养良好的公民道德意识和行为规范，在一定程度上，满足了广大市民的精神文化需求。

## 一　越秀区市民道德素养以及文明素质评价现状

作为广州创建全国文明城市的主战场，越秀区经历了近20年的“创文”之路。从小变到大变，从“脏乱差”到干净整洁、平安有序，越秀的不断蝶变也影响着众多住在这个老城区的老街坊、老市民对幸福美好生活的向往和追求，同时不断提高了市民对政府营造崇德向善的社会氛围、建设和谐宜居的生活环境以及创作更多文化文明精品的诉求，市民群众在新时代给了越秀区一个新任务。

2017年4月，《南方都市报》参考联合国开发计划署人类发展指数的排名方式，并对其进行细化，来评价广州11个行政区的人类发展程度，制作了广州的人类发展指数排行榜。纵观此次的排行榜，越秀区虽然位于第一梯队，[②] 但也只是在教育指数、交通指数、健康指数、房价指数上排名第一，而环境指数、安全指数、文体指数方面却排名中游甚至靠后，这说明了作为老城区的越秀区，其人口密度大、老旧社区众多等综合因素，制约了城区市民道德素养和文明素质等影响市民对城区幸福感和获得感评价指数的提升，这也成为一个亟须被打破的瓶颈。

① 《广州市2010年第六次全国人口普查主要数据公报》，广州市统计局官网，2011年5月17日，http://tjj.gz.gov.cn/gzstats/tjgb_glpcgb/201105/23b94af7e6174e74879806a6149607db.shtml。

② 《人类发展指数　越秀天河领跑》，《南方都市报》2017年4月25日，第GA08版。

要想将实实在在的文明创建实效和沉甸甸的成绩，转化为惠民利民的各项举措和常态服务，使社会主义核心价值观理念在市民心中开花结果，让市民立德修身、向上向善，从而以小见大、以点带面地提升全社会的道德素养和文明素质，就必须重视4个方面的碎片化整理。

### （一）阵地标杆带动作用

全面提升市民的道德素养和加强市民的文明自觉，凸显国家重要中心城市核心区市民高尚的道德情操和优良的文明素质，单靠零散的社区活动影响以及传单式的入户宣传，往往导致市民对道德意识掌握的淡薄和文明行为的漠视，一定程度上也造成财政资金不能发挥其应有的社会效益。同时，越秀区具有众多历史悠久、文化底蕴深厚的市民休闲休憩场所，街坊市民对这些休闲休憩场所增加文化文明宣传常态化载体的愿望也是越来越强烈。由此可见，建设一个可持续、可常态服务市民的社会主义核心价值观示范基地，将其作为市民寓教于乐、入脑入心的精神场所，迫在眉睫。

### （二）好人示范引领作用

近年来，越秀区在持续推进越秀身边好人的选树过程中，加强探索创新力度，初步形成了挖掘培育、推荐评选、表彰关爱等一系列机制，使身边好人和道德模范选树工作步入了规范化、制度化、常态化轨道。涌现出恤孤助学做慈善、以爱的名义退而不休“再就业”的获得“全国道德模范提名奖”的80岁“中国好人”王颂汤；用专业知识服务超过数万名街坊市民，做好事、做公益的中国最美志愿者、广东好人、广州市道德模范徐暐杰；坚持全心志愿服务，倾情倾力把名人公益社会价值最大化的全国岗位学雷锋标兵、广东好人、广东省最美志愿者任永全等逾百名中央、省、市级道德先模。在他们当中，大部分都有服务社会、服务身边市民的能力和团队，聚拢这些文明之火，汇聚这些越秀正能量，充分发挥好人模范的影响力和带动力，也需要有一个固定的阵地作为平台，向市民逐一展示和分享。

### （三）品牌项目宣传成效

1. 在新闻传播方面

越秀区有众多常态化的文明创建和文化传播活动载体，如“书写文明”“羊城街坊学堂”“越秀中医学堂”“城市美容师大小手过暑假”等品牌项目，但是由于活动时间、开展地点以及活动受众的不同等因素，活动往往在新闻传播方面力度不大、覆盖面不广。同时，新媒体和自媒体不断冲击传统媒体，因此，单靠报纸和电视新闻广播向市民渗透社会主义核心价值观要义，是远远达不到预期愿景的。

2. 在志愿者发动参与方面

好的项目和好的品牌，需要众多的志愿者带动市民共同参与，并以大手拉小手的方式，一传十十传百地对外普及宣传。但是由于缺乏一个适合给志愿者长期驻点的阵地和激励机制，品牌活动的落地宣传往往如蜻蜓点水，社会主义核心价值观的浸润也不能完美诠释。

### （四）社会资源融合能力

在越秀大地，有众多深受市民喜爱和拥护的服务组织和志愿者团队，这些团队的领头人可能没有评上身边好人，一直默默无闻，却有着为市民提供专业贴心服务的热忱和能力，诸如“小人物乐团”寓教于乐地向市民教授消防安全知识；登峰街道宝汉地区“平安登峰守护队”在社区提醒市民文明出行、提醒个体商户守法经营；等等。如何将这些社会资源进行有效汇聚，充分发挥其引领市民以点滴善行汇聚文明的作用，这个也亟须越秀区进行深入剖析和研究。

## 二　探索“阵地＋文明＋文化＋志愿”模式来破题

为更好地汇聚力量、与善同行，越秀区探索“阵地＋文明＋文化＋志愿”模式，与同样具有悠久历史文化沉淀和深厚文化底蕴的广州越秀公园进行深度共建，打造越秀区社会主义核心价值观示范基地，在园内的小天使唱歌台、东秀广场以及著名景点等地方，均设置文明文化的宣传阵地，利用特色载体与公园游客和市民共创共享文明文化成果，以点带面向全区辐射社会主义核心价值观的教育。

越秀公园又称越秀山，建于1952年，是广州最大的综合性文化观赏公园。在这样一个历史地位高、文化气息厚重、深受市民喜爱的休闲休憩场所当中建立社会主义核心价值观示范基地，充分融合越秀区的文明文化品牌项目，必然能产生几何级的蜕变，更好地为市民提供精神层面的贴心服务。

### （一）启动全市首个好人志愿服务中心

2017年8月，越秀区在广州越秀公园成立越秀好人志愿服务中心（以下简称“好人中心”），该中心是全市首个好人志愿服务中心，旨在聚合更多的越秀身边好人、道德模范以及志愿服务团队，结合其自身专长和优势带动开展各类公益服务，聚合越秀“正能量帮”。在已进驻的核心团队中，任永全明星义工队、暐杰志愿服务工作中心、广东恤孤助学促进会、越秀区美协艺术家志愿队、广汉会、小人物乐团、“创益越秀”历届优胜团队等组织均发挥着特有的社会影响力，通过开展“市民下单我服务”的志愿服务活动以及“真人图书馆”的特色环节，为市民提供有针对性、有品质的志愿服务。同时，好人中心还常态化地在每个周末（含周六、周日），组织不同的好人团队和志愿服务组织，在越秀公园开展涵盖医疗急救、非遗传承、环保科普以及文化交流等各方面的志愿服务活动，深受市民游客的欢迎。

为了提升广州越秀公园的旅游形象和文化底蕴，发挥青少年的文明使者作用，好人中心还创造性地在公园内长期向全市中小学生招募越秀公园“文明督导员”和“小小讲解员”，组建一支充满朝气和活力的青少年文化文明义务讲解服务队伍，在每周末9：30～11：30，15：00～17：00两个时间段，为市民游客提供定点定时的文明行为劝导和公园景点介绍服务。据统计，由于好人中心的成立和特色项目的开展，2018年1～11月，越秀公园共接待游客 800 万人次，同比约增长 10.50%。同时期，园内垃圾的清理量为 780 吨，同比约减少了 15.22%（见图 1）。

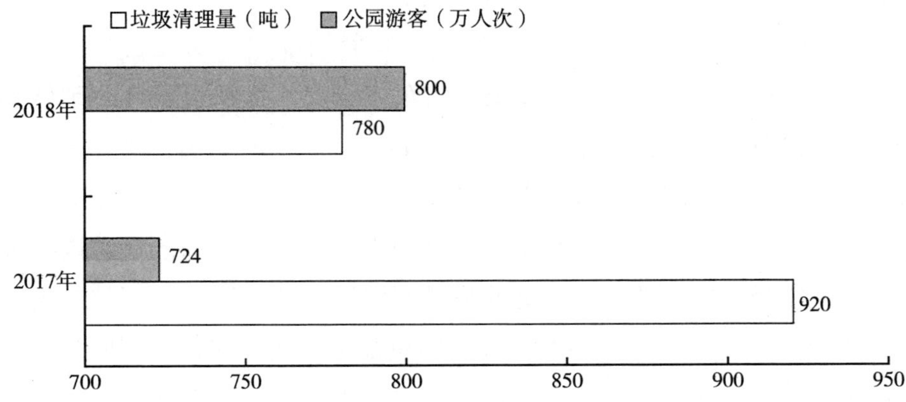


**图 1　广州越秀公园 2017 年 1～11 月和 2018 年 1～11 月入园游客以及垃圾清理量**

资料来源：广州越秀公园 2017 年 1～11 月和 2018 年 1～11 月入园游客以及垃圾清理量官方数据。

## （二）“羊城街坊学堂”与市民共创共享共成长

“羊城街坊学堂”（以下简称“学堂”）是越秀区在广州越秀公园打造的以街坊文明公开课为载体的公民文明素质提升品牌活动，其自 2016 年启动以来，已在越秀公园以及社区、学校开展超过 20 场主题活动，惠及超过 1.2 万名街坊市民和在校师生，以“春风化雨、润物无声”的方式，为文明越秀、幸福越秀建设提供有力的道德支撑和精神动力。其中，越秀区独立创作的学堂歌——《街坊学堂》，更是以其朗朗上口、脍炙人口的旋律和歌词，在街坊市民中广为传唱。

2017～2018 年，学堂以更接地气、更入人心的方式，在街坊市民中搭建起践行社会主义核心价值观的“心灵桥梁”，通过学堂年度盛典暨越秀好人事迹交流活动、广东公益恤孤助学促进会专场、“消防猴开心”消防安全普及专场、城市美容师大小手开心过暑假等活动，提升优秀传统文化传播力、扩大文化惠民影响力、加强志愿服务凝聚力，为推动越秀国家重要中心城市核心区建设提供充足的精神动力和进行充分的道德滋养。

同时，自2017年起，学堂开始走出越秀公园，走进街道社区和学校，以共创共享的形式，与街坊市民共成长。在广州市华侨外国语学校（以下简称“侨外”）启动的首站活动，紧紧围绕“文明交通”主题展开，通过与广州市教育局、市交委、市公安局交警支队以及广州地铁集团等单位进行联动，积极整合多方优质资源，为1700余名侨外学子带来了一堂生动活泼、寓教于乐的交通安全大课堂。12月中旬，学堂又在登峰街道黄田社区开启法制宣传模式，受到街坊市民的青睐。活动以非洲留学生演唱经典中文歌曲、爆笑的情景剧表演以及社区法律顾问与街坊市民的问答互动的形式，为街坊市民生动普及了法律知识。同时，中外志愿者先后上台谈切身感受，通过引入志愿服务，现场宣布登峰街道成立外国人法律服务工作室以及启动“法制宣传进社区”等环节，从不同的维度引导市民共同遵法，自觉维护平安有序的社区环境。

### （三）“书写文明”传播道德力量

2014年以来，越秀区从活化培养载体入手，启动“书写文明”——越秀区艺术家志愿队公益挥毫系列活动，深入推进社会主义核心价值观宣传教育，以书法艺术培养良好的公民道德意识和行为规范，着力打造越秀精神文明创建工作品牌，极大地满足了广大群众的精神文化需求。

在好人中心启用当天，越秀区同时在越秀公园北秀湖游艇部小天使码头旁新设立了“书写文明”文化栏，通过文化栏的橱窗效应，全天24小时地为公园游客传递社会主义核心价值观的道德真谛，通过书画家志愿者们对“24字”社会主义核心价值观的翰墨浸染，融合精神文明创建主题月实践活动精髓，将社会主义核心价值观内化为市民的价值理念、外化为市民自觉的行为习惯。文化栏每一个季度都会更换不同的书画家志愿者的作品，并结合区属中小学生书法技艺比拼获奖的优秀书画作品，向市民集中展示书香越秀、文明越秀，将社会主义核心价值观融入市民生活，沁入市民心间。

## （四）“羊城艺术沙龙”以文化人

2017 年，越秀区还同时在越秀公园的小天使唱歌台启动每月一次的“越秀山下艺气风发”——羊城艺术沙龙活动，活动也成为羊城首个户外艺术沙龙，艺术沙龙整合了众多国内外优秀文艺资源，每期都会邀请国内外知名艺术家作为嘉宾主持，围绕一个主题或一个艺术门类进行现场讲解，同时结合优秀团队现场带来的演出及其他方式进行展示，让市民零距离接触艺术大家，亲身体验不同门类艺术的独特魅力，让市民在家门口享受文化的饕餮盛宴，提高艺术修养，提升道德情操。

一系列的文明文化品牌活动在越秀公园的落地生根，进一步促进了社会主义核心价值观在市民当中的培育和践行，进一步将文明创建和文化孵化的精品与市民共同分享，极大提升了越秀公园社会主义核心价值观示范基地的影响力和传播力。据统计，通过建立社会主义核心价值观示范基地，2018 年 1 ~ 11 月，越秀公园开展的群众性精神文明创建及文化传播活动近 500 场，同比增长了 233.33%（见图 2）。每一次园内的精品活动，在思想和行动上，极大提升了广大市民的道德素养和文明素质。

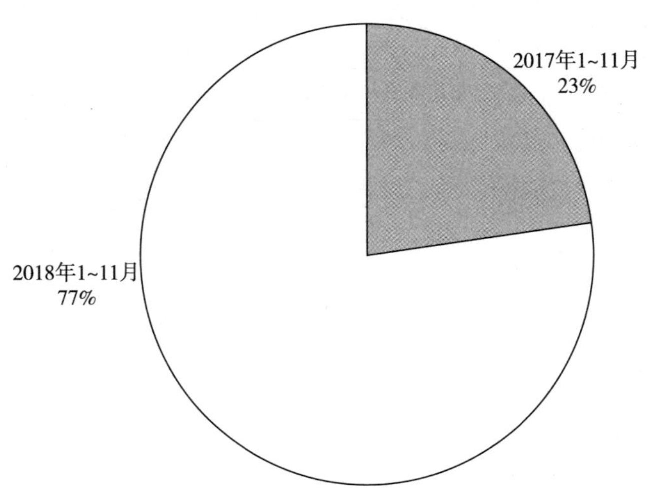


**图 2　2017 年 1 ~ 11 月和 2018 年 1 ~ 11 月广州越秀公园开展群众性精神文明创建及文化传播活动场次对比**

## 三　越秀区市民道德素养和文明素质提升的对策建议

### （一）越秀区市民道德素养和文明素质提升的基本框架

参照国内外先进城市的成熟经验，作为有着两千多年发展历史和深厚岭南文化底蕴的越秀区，可尝试探索出一个传承岭南文化、体现文明新风、适应时代发展的市民道德素养和文明素质提升框架（见图3）。要遵循社会主义核心价值观的培育规律和工作要求，把文明创建和文化传播的特色品牌串联成一个个春风化雨的闪光点，并以社会主义核心价值观示范基地以点带面，进行更多的复制和尝试，变独立的个体为一脉相承的整体，重新焕发中华民族优秀传统文化和深厚道德养成的魅力和吸引力。

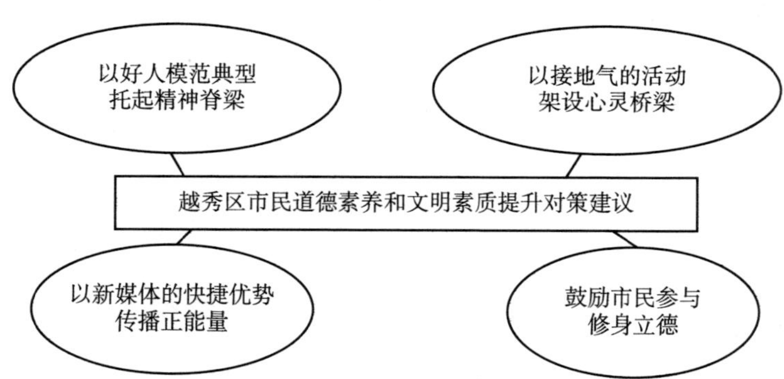


**图3　越秀区市民道德素养和文明素质提升基本框架**

### （二）以好人模范典型托起精神脊梁

一个典型就是一面旗帜，千百个好人模范能够托起一座城市的精神脊梁。众多道德典型榜样力量的感召，可以影响、带动越来越多的市民成为社会主义核心价值观和社会文明风尚的积极传播者、踏实践行者、有效推动者。要探索好人选树社区、街道、区、市 4 级推荐和各行业系统推荐相结合的条块网络模式，不断完善好人推荐的群众参与机制，确保好人推选的日常化、群众性和公信力，通过好人的典型带动，在全社会形成崇德向善、见贤思齐、德行天下的浓厚氛围。

### （三）以接地气的活动架设心灵桥梁

围绕国家的传统节日，设计策划接地气、惠群众、参与度高的群众性精神文明创建活动，突出活动的创新性、时效性、亲民性，达到弘扬中华民族优秀传统文化，践行社会主义核心价值观，深化文明创建的目的。在市民当中搭建一个社会公益性学习平台，让街坊市民在家门口共享文明盛宴，在潜移默化中提升文明素质。通过开放式、互动式、体验式的“唱、议、学、做”活动，汇聚先进文化传播、好人事迹传颂、文明城市创建等内容，以更接地气、更入人心的方式，为街坊市民解疑释惑，促进邻里交流互助，传播社会文明风尚，深入践行社会主义核心价值观，为推动各项重点工作提供充足的精神动力和进行充分的道德滋养。

因地制宜地结合示范基地已有的特色活动，深入浅出地诠释社会主义核心价值观，如结合越秀公园每年开展的“越秀灯会”，将传统灯展和花卉展览相结合，营造“白天看花，夜晚赏灯”的效果，为市民游客带来强烈的视觉震撼和美好的精神享受，让更多的人在参与培育社会主义核心价值观的同时，感受羊城的文化魅力和广州过年的喜庆氛围。

### （四）以新媒体的快捷优势传播正能量

针对新时代媒体宣传的规律和趋势，越秀区要在传统媒体宣传社会正能量的基础上，充分利用新媒体传播快、受众多、占有量大等特点，将社会主义核心价值观示范基地的辐射效能转化为市民生活的点滴，并促进社会主义核心价值观成为市民茶余饭后使用新媒体的热议话题，将新媒体打造成市民道德素养和幸福感提升的“宣传队”和“播种机”。

### （五）鼓励市民参与修身立德

市民是城市建设、城市发展的主体，文明创建是城市每一个市民生活中的大事要事，需要全社会共同参与。要深入开展中国特色社会主义和中国梦的宣传教育，用好道德讲堂、“我们的节日”等载体，引导市民树立国家意识、公民意识和中华民族意识，强化社会责任担当，自觉抵制闯红灯、乱穿马路、乱扔垃圾、随地吐痰、公共场所吸烟等不文明行为。要进一步整合各类资源，重点打造一批包括道德讲堂、爱国主义教育基地、国防教育基地、图书馆、博物馆、民营文化场所等在内的市民素养教育基地和场所，促进市民文明教育社会化、经常化，全面提高市民文明素质，充分调动广大群众参与文明创建的积极性、主动性和创造性。广泛开展诚信教育、孝敬教育、勤劳节俭教育，弘扬“好家风、好家训”，推进文明家庭创建。为提升国家重要中心城市核心区的市民道德素养和文明素质提供最深沉、最持久的力量。

（审稿人：丁旭光）

# B.17

# 广州市番禺区依托互联网开展精神文明创建工作的做法及启示

韩玲玲　龙　瑶*

**摘　要：** 信息时代下，互联网技术发达、新媒介日新月异。适应新形势新任务，不断增强精神文明建设的生机活力，是值得我们探索解决的重要课题。我们通过对番禺区文明创建工作进行专题调研，总结其依托互联网开展精神文明创建工作的做法，得出若干启示。并在此基础上，为开创广州市文明创建工作新局面提出建议。

**关键词：** 精神文明建设　网上文明创建　新媒体

近期，我们对番禺区文明创建工作进行专题调研，总结其以“互联网+”推动精神文明建设的经验做法，得出以下启示：一是坚持以人民为中心的工作宗旨；二是坚持信息时代下的互联网思维；三是坚持把创建工作融入中心工作；四是坚持逢山开路、遇水架桥的奋斗精神。并在此基础上，从推广番禺做法、加强内容建设、抓好队伍建设、完善配套制度等方面为开创广州市文明创建工作新局面提出建议。

2018年10月22~25日，习近平总书记到广东视察，再次强调要推动物质文明和精神文明协调发展，不断提升人民文明素养和社会文明程度。当前，社会

* 韩玲玲，广州市委政研室文化研究处处长；龙瑶，广州市委政研室文化研究处主任科员。

上思想活跃、观念碰撞，互联网等新技术、新媒介日新月异，如何审时度势、因势利导，创新内容和载体，改进方式和方法，使精神文明建设始终充满生机活力，是一个亟待关注和解决的现实课题。近期，我们对番禺区依托互联网开展群众性精神文明创建工作情况进行了专题调研，发现其以“互联网+”的形式推动精神文明建设的做法对推进全市文明创建工作具有积极借鉴意义。

## 一　番禺区开展网上文明创建的主要做法

2018年以来，番禺区以开发应用文明番禺小程序为突破口，精心打造文明番禺互联网工作平台，通过获取和运用文明大数据，引领群众支持文明创建、参与文明创建、监督文明创建，打开了精神文明建设工作的新局面，对推动营造“共建共治共享”的社会治理格局发挥了积极作用。

### （一）网联各方，推动全域覆盖

一是抓好系统集成。番禺区联合腾讯云公司、新华网广东站、广州日报大洋网，开发应用文明番禺小程序，并以此为核心，将区创建办政务微信、文明番禺公众号、超级文明地图和番禺文明网进行链接整合，构建起5终端一体化的文明番禺互联网工作平台。其中，小程序是平台主入口，也是吸引群众参与创建的核心窗口；政务微信是不文明线索的“后台处理器”，负责工作任务分发和督办；公众号是文明宣传“扩音器”，实时向公众推送相关信息；文明地图是“智慧大脑”，负责文明大数据统计与同步；文明网是创建工作的“大本营”，可实现全内容展示、全功能覆盖。整个工作平台集信息采集、任务分发、跟踪督办、宣传教育等功能于一体，构建起相互通联、功能齐备的文明创建网络矩阵。

二是整合优质内容。文明番禺互联网工作平台紧紧围绕宣传思想工作“举旗帜、聚民心、育新人、兴文化、展形象”的新使命新任务新要求，围绕文明创建活动、弘扬时代新风、选树道德模范、诚信建设、志愿服务、网络文明建设等重点工作，发挥互联网便捷性、联通性优势，创新性开设“永不落幕的番禺区新时代文明实践中心”网课平台，深入开展“保护一片绿地，撑起一片蓝天”“大爱番禺、志愿同行”“文明出行、谦恭礼让”等系列主题活动，得到群众认可和欢迎，网上精神文明创建做到了经常、精彩，有趣、有料。

三是理顺运转流程。文明番禺互联网工作平台与市民群众、26个相关职能部门和16个镇街建立起有效沟通渠道，针对群众关注和反映的不文明行为、不文明现象，构建起“市民提供不文明线索（或巡查发现问题）—督导组分配任务—职能部门受理整改—督导组复核回复—市民评价”的标准化工作流程，迅速精准地完成了对不文明问题的整治，解决了长期以来存在的投诉不便、程序繁琐、职能交叉、拖而不决等问题，提高了工作效率和市民满意度。

### （二）网聚人心，引导全民参与

一是让群众成为创建“宣传员”。在文明番禺小程序上建立正能量分享栏目，定期举办“晒正能量集赞”活动，倡导市民随手拍身边的感人瞬间、文明故事，发布到小程序上接受群众点赞支持，并为集赞多的用户发放景点门票、读书卡等小奖励，这种做法吸引了大批群众加入传播正能量、弘扬新风尚的队伍。打造“指尖上的番禺好人点赞平台”，将道德模范、先进典型的事迹上传到网络平台，用鲜活的图文、温馨的留言，全面生动地讲好好人故事，让好人就在“指尖”、正气就在身边。平台自开通以来，160位番禺好人的“见光率”显著提升，新造镇的“中国好人”林致碧的页面被点赞逾千次，社会上营造起崇德向善、见贤思齐的良好氛围。

二是让群众成为创建“信息员”。在小程序上设置问题反映功能，群众只需将公共设施破损、环境污染、交通拥堵等问题在“曝光台”栏目提交，相关职能部门即可按照平台转来的任务单和地理坐标，迅速完成整改，这种做法真正做到了“让群众少跑腿、数据多跑路、政府干实事”。平台自5月初上线试运行以来，累计收到不文明问题线索2782宗，按时整改2708宗，整改完成率约达97.34%。大批群众乐于参与爆料、积极提供线索，小程序日活跃用户逾千人，这改变了过去工作人员少、整改效率低、反馈不理想的情况。

三是让群众成为创建“裁判员”。在创建“一村一品牌”文明示范村活动中，31个候选村的创建方案通过微信公众号公示全区，村干部通过微信将其发到村党员群、村民代表群进行投票、发动。该活动在一周内收到有效投票5万多，其中登记人口不到4000人的横江村就有1800多人参与了投票，以4840票的总票数入选番禺区创建文明示范村。网上文明创建平台让群众有了“话事权”，有了参与积极性，也为精神文明创建赢得了最广泛的支持和最坚实的群众基础。

### （三）网上监督，实施全程问效

一是群众关注重点督办。在文明番禺小程序中设置不文明问题线索“关注”功能，市民通过点击线索“关注”，形成相对集中民意，对“关注”数超过10的问题线索，区创建办即安排专人重点跟进、重点整改。目前，已有效解决横江村建筑垃圾乱堆放、光南街小区私设地锁、番禺大道路面破损等11个群众关注度高的问题，社会效益良好。

二是个案处置动态反馈。按照创建工作责任分工，文明番禺工作平台实时对投诉受理、跟进处置、审核反馈等各环节运转情况进行记录统计，并在番禺文明网“超级文明地图”上分门别类、逐案逐项同步显示，接受投诉人评价和全体市民监督。对投诉人评价“不满意”的个案进行复核、重新整改，及时做好回复解释工作。目前，市民通过平台反馈不文明问题线索共547条，已办结532条，群众评价满意度达88%。

三是绩效排名全网公示。在番禺文明网“文明大数据”页面，从创建工作进展、整改成效、服务意识和市民关注热点等维度，分列排名榜，实时公布创建单位问题整改、市民满意度、响应市民诉求速度等情况，并通过微信公众号推送给市民，为群众监督文明创建工作提供“标靶”。排名压力和舆论声势，推动了相关责任单位工作标准不断提升。

## 二　几点启示

番禺区顺应互联网发展趋势，将互联网和文明创建有机结合，聚民意、汇民智、得民心，其做法给我们的启示有以下几点。

1. 坚持以人民为中心的工作宗旨

文明创建既是民心工程，也是全民工程，需要大家动手、一起来做；既是系统工程，也是精细工程，需要坚持不懈、精益求精。番禺区开展网上文明创建的关键一招，就是推动实现了大众传播、迅捷沟通、高效联动和精准服务，让广大群众真正成为文明创建工作的主体和受益人。文明创建工作只有坚持以人民为中心，践行群众路线，一切为了群众，一切依靠群众，做到众人的事众人商量，才能获得群众支持，达到良好效果。

2. 坚持信息时代下的互联网思维

网络社会，互联网客户端已成为覆盖面最广、影响力最大的强势媒体和重要舆论场，网上舆情也成为社情民意的晴雨表。文明创建工作必须强化互联网思维，践行“体验为王”“用户至上”等理念，主动顺应现代传播模式，发挥信息技术优势，着力搭建最便捷的运转平台、打通最快速的沟通渠道、采取最高效的处置方法、巩固最广泛的群众基础，借“网”而为、借“机”而动，充分发挥网聚民心的力量，推动文明创建向纵深发展。

3. 坚持把创建工作融入中心工作

文明创建工作不是单一的、孤立的工作，其与全市各项工作紧密相关、互促共进。文明创建工作要提高站位、强化统筹，同实施乡村振兴战略、推动粤港澳大湾区建设、加强社会治理、推进城市更新改造、加强历史文化保护传承、加强基层民主建设等工作紧密结合，将文明创建工作融入经济社会建设发展全过程，真正做到物质文明和精神文明协调发展。

4. 坚持逢山开路、遇水架桥的奋斗精神

新时代担当新使命，新征程呼唤新作为。番禺区在开展网上精神文明创建过程中，也面临平台开发费用高、各方协调难度大、人力资源不充足等问题，但最终都通过努力逐步得到解决。当前，广州发展正处于滚石上山、爬坡过坎的紧要关口，不论是开展文明创建工作还是其他各项工作，都要大力发扬逢山开路、遇水架桥的奋斗精神，坚持改革创新，善于攻坚克难，倡导“马上就办”，做到主动作为、有所作为。

## 三　开创广州市文明创建工作新局面的建议

一是推广番禺做法。建议市、区学习借鉴番禺区经验做法，结合本地实际，强化理念创新、模式创新、手段创新，采取集中打包、自主开发等多种方式，进一步搭建、完善各级文明创建网上工作平台。注重加强顶层设计和标准化控制，确保全市网上文明创建工作平台系统兼容互通，实现数据可同步、可统计、可共享，构建市、区网上文明创建立体格局。

二是加强内容建设。紧紧围绕宣传贯彻习近平新时代中国特色社会主义思想和党的十九大精神、习近平总书记视察广东重要讲话精神，紧紧围绕培育和践行社会主义核心价值观，紧紧围绕市民关注的热点问题和创建工作的难点问题，加强网上文明创建的内容建设。精心设计文明小话题，用网言网语和百姓视角“说生动的话”；精心组织网上小活动，以丰富多彩的形式“做暖心的事”；精心打造文明创建微品牌，充分挖掘本地优势和历史文化特点，“开展有影响力的工作”。

三是抓好队伍建设。精神文明创建工作涉及面广、工作量大，基层相关职能部门力量相对薄弱的问题比较突出。如番禺区南村镇下辖16个村、12个社区，网上工作平台访问量大、投诉案件多，但镇创建办只有2名办事人员，且要兼顾宣传工作，任务量大同人手不足的矛盾凸显。建议进一步加强对网上创建工作的组织领导，根据任务需要选准配齐专门工作队伍，定期组织业务培训，不断提升工作能力和水平。此外，目前市（区）长热线与文明创建网上工作平台部分功能有所重叠，建议结合实际进行职责区分和功能整合。

四是完善配套制度。推进文明创建常态化，通过网络平台及时公布评测指标、检查标准、测评结果，扩大市民参与权限和监督范围，增加网上创建透明度。建立健全群众监督机制，广泛开展网络问卷调查、民意测评等，以群众满意为衡量工作成效的最高标准，查找存在的问题，及时进行整改，使群众监督贯穿创建工作全过程。完善创建考评方式方法，加强日常管理，建立负面清单制度，推进考核评价由重集中检查向重日常管理转变、由重数量向重质量转变、由重创建形式向重创建内涵转变。

（审稿人：陈碧莲）

# B.18
# 关于以基层党建促进企业文化建设的调研报告*

## ——以广州某石油企业为例

张浩军　周　雨**

**摘　要：** 在国有企业中，企业是员工和基层党组织的重要依托，企业党建与企业的文化建设有着极为密切的联系，企业党建为企业文化建设奠定了坚实的理论基础与正确的建设方向。为研究基层党建对企业文化的促进作用，本报告选取广州市某石油行业国企进行问卷调查，结果表明：员工对党建引领和促进企业文化建设具有较强的认同感，并且认为党建能间接促进生产经营活动；但是党员员工在生产生活中遇到困难时并未首选党组织等。建议下一阶段着力解决如何进一步提高企业基层党建的科学性和有效性。

**关键词：** 国有石油企业　基层党建　企业文化

## 一　研究背景

企业文化，又称为组织文化，是由全体员工认同和共有的价值观、信念、处事方式等组成的文化形象和核心价值观念，既是能激发员工使命感、

---

* 本报告是基金项目——2016年广东省教育厅创新强校课题（课题编号：2016KYB085）成果。

** 第一作者：张浩军，工学硕士，中化石油广东有限公司人力资源（党群工作）部副经理（主持工作）。通讯作者：周雨，广州大学广州发展研究院助理研究员，法学博士。

归属感、责任感、荣誉感和成就感的人文环境，又是推动企业发展的不竭动力。在国有企业全面深化改革，建立和完善国有企业管理制度的过程中，国有企业党组织可以积极求变，将企业文化建设作为企业党建的新载体，切实加强国有企业党建工作。

坚持党的领导、加强党的建设是国有企业的“根”和“魂”。党的十九大报告提出了新时代党的建设的总要求，首次提出“不断提高党的建设质量”，这体现了习近平总书记管党治党的新理念、新战略，反映了党的建设实践探索和理论探索的新进展，确立了新时代党的建设新目标。习近平总书记强调，坚持党对国有企业的领导是重大政治原则，必须一以贯之；建立现代企业制度是国有企业改革的方向，也必须一以贯之。开展国有企业党建工作，提高党的建设质量，能有效巩固党的执政地位，为国有企业发展提供坚强的政治保障。国有经济掌握国家的经济命脉，控制着生产和流动的主要过程，是实现社会主义生产目的、不断提高人民生活水平和国家对国民经济实行管理的物质保障。

企业党建与企业的文化建设有着紧密的联系，二者之间唇齿相依、辅车相依，二者是车之两轮、鸟之双翼的关系，国有企业的企业文化建设工作是以党建工作为指导依据的，国有企业的党建工作为企业文化建设工作奠定了理论基础、提供了建设方向；党建工作和企业文化建设工作必须两手抓，两手都要硬，二者缺一不可。

本研究报告以广州石油行业某公司为研究对象，该公司是世界500强央企在华南地区设立的成品油批发、零售一体化的子公司。公司成立于2003年，主要从事成品油进出口贸易和国内成品油批发、零售与分销业务。2016年，该公司成立党委，通过对党建工作的全面系统梳理，在实践中逐步探索构建，形成了“党建+企业文化建设”模式，加强五项建设，提升五种能力，初步体现了党建促进企业文化建设，并引领经营的作用。

## 二　以党建促进企业文化建设问卷调查报告

### （一）调研概述

本次调研对象是广州石油行业某公司职工，调研组通过发放问卷（含纸质问卷和在线问卷）、电话访谈、QQ 访谈、微信访谈、座谈会等多种形式进行数据收集。其中，发放纸质问卷 50 份，回收 43 份，回收率 86%，有效 43 份，通过问卷星在线参与调查 70 人。综合纸质问卷和在线问卷调研的情况，在参与调查的职工中，男性占 75.36%，女性占 24.64%；18～25 岁的占 15.94%，26～30 岁的占 28.99%，31～40 岁的占 39.13%，41～50 岁的占 13.04%，51～60 岁的占 2.90%；大专及以下学历占 15.94%，本科学历占 59.42%，硕士学历占 24.64%；专员占 20.29%，主管占 30.43%，中层干部占 26.09%，公司领导占 7.80%，其他占 15.39%（见表 1）。

**表 1　调查对象基本情况**

单位：%

| | | |
|---|---|---|
| 职位 | 专员 | 20.29 |
| | 主管 | 30.43 |
| | 中层干部 | 26.09 |
| | 公司领导 | 7.80 |
| | 其他 | 15.39 |
| 学历 | 大专及以下 | 15.94 |
| | 本科 | 59.42 |
| | 硕士 | 24.64 |
| | 博士 | 0.00 |
| 年龄 | 18～25 | 15.94 |
| | 26～30 | 28.99 |
| | 31～40 | 39.13 |
| | 41～50 | 13.04 |
| | 51～60 | 2.90 |
| 性别 | 男 | 75.36 |
| | 女 | 24.64 |

## （二）对以党建促进企业文化建设的看法

在新时代大背景与大环境的要求之下，把企业的党建工作与企业的文化建设工作有效地融合在一起，是当代企业更好地适应时代发展的必然选择。

从问卷调查数据统计结果来看，职工对公司企业文化活动十分关注的占43.5%，比较关注的占50.7%，一般关注的占5.8%；职工对公司EAP员工关怀活动十分了解的占13.0%，基本了解的占73.9%，不怎么了解的占13.1%；职工对公司“五粤(yue)”[①]党建工作十分关注的占37.7%，比较关注的占52.2%，一般关注的占7.3%，不太关注的占2.9%（见图1～3）。

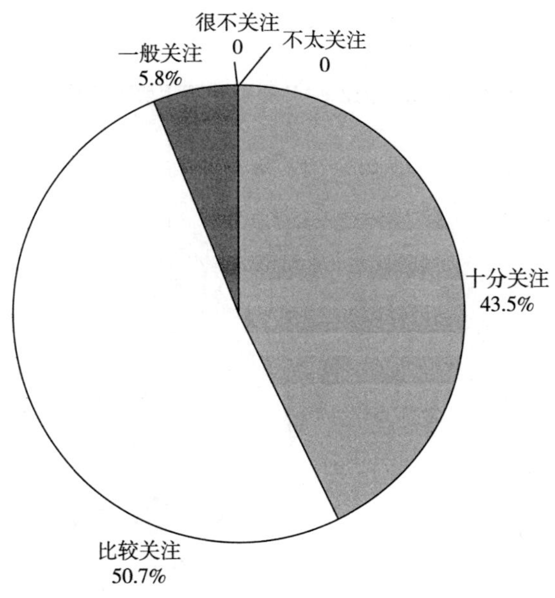


**图1　职工对企业文化活动关注程度**

① “五粤（yue）”是本案例公司的党建体系，即分别指“钥、岳、阅、悦、钺”所代表的五项建设。“钥”本意是比喻关键，代表加强政治建设。“岳”意味着高大的山，代表加强组织建设。“阅”本意是看，有阅览、阅读之意，代表加强思想建设。“悦”有高兴、愉快、幸福之意，代表加强作风建设。“钺”本意是指古代一种兵器，代表加强纪律建设。

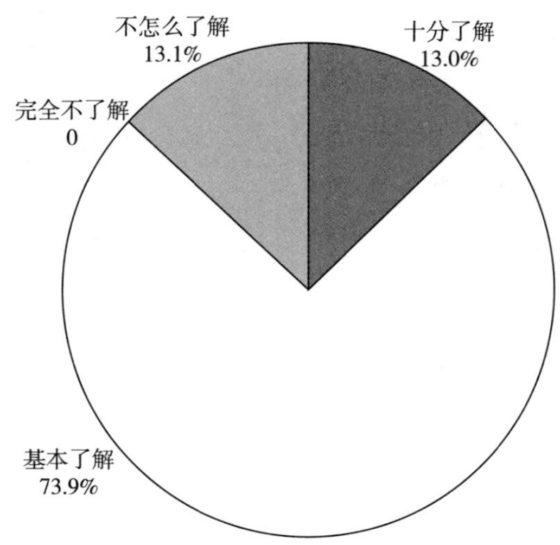


**图2　职工对企业 EAP 员工关怀活动了解程度**

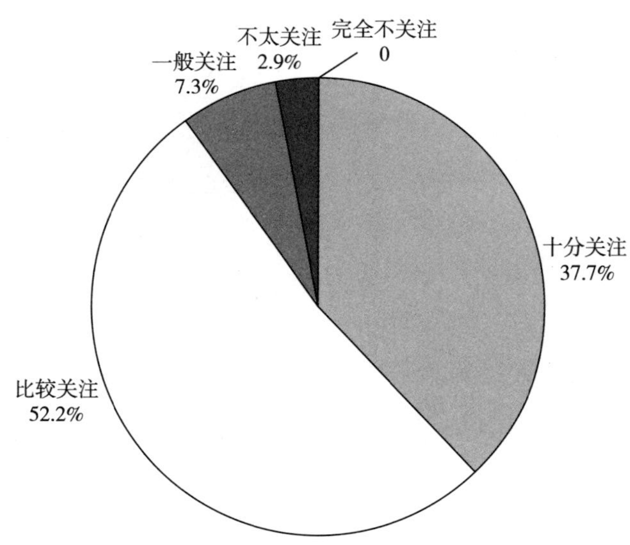


**图3　职工对近年来公司“五粤（yue）”党建工作关注程度**

## （三）对以党建促进企业文化活动的看法

从问卷调查数据统计结果来看，职工对与党建相关的企业文化活动一向积极参加的占97.1%，有时间就参加的占2.9%，这整体反映了职工对与党建相关的企业文化活动的参与度比较高；职工认为在“党建＋企业文化建设”模式下党支部之间党员经常交流的占60.87%，偶尔交流的占36.23%，不清楚的占2.90%；职工对党建促进企业文化建设的认同度很强的占31.88%，较强的占53.62%，一般的占14.49%，这说明以党建促进企业文化建设得到大多数被访职工的认同；职工认为企业中党员发挥了先锋模范带头作用的占73.91%，有部分方面起到先锋模范带头作用的占23.19%，没有起到先锋模范带头作用的占1.45%，不知道的占1.45%；职工认为企业以党建促进企业文化建设总体成效很好的占75.36%，较好的占20.29%，一般的占4.35%，这反映出被访者对企业以党建促进企业文化建设的总体效果较为满意（见图4～8）。

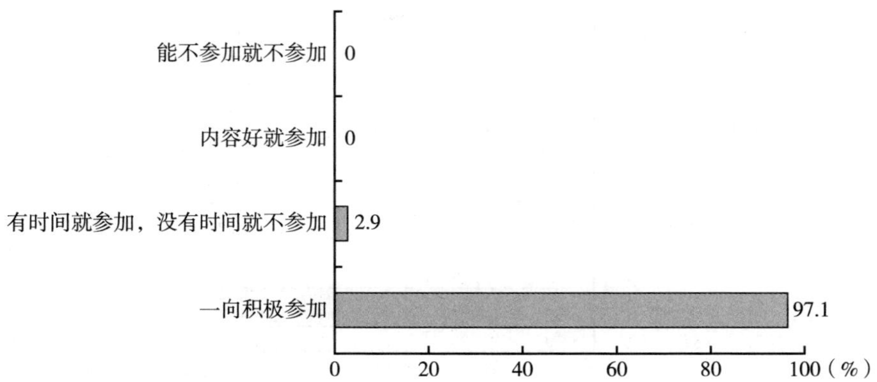


**图4　职工对与党建相关的企业文化工作有关会议或活动的态度**

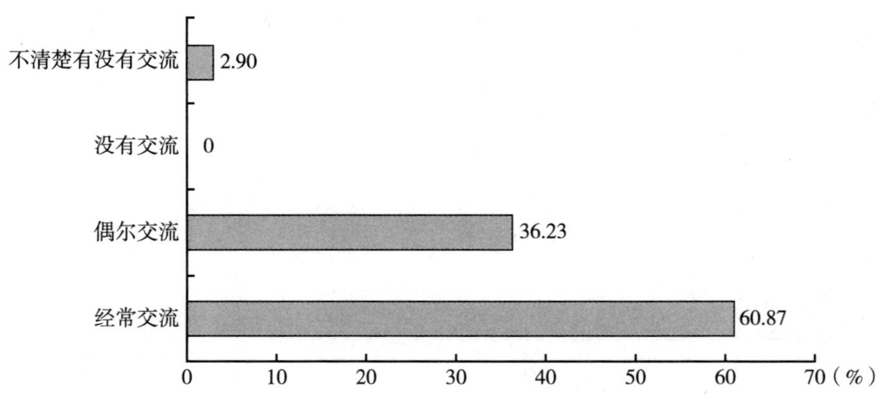


**图5　职工认为在“党建＋企业文化建设”模式下党支部之间的党员交流情况**

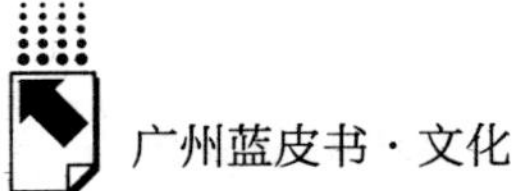


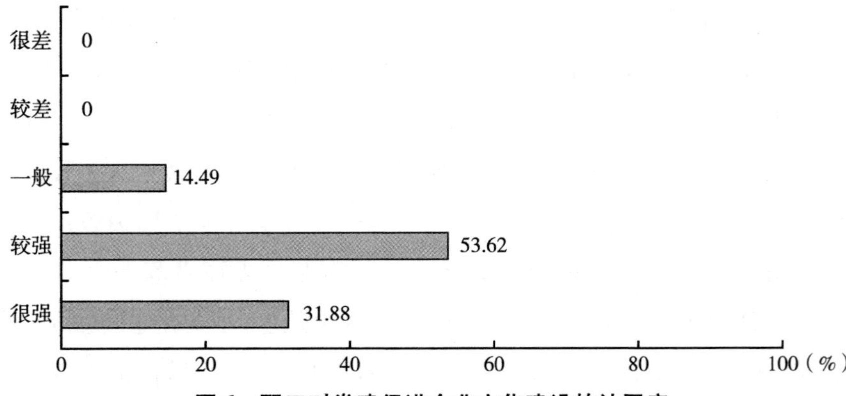


**图 6　职工对党建促进企业文化建设的认同度**

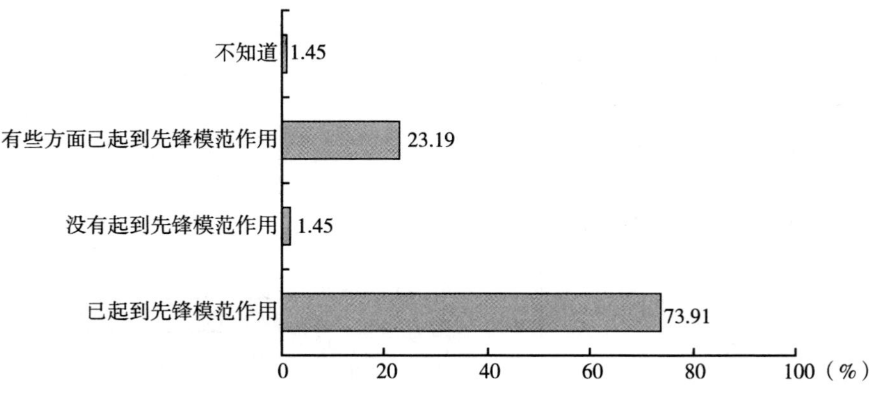


**图 7　职工对企业党组织的党员先锋模范作用的了解情况**

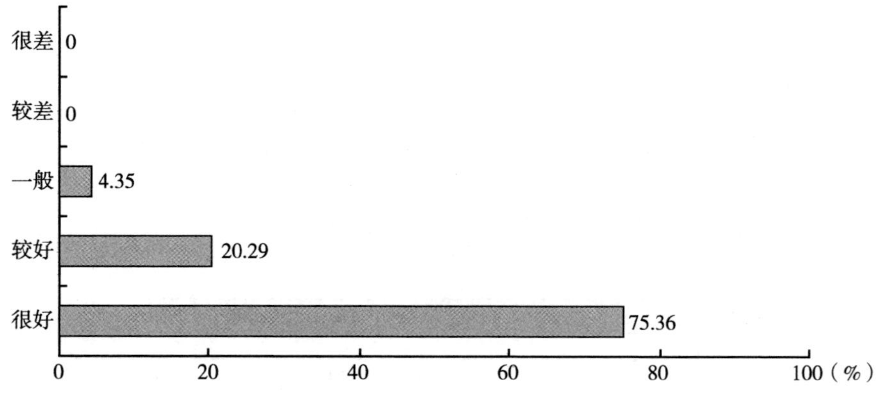


**图 8　职工认为本企业以党建促进企业文化建设的总体成效如何**

## （四）对党建与企业文化建设具体工作的评价

从问卷调查数据统计结果来看，职工认为企业党建、企业文化建设工作与企业生产经营联系紧密，内容和形式都好的占 81.16%，认为开展了一些活动，内容和形式一般的占 15.94%，认为与企业生产经营有一定联系，但效果一般的占 2.90%；在党建与企业文化组织建设方面，认为本企业定期开展有关活动，丰富党内政治生活的占 89.86%，认为发扬党内民主，开展批评与自我批评的占 63.77%，认为加强党员之间的交流，促进党员在业务和党务学习上共同进步的占 71.01%，认为注重培育党员的模范带头意识的占 9.57%；在党建与企业文化思想建设方面，认为体现在加强党员的理论学习上的占 72.46%，认为体现在组织有关党员进行思想交流，聆听先进党员的思想汇报上的占 71.01%，认为体现在开展有关党建活动，关注党员思想进步动态上的占 79.71%；在遇到诸如家庭困难等问题的情况下，会准备求助于党组织和工会组织的分别占 63.77% 和 72.46%，这反映出职工对公司党组织和工会组织比较信任，企业党建和企业文化建设取得一定成效；认为目前本企业以党建促经营的手段方法富有新意的占 72.46%，一般的占 27.54%（见图 9～13）。

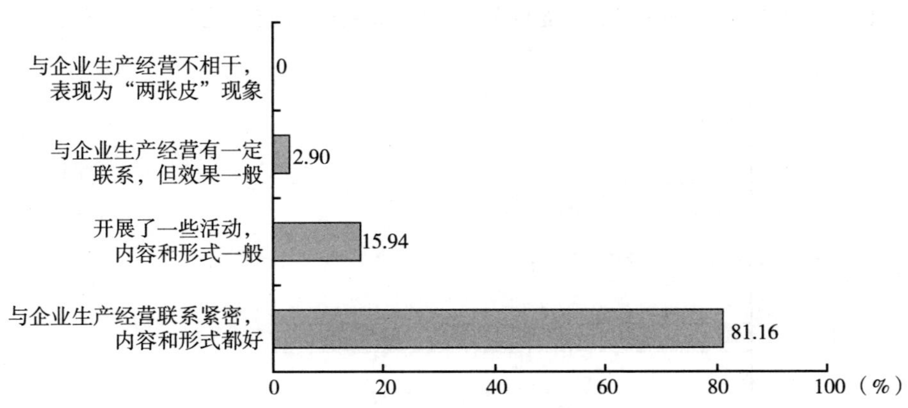


**图 9　职工对所在的企业开展党建和企业文化建设工作情况的认识**

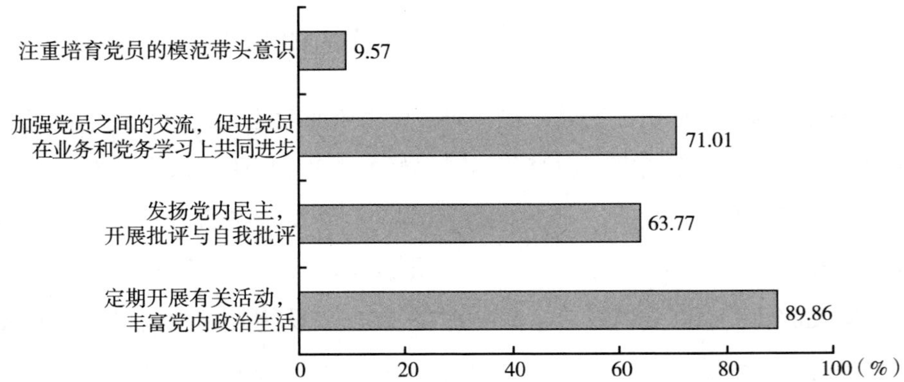


**图 10　职工认为本企业党建与企业文化组织建设主要体现在哪些方面（多选题）**

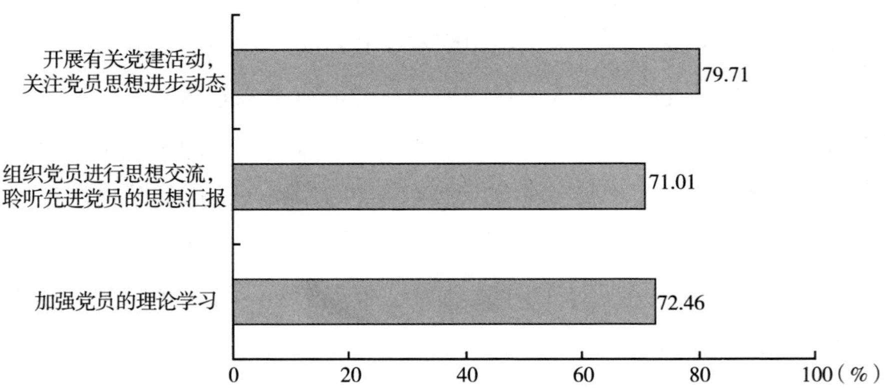


**图 11　职工认为本企业党建与企业文化思想建设主要体现在哪些方面（多选题）**

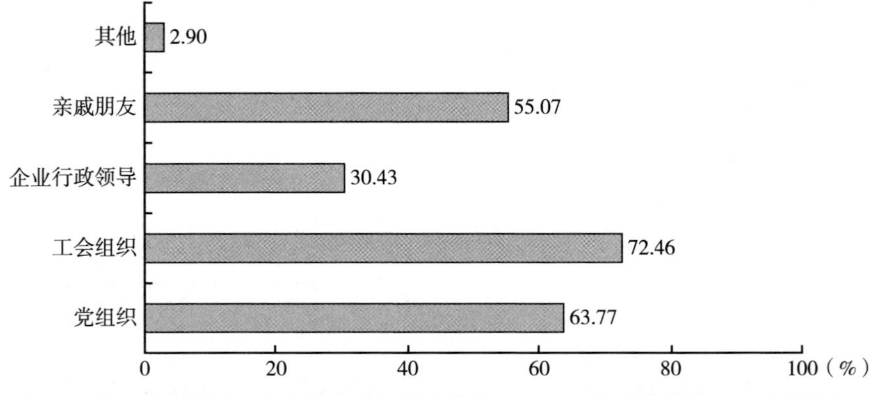


**图 12　职工在遇到诸如家庭困难等问题的情况下，会准备求助于哪一方（多选题）**

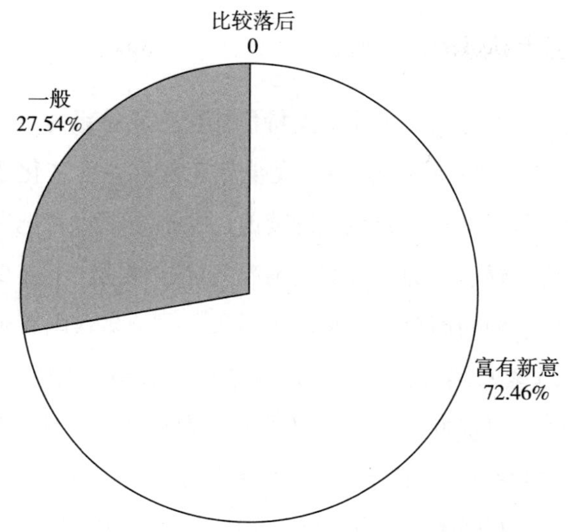


**图 13　职工认为目前本企业中以党建促经营的手段方法如何**

## 二　主要面临的问题

该企业在党建工作中探索和实践了“五粤”党建体系，提出通过提升五种能力，落实党中央关于新时代不断提高党的建设质量的总要求，落实国务院国资委关于“中央企业党建质量提升年”工作，实现公司成为中化能源基层党建工作战斗堡垒的目标。

该企业党建工作的目标是，充分发挥党组织在国有企业中的领导核心和政治核心作用，使本企业成为政治过硬、组织可靠、信仰坚定、职工满意的集团驻粤企业党建工作的排头兵、基层党建工作的战斗堡垒，团结带领党员干部和职工群众，努力实现企业愿景。

该企业在落实和实现上述党建目标过程中仍存在以下突出问题，且该类问题在国有企业党建和企业文化建设工作中具有一定的普遍性。归根结底是实施制度的群体要从心理、思想行为方式上实现转变，真正能够顺应和推动现代化经济和政治管理的健全发展，否则企业党建和企业文化建设只能流于形式，徒有虚名。

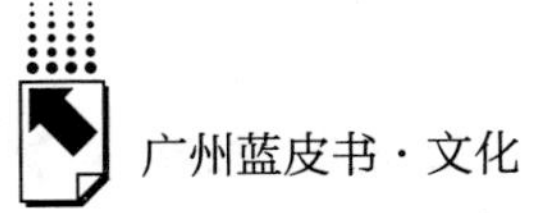


## （一）思想上认识仍不到位

国有企业必须以习近平新时代中国特色社会主义思想为指导，引领各方面工作的创新。目前，一些国有企业在对待党建工作和企业文化建设工作方面仍有缺失，满足于现状，没有不断地、持续地、深刻地理解和把握要义，存在没有把党的创新理论学懂、弄通、做实的情况，且这种情况不在少数，因此更谈不上二者的结合。这种局面直接带来两个后果，一是多数国有企业党的思想建设没有和企业经营紧密结合，起不到以党建引领经营的作用，目前党建工作“四个化”的问题在不同的国有企业都不同程度存在着；二是国有企业的企业文化创新如果不吸收党的创新理论，就难以提升组织战斗力、示范带动力、战略融入力、文化凝聚力和群团向心力，企业文化建设大多中规中矩，收效甚微。

## （二）组织机构仍有脱节现象

目前，国务院国资委在党建工作考核和自身政治巡视中发现的薄弱环节和短板是基层党支部的建设问题，存在上热中温下冷的情况，党组热、事业部温、基层党支部冷。基层党支部的建设问题与企业的组织机构设置和构建有关，目前国有企业关于党务和企业文化工作的机构设置主要有三种形式，一是人力资源部和党群工作部合署办公，企业文化由人力资源部下设的员工关系模块负责；二是在集团公司和子公司设立党群工作部（直属党委）和创新战略部，并列分属集团公司及其子公司统领；三是公司只有思想政治工作部，并未设置企业文化部。基层党支部如果与上级管理部门的关系是弱关联，势必造成企业党组织和党建工作很难“融入中心”。

## （三）民主作风仍存在问题

目前，国有企业民主作风普遍存在难以形成的问题，且较为突出。具体表现为：国务院国资委考核组对国有企业基层单位和职能部门党建工作进行抽查时发现，国有企业党组织民主集中制不完善，仍有不少“一言堂”的现象。基层党组织生活不规范，党组织活动缺少原始性、痕迹性、过程性的完整记录，民主生活会走过场，普遍存在党组织会议只有纪要没有原始记录的问题。经常性工作不经常，落实不严格，一些党支部没有建立党小组，导致“三会一课”变成“两会一课”。在企业文化方面，广大职工普遍存在主人翁意识淡薄的现象，明哲保身者居多，事不关己高高挂起者居多，该配合你的却视而不见者居多，对管理层存敬畏心理，这也为管理者滥用职权和盲目决策提供了可能。

### （四）党建改革与企业改革仍有较大差距

目前，国有企业处于深化改革、全面转型、深入推进阶段，此过程中在如何建立与企业改革相适应的党建工作模式，如何在改革中充分发挥各级党组织“把方向、管大局、保落实”的领导作用方面，各国有企业仍有较大差距。在改革中加强党的建设工作，要注重党建工作“四同步、四对接”，也就是党的建设和企业改革同步谋划、党的组织及工作机构同步设置、党组织负责人及党务工作人员同比配备、党的工作同步开展，体制对接、机制对接、制度对接和工作对接，目前有的国有企业存在一改革就弱化党的建设的错误行为。

## 三　决策和建议

### （一）国企党建和文化建设两项工作同步开展，相互促进，同频共振

继续深入学习党的十九大精神和习近平新时代中国特色社会主义思想，将其思想内涵作为国有企业党建工作和文化建设工作开展的指导思想，而且需要不断地、持续地、深刻地理解和把握要义。结合“把方向、管大局、保落实”的要求，随着企业改革同步开展国有企业党建和文化建设工作，形成“党建＋企业文化建设”的全新工作体系，实现党建和企业文化建设融合，企业文化建设和党建管理处于同步发展状态，共同为企业发展提供动力。

### （二）打造“四位一体”的党建信息平台，以“智慧”引领企业文化建设

党建与企业文化建设辩证统一、相辅相成。打造“四位一体”党建信息平台，构建以“红色油声”、“智慧党建”、“未来学院”及“学习强国”为载体，以自有平台为主的党建综合信息化平台体系。其中，“红色油声”为内部宣教及党建工作展示平台，“智慧党建”为党建信息管理及党员自助服务平台，“未来学院”为基层党员学习互动交流平台，“学习强国”为党中央方针路线政策宣贯平台。其中，“智慧党建”包括党委层面信息录入——党委会、中心组学习、民主生活会；党（总）支部层面信息录入——党员发展、组织关系转接、党费管理（部分党组织）、三会一课、主题党日、组织生活会、民主评议党员；党建工作成果逐月通报——基本信息统计、党费收缴统计、“三会一课”情况统计。打造“四位一体”的党建信息平台，以“智慧”引领企业文化建设。

### （三）打造五心工程活动平台，以“活动”引领企业文化建设

充分发挥公司和党员群众之间的桥梁和纽带作用，突出“维护、建设、参与、教育”的基本职能，秉持“组织联建、队伍联动、活动联办、品牌联创”的理念，从尊重、教育、关爱、凝聚、发展员工的角度出发，打造五心工程活动平台，以“活动”引领企业文化建设。五心工程包括了初心——引领行动、维权行动，“安全生产活动月”品牌；暖心——关爱行动、温暖行动，创建办公区“员工加油站”、创建“笑油心生”微笑墙、节日慰问活动；聚心——健康心动、文体行动，兴趣协会小组、区域运动会；匠心——赋能行动、竞赛行动，技能实训基地、人才创新工作室、区域技能竞赛；善心——公益行动、扶贫行动，“童心同乐”圆梦行动、“用微笑点亮生活”。

### （四）打造“未来学院”学习教育平台，以“学习”引领企业文化建设

“未来学院”是广州某石油企业致力于建设专业化、系统化、信息化企

业大学，打造油品销售骨干人才培养的“黄埔军校”，实现线上线下人才培养的学习教育平台。“未来学院”线上学习平台共自主开发课程 175 门，用户活跃率为 70%。借助互联网平台强大的资源整合能力实现赋能，通过品牌推广，建立连接；开发课程，维护连接；线上活动，激活连接；数据分析，优化连接。“未来学院”将原来分配不均的培训资源合理配置，突破地域的界限，极大地发挥了平台赋能的功能。打造党员干部学习教育平台，是团结、引领、激励、调动广大党员干部和员工工作积极性的有效形式。建立“多方位”的学习组织模式，丰富“多形式”的学习活动载体，以“学习”引领企业文化建设。

（审稿人：丁旭光）

# 专题研究篇

Special Research

## B.19

# 广州建设全球区域文化中心城市的思路与对策

广州市社会科学院课题组*

**摘 要：** 本报告认为，为实现广东省委、广州市委提出的“广州建设全球区域文化中心城市”目标，广州应该从七方面提升文化资源全球配置能力：一是繁荣文化市场，资源优势转化为配置强势；二是推动文化龙头企业产品创新，壮大配置主体；三是提升文化园区集聚效应，营造国际化配置空间；四是融合实体加网络，拓展线上线下平台配置覆盖范围；五是领军文化科技，深度融合前沿，创新资源配置手段；六是融通粤港澳文化资源，拓展配置强度与深度；七是推动文化贸易与

* 课题组成员：柳立子，广州市社会科学院广州城市战略研究院副院长，博士；刘福星，广州市社会科学院广州城市战略研究院助理研究员，博士；刘佳，广州市社会科学院广州城市战略研究院助理研究员。

文化传播，增强资源配置效果。

**关键词：** 广州 全球区域文化中心城市 资源配置

2017 年 1 月，广州第十一次党代会明确提出，“强化枢纽型网络城市功能，提高全球资源配置能力”；2017 年 6 月，广州首次入围全球最权威的世界城市研究机构 GaWC 发布的世界级城市名册，成为全球 49 个“一线城市”之一；2018 年 6 月，广东省委书记李希同志在省委十二届四次全会上的讲话中明确指引广州“要抓住粤港澳大湾区建设重大历史机遇，建设全球区域文化中心城市”；2018 年 8 月，广州市委书记张硕辅同志在市委十一届五次全会工作报告中再次明确“广州打造全球区域文化中心城市”。

课题组认为“全球区域文化中心”是在对全球进行文化区域①划分的基础上，能够在一个或若干个国际文化区域范围内对文化资源的利用、布局和流向进行高效集聚、融合、创新和辐射的中心城市，其作为城市的一种文化功能定位，表现出鲜明的高端性、网络性和外部性等特征。全球区域文化中心不仅要拥有辐射和影响一个或若干个文化区域的重大文化设施，还要通过

① 文化区域是指具有某种共同文化属性的人群所占据的地区，在政治、社会或经济方面具有独特的统一体功能的空间单位。美国地理学家肯达尔（H. W. Kendall）1976 年将世界分为六大文化区。（1）西方文化区的核心是欧洲文化区域，包括西欧、北欧、南欧、中欧及东欧文化，同时西方文化区也包括欧洲各国在向外殖民扩张过程中带来的文化传播，因此也包括南北美洲、南非、澳大利亚等地区。（2）伊斯兰文化区（相当于西亚文化区）主要分布于东半球的干旱地区，从摩洛哥经北非直至土耳其、阿拉伯国家，伊朗和巴基斯坦。信仰伊斯兰教，主要使用阿拉伯语，少数使用闪米特语。（3）印度文化区（相当于南亚文化区）包括印度、斯里兰卡、孟加拉国等。大多数人信仰多神教，使用语言种类较多，方言复杂，是古文明中心。（4）东亚文化区包括中国、日本、蒙古、朝鲜等国家，是世界人口最多的文化区，使用语言以汉语、日本语、朝鲜语为主，宗教以佛教影响最大。本区为受中国古文化影响的核心区，中国的儒家思想和文字对日本、朝鲜影响颇大。（5）东南亚文化区（相当于马来或印度支那文化区）包括从缅甸经印度支那、菲律宾群岛和印尼群岛，直到新几内亚海岸。东南亚的语言和宗教复杂，内部差异大，主要受中国、印度影响，部分受欧美影响，文化具有丰富多彩的特点。（6）非洲文化区。语言复杂，以尼日尔刚果语系和科伊桑语系为主。宗教多样化，多信仰原始宗教。长期遭受欧美侵略，文化落后，经济不发达。

文化产业和文化服务形成人才、资本、技术、信息等高端要素的强大吸附器和辐射源，同时还要形成多点支撑、联动发展的国际文化资源配置空间，从而在文化资源配置和文化消费方面发挥引领作用。全球区域文化中心城市建设，将有助于广州进一步扩大开放，促进城市转型升级和高质量发展，加快广州建设全球城市的步伐。

## 一　广州建设全球区域文化中心城市的发展基础

### （一）拥有丰富而深厚的文化底蕴

广州是岭南文化中心地、古代海上丝绸之路发祥地、近现代民主革命策源地、改革开放前沿地，是中外文化交汇之地，也是传统文化和现代文化交融之所。岭南画派、岭南建筑、岭南园林、岭南盆景、广东音乐、粤剧、粤菜、粤语以及城市景观、生活习俗等，展现了广州深厚的文化底蕴。广州塔、广州大剧院、广州图书馆新馆、广州国际媒体港、南越王宫博物馆、辛亥革命纪念馆等一批标志性文化基础设施，体现了广州不竭的文化追求。黄埔古港、广州十三行、南越国宫署遗址、光孝寺、怀圣寺光塔、清真先贤古墓、南海神庙等文化资源串联起广州在世界历史上的荣光，当前广州正联合其他七座城市致力于海上丝绸之路保护和申遗工作，共同保护在世界历史上具有重要意义的文化资源。广州还专门成立“市文物管理和历史文化名城保护委员会”，以着力挖掘、保护和利用历史文化资源为切入点，开拓创新，先行先试，深入推行依法行政，加大文物保护工作力度，为培育世界文化名城奠定了坚实的基础。广州传承传统民俗活动，初步形成了“一区一品”的民俗文化活动发展格局，并吸引海内外游客的参与。迎春花市、广府庙会、波罗诞千年庙会、老广州民间艺术节、广州国际龙舟邀请赛、何仙姑文化旅游节、广州乞巧文化节、盘古王诞民间文化节、祠堂文化节、民俗文化节、火龙文化节等文化节庆活动，在各级政府的推动下，影响力和参与度不断提升，在强化城市品牌形象和城市形象的传播中发挥着至关重要的作用。

## （二）建成相对完备的公共文化服务体系

广州市作为广东省省会，拥有省、市、区（县）、街道（乡镇）、社区五级图书馆服务网络体系。截至2017年底，广州市、区两级图书馆总馆藏量首次突破2000万册（件），达到2165.21万册（件）；市、区公共图书馆全年进馆人数和注册读者量分别达到2088.62万人次和271.25万人，全年外借书籍2637.52万册次，在全国城市中排名第二，全年共举办读者活动场次8250场，参加读者活动人次合计504.66万。广州现有市属博物馆与纪念馆16家，区属博物馆与纪念馆16家，行业与民办博物馆22家，基本覆盖了广州各领域、各时期的历史，为宣传广州历史文化名城品牌形象发挥了积极作用。目前，广州共有文化馆（群众艺术馆）16家，其中市级馆1家及直属分馆1家，区级馆11家及区直属分馆3家，市文化馆每年组织近100场示范性公益演出活动，曾参与广州亚运会、中国音乐金钟奖、星海国际合唱锦标赛、春晚广州分会场等文化活动的组织工作，具备了承办国家级、省市级大型群众文化活动的能力。广州市作为华南地区的文化中心，是全国三大演出市场之一，聚集了省属、市属文艺院团和民间艺术表演团体58家，门类齐全，自成一体，覆盖了地方戏曲、杂技、话剧、木偶、歌舞等多个领域。

## （三）文化产业总体发展态势优良

由图1可知，2017年，广州市文化创意产业增加值将达到2800亿元左右，占全市GDP的比重将提升到13%。文化创意产业增加值占全市GDP的比重连年增长，说明文化产业地位不断提升，成为全市国民经济的重要支柱性产业，就业、税收等贡献日益突出，对经济增长的贡献度进一步加大。为促进文化产业发展，广州研究制定了《广州市关于加快文化产业发展的意见》主政策文件，以及文化创意和设计服务、“文化+科技”、“文化+旅游”、“文化+体育”、“文化+金融”等多个配套政策文件，初步形成了有广州特色的文化产业政策体系，并成立了广州市文化上市公司联盟和广州文化产业投融资联盟，联合政府产业投资基金设立募集规模达100亿元的广州文化产业投资基金，会同广州市科技服务中心打造文化产业科技金融服务平台，建立起完整的文化产业投融资资金池、融资池和投资保险资金链，引导社会资本进入文化产业领域。

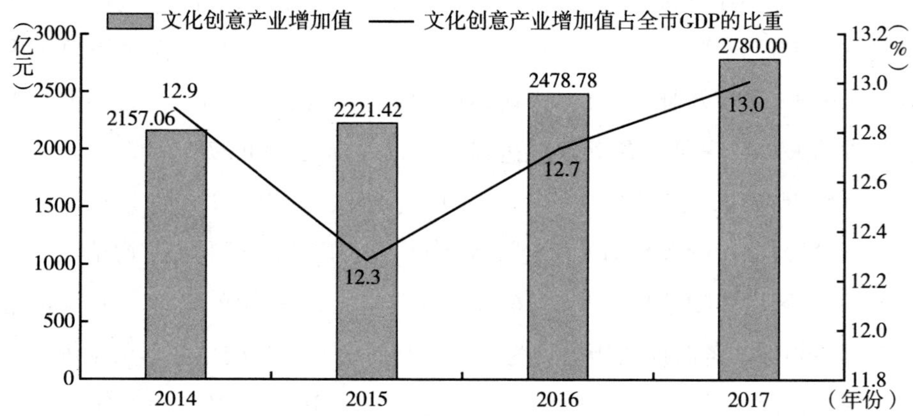


**图1　广州市文化创意产业增加值情况**

说明：2017 年数据为预测值。

资料来源：广州市统计局。

## （四）文化创意园区显现产业聚合效益

近年来，广州开展“三旧”改造与“退二进三”，各种文化创意产业园区（基地）蓬勃发展。2017 年，广州市文化广电新闻出版局（版权局、文物局）积极开展市级以上文化创意产业园区认定工作，组织文化创意产业园区申报 2017 年广东省省级文化创意产业示范园区，以引导和促进文化创意产业园区健康有序发展，有力地集聚和发展了一批文化创意产业园区和基地。据不完全统计，全市目前有文化创意产业园区（基地）约 222 个，其中包括羊城创意产业园、广州国家级文化和科技融合示范基地、广东国家数字出版基地、广州国家数字家庭应用示范产业基地、广东国家音乐产业基地、广州国家广告产业园区、广州长隆集团有限公司、励丰文化科技、浩洋电子国家级文化创意产业示范基地等 16 个国家级文化创意产业园区（基地）；广州 TIT 纺织服装创意园、黄花岗信息园等 10 个省级文化创意产业园区；以及太古仓创意园、1850 创意园、珠江·琶醍啤酒文化创意艺术区、五行科技创意园、广佛数字创意园、广州星力动漫游戏产业园、华创动漫产业园、花山小镇等20个市级文化创意产业园区。2017年9月12日，北京路文化核心区成为第一批获得国家级文化产业示范区创建资格的园区。2017年，羊城创意产业园入驻企业达145家，产值超120亿元。广州TIT纺织服装创意园的入园企业和相关机构达100家，创意园中入驻企业年产值从改造前的1130万元激增到150亿元，增幅达1300多倍，成为名副其实的旧厂房改造成功的典范。

### （五）文化产业各子行业孕育众多知名品牌

广州文化新业态领军全国，培育出网易、微信、酷狗、YY语音等公司或品牌（见图2），全国App总榜安装量前三名中广州占两个（微信、酷狗音乐），据权威第三方数据平台QuestMobile发布的《2017年中国移动互联网年度报告》，酷狗音乐蝉联在线音乐App用户规模No. 1。在动漫领域，培育出如《喜羊羊与灰太狼》《超级飞侠》《猪猪侠》《果宝特攻》等具有全国影响力的动漫产品，形成以奥飞娱乐、星原文化、咏声动漫等上市企业为龙头，数百家动画电影制作、发行、衍生品设计、制造等相关企业全面开花的局面。其中，由广州市萤火虫文化传播有限公司组织策划的大型动漫游戏展览——萤火虫动漫游戏嘉年华（FFACG）是华南地区最大的商业动漫游戏展。2017年，广州市游戏产业营业收入达482.2亿元，其中，网易游戏年营收达55亿美元，营收收入排名全国第二、全球第六，虎牙直播居于游戏直播领域第二名。广州有全球最大的钢琴制造商珠江钢琴、全国工业设计产业领头羊毅昌科技、国内首家在中小板上市的报业传媒公司粤传媒、国内最大的广告公司广东省广告集团、国内第一家上市动漫企业奥飞娱乐、国内最大的互联网语言平台提供商之一欢聚时代等。其中，广州市久邦数码科技有限公司在谷歌平台上发布的多种文化科技产品在海外广受欢迎，久邦是中国第一家在美国独立上市的移动互联网企业，目前是谷歌顶级开发者、Facebook全球最大的商业合作伙伴，公司在海外拥有GO桌面、GO输入法、GO短信、极相机等一系列下载量过亿的工具类产品矩阵。这些品牌成功的背后与广州版权保护密切相关，广州市作为全国版权保护示范城市，政府将版权工作纳入了全市的重点工作进行挂牌督办，把版权保护工作当作为加快广州市文化产业和创新型产业转型升级创造环境的基础性工作来抓，从加强行业管理、执法检查、宣传普及、软件正版化等各个方面着力开展版权保护工作，着力打造独具魅力的岭南文化示范区。

图2　广州市文化企业和品牌树

## （六）文化平台呈现高端资源整合配置趋势

广州整合中国（广州）国际演艺交易会、广州艺术节（戏剧节）、羊城国际粤剧节、中国国际漫画节、中国（广州）国际纪录片节、中国国际儿童电影节、广州大学生电影节、中国音乐金钟奖、广州国际艺术博览会等文化资源，突出市场化、专业化、国际化的特点，打造具有较大影响力的文化产业交易平台——“广州文化产业交易会”。全市文化圈形成合力，统一组织，统一开幕，统一对外形象，统一宣传推介。2017 年，第二十二届广州国际艺术博览会吸引 100 多个国家和地区的近千台演出剧目、近 5000 部影视作品、2 万件艺术品参展，签约重大项目 21 个、成交额逾 20 亿元、成交意向约 80 亿元。本届艺博会交易额再创新高，现场交易额以 6.6 亿元人民币收官，比 2016 年增长 6000 万元，创历年最高纪录。2017 年，中国（广州）国际纪录片节意向签约金额比 2016 年增加 1 亿多元，以 5.19 亿元再刷新纪录。第十届中国国际漫画节，直接交易额达 6 亿元，同比增长约 20%，促成交易及潜在交易约达 70 亿元，成为举办水平最高、成效最大、影响最广的一届漫画节。除“广州文交会”以外，广州还有广州星海（国际）音乐季、广州市民文化节、广州国际文物博物馆版权交易博览会等文化活动品牌。2012 年，广州被授予“世界合唱之都”的称号，成为国内第一个获封“世界合唱之都”的城市。

### （七）粤港澳大湾区文化协调创新全面发展

近年来，粤港澳大湾区各城市合作推出了粤港澳影视文化创意产业园、粤港澳大湾区青年园、289 数字半岛、前海深港设计创意产业园等项目。其中，粤港澳大湾区青年园位于南沙区，园区面积超过 23 万平方米，重点面向广州、香港、澳门等粤港澳大湾区本土文化创意类青年人才，着力推动文化创意产业、互联网科技在园区内集聚发展。穗港两地签署了《港穗旅游合作框架协议》，进一步加强穗港旅游合作，积极打造一批跨区域文化旅游产业园区。粤港澳大湾区城市还围绕文化创意产业细分领域，成立一批跨区域行业组织。截至目前，粤港澳大湾区珠宝产业联盟、粤港澳大湾区影视联盟、粤港澳大湾区设计联盟、粤港澳大湾区家居及装饰设计联盟等相继成立；粤港澳大湾区时尚产业联盟、粤港澳大湾区创新设计产业联盟等筹备成立。这些产业联盟的成立，将推动广州与粤港澳大湾区城市的协同合作。

### （八）国际文化贸易与文化传播持续进步

2016 年，广州市文化对外贸易总额达到 130.48 亿美元，约占全国文化进出口总额的七分之一，其中，出口额为68.55亿美元，进口额为61.93亿美元，文化产品贸易差额达到6.62亿美元。广州重点打造了“广州文化周”“我们，广州”等多项对外文化交流品牌。广州一系列文艺精品佳作获得了诸多海外殊荣，“广府春秋”系列纪录片第一季《山海之间》已荣获2016年欧洲“中国银幕”电影节特别奖以及第十一届“中国纪录片国际选片会”人文类一等奖；广州市杂技艺术剧院有限责任公司先后在国内外杂技赛场上获得了100多个奖项，《升降软钢丝》节目参加第三十二届蒙地卡罗国际马戏节比赛获得“金小丑”奖。2016年，广州芭蕾舞团黄百茂荣获第九届韩国国际芭蕾舞比赛男子少年组金奖；番禺区星海青少年宫星儿合唱团获第九届世界合唱比赛童声组和有伴奏民谣组金奖；广州市少年宫获得斯洛伐克布拉迪斯拉发国际青少年音乐节合唱大赛总冠军，以及民歌组、童声组金奖。

## 二　广州建设全球区域文化中心城市面临的挑战

广州作为我国重要的中心城市，中外人口不断流入，由于经济社会条件的差异，文化的需求呈现多元化的特点，这对城市的公共文化服务体系和文化产业提出更高的要求，广州在全球区域文化中心城市建设中尚存在诸多挑战。

### （一）城市文化发展不平衡不充分问题尚存

当前，广州文化资源总量仍显不足，与中心城市地位不相匹配。广州公共文化在城市不同区域之间发展不够均衡，部分设施利用率较低，社区公共文化设施的服务、供给水平和质量与人民群众的文化服务需求仍有一定距离。市民文化消费仍面临文化经营主体发展不足、文化消费理念滞后、文化消费时间不充裕等现实困境。

### （二）文化资源配置主体的国际影响力不够

通过对比北京、上海、广州历年的国家出口重大企业和项目我们发现：广州实力较强的文化出口企业数量较少，进入国家文化出口重点企业目录的企业数量与北京、上海比较有很大差距，2007 年至 2018 年进入国家文化出口重点企业目录的企业中，广州的数量为 79 家，而北京有 362 家，上海有 167 家，远远高于广州重点企业数量；广州国家级的文化出口项目较少，进入国家文化出口重点项目目录的项目数量也与北京、上海有较大差距，2011 年至 2018 年进入国家文化出口重点项目目录的项目中，广州仅有 6 个，而同期北京有 145 个，上海有 46 个，数字差距更加明显（见表 1、表 2）。

**表 1　三大城市历年国家文化出口重点企业**

单位：家

| 年份 | 北京 | 上海 | 广州 |
|---|---|---|---|
| 2007～2008 | 39 | 13 | 11 |
| 2009～2010 | 56 | 20 | 13 |
| 2011～2012 | 72 | 39 | 18 |
| 2013～2014 | 60 | 34 | 16 |
| 2015～2016 | 70 | 35 | 13 |
| 2017～2018 | 65 | 26 | 8 |
| 合计 | 362 | 167 | 79 |

**表 2　三大城市历年国家文化出口重点项目**

单位：个

| 年份 | 北京 | 上海 | 广州 |
|---|---|---|---|
| 2011～2012 | 36 | 8 | 1 |
| 2013～2014 | 37 | 12 | 2 |
| 2015～2016 | 38 | 15 | 2 |
| 2017～2018 | 34 | 11 | 1 |
| 合计 | 145 | 46 | 6 |

## （三）文化创意空间国际资源聚合力不足

广州虽有为数众多的文化创意产业园区，但在国际化方面仍然欠缺，国际知名度不高，国际化合作的深度和广度不够，在引进国外成熟的资本和团队，建设具有国际影响力和聚合力的文化空间方面不足。文化园区产业集聚效应不够显著，存在布局重合、定位不清的现象，同质化程度高，在园区的品牌运营方面普遍匮乏具备品牌管理与文化创意产业复合背景的人才。大多数的园区无法形成相关联的产业价值链条，产业的辐射带动作用无法充分发挥，同时基本与高新科技园区在空间上相分离，与高新技术研发运用的融合不够，难以形成独具特色的国际竞争力。

### （四）文化资源配置平台国际辐射力较弱

目前，广州的文化活动平台已经在国内具备了一定的影响力，但这些品牌活动所蕴含的文化内容、所产生的文化附加值还有待提高，对推动中华文化“走出去”而言还有较大的提升空间；成交数据中贸易结构并不合理，主要体现在出口交易所占的份额过低，这样的一种非平衡结构与广州的国际性定位还有着相当大的差距；在国际上的吸引力、影响力和辐射力略显不足，活动期间国际新闻报道较少，对外传播力度不够，引发的国际关注度也不够高。广州文交会刚刚起步，国际高端文化资源配置能力与国际一流文化配置平台相比还有很大差距，基于平台的文化交流与交易网络尚待完善，与巴黎时装周、戛纳国际电影节、柏林国际电影节等国际一流文化平台相比还有很长的路要走。广州现有的这些文化平台，还不足以实现将更多的文化产品与服务推向世界的同时将国外的投资引进来的目标。

### （五）文化“走出去”实力水平有待提高

广州文化“走出去”主体实力存在提升空间，表现在：广州市文艺院团生产的文艺产品创新性不足，严肃有余而活泼不足，对外推广机制尚未完善；对外文化交流高端人才缺乏，熟知国际文化运行的复合型文化经营人才较少；传统文化技艺如粤剧、杂技后备人才缺乏，文化传承后继乏力，内容生产有待发掘；核心文化产品、文化服务国际竞争力不强，缺少文化精品与文化品牌。文化“走出去”平台渠道有待拓展，一方面对外传播覆盖范围有待扩大，广州本土媒体在国际主流社会中的发声处于起步阶段，还远远不能满足国际交往枢纽建设的客观需求；另一方面传播方式、手段偏传统，在利用大数据、云计算等新型传播技术和手段方面略显不足。文化“走出去”政策力度有待加大，存在以下几个方面的问题：对文化“走出去”在资金扶持、税收减免、出口奖励等方面的扶持力度较弱，尚未建立起完善的文化“走出去”政策扶持体系；对外文化贸易联动机制尚未形成，难以形成合力；行政审批和通关效率有待提高，目前的效率严重制约了境外展演活动的开展。

## 三　广州建设全球区域文化中心城市的思路

建设全球区域文化中心城市，围绕广州现有的集聚和辐射能力，根据世界六大文化区，划分广州文化全球辐射区域，并选择重点国家和地区，集中资源采取针对性措施争取突破。根据广州地缘优势和城市发展战略，结合国家间关系、城市往来等因素，一方面，在原有友好城市基础上继续深化文化贸易与城市文化交往内容；另一方面，选择重点城市发展友好城市关系，并针对不同文化区域与合作城市的特征和条件，采取相应的推动文化产业与文化交流发展的策略。

### （一）全面深化对东亚和东南亚文化区的文化辐射

东亚文化区和东南亚文化区与中国地缘相近、人文相亲，可以日本、韩国、蒙古、泰国、越南、柬埔寨、新加坡等国家及各国的若干城市为重点合作对象。发挥地缘优势、人文优势和文化亲缘性优势，以人文交流为先导，以文化产品服务贸易为引擎，以文化创意和创新为动力，以友好城市为依托，全面深化人文合作。根据城市文化功能互补、产业互补和资源互补的客观现实，加强与圈层内重点国家和城市之间的各项文化交流活动，加快文化资源要素聚集与辐射，推动与核心合作圈层的文化贸易及华侨华人的文化推广活动，全面提升广州人文合作新枢纽的功能与地位。

### （二）巩固拓展对伊斯兰、印度和非洲文化区的文化辐射

伊斯兰文化区、印度文化区和非洲文化区虽然距离广州相对较远，但文化资源丰富，近年来发展非常迅速，可以印度、巴基斯坦、斯里兰卡、土耳其、埃及、阿联酋、埃塞俄比亚等国家为重点，充分了解和尊重不同国家的文化差异，构思创作符合合作国家需求的文化精品，以友好城市为依托，逐步加大文化交流活动的力度；争取开辟更多直航航线，积极吸引合作国家居民将广州作为门户来华旅游；充分利用广州国际贸易门户的优势，依托国际商贸中心的优势地位，积极延伸到文化领域，以服务广州对外开放合作需求为目标，在开展经贸合作的基础上构思与开展文化交流合作项目，在开展商品贸易的同时努力拓展文化贸易，并逐步扩展人文合作广度和深度，树立良好城市形象。

### （三）重点发展对西方文化区的文化辐射

西方文化区虽然距离较远，但经济发达，国际化程度高，文化遗产丰富，文艺创作水平较高，可以英国、德国、法国、美国、加拿大、澳大利亚、新西兰、巴西等国的重点合作城市为依托，以点带面积极开展交流合作，力争取得更大效益。通过开展文艺演出、文化遗产保护、文艺作品创作与推广、文博版权利用保护、文创产品开发等领域的交流合作，大力开展商务与旅游形象宣传，争取更多欧美商务与观光游客将广州纳入访华旅游目的地。

## 四　广州建设全球区域文化中心城市的对策

### （一）繁荣文化市场，资源优势转化为配置强势

发挥市场在文化资源配置中的决定性作用，构建要素集聚、竞争有序的现代文化市场体系，夯实全球高端文化资源配置中心的产业基础，使文化产

业成为广州经济新的增长点和重要增长极。充分发挥文化强跨界性、广渗透性的特点，加快文化与科技、商贸、体育、旅游的融合。根据广州文化产业和企业发展实际，推动动漫游戏、传媒、创意设计等重点领域保持全国领先水平，巩固提升工艺美术品的生产、文化产品生产的辅助生产、文化用品的生产和文化专用设备的生产等四大传统行业，壮大文化创意和设计服务、新闻出版发行服务、广播电视电影服务和文化艺术服务等四大优势行业，着力发展文化信息传输服务、文化休闲娱乐服务等两大新兴和潜力文化行业。特别是在文化产业新兴业态方面，谋求在网游动漫、工业设计、新媒体、广告、数字出版、电影影视、文化会展、文化旅游及灯光音响等重点领域取得重大突破，创造文化产业新价值，引领国内新兴文化产业的新潮流与方向。依托广州丰富的文化旅游资源，挖掘城市旅游观光、休闲娱乐、文化体验等价值点，发展新经济，吸引资本和项目，推动文商旅的跨界发展和融合，不断增强三者之间的产业联系，同时拓展产业发展空间。通过整合国内外资源，不断优化区域环境，培育经济发展新业态，集聚高端要素，打造复合型城市休闲文商旅功能区，使其成为中外文化交流合作的重要场所。

构建与广州市作为国家重要中心城市、历史文化名城的地位及市民文化需求相匹配的、面向全球的公共文化服务体系。设施网络布局合理，互联互通，运行高效，建成开放一批标志性大型文化设施。提升公共文化服务效能，深入推进免费开放工作，基本建成“图书馆之城”“博物馆之城”。完善文化供给体系，推出一批在全国乃至全球有影响力的优秀原创文艺作品、品牌文化活动，活跃群众文化生活。加快推进公共文化服务数字化建设进程，借助互联网、云技术以及现代通信技术等手段，加强公共文化大数据采集、存储和分析处理，推出广州文化云。培育一批业界知名的专家学者、艺术人才，基层文化从业人员素养提升形成常态化机制，推动文化志愿服务可持续发展，形成政府、市场、社会共同参与的公共文化服务体系发展新格局。

### （二）推动文化龙头企业产品创新，壮大配置主体

整合广州文化资源，发挥广州文化龙头企业和广州文化上市公司产业联

盟的引领作用，建立文化企业协作机制，带动更多的中小企业发展壮大。鼓励企业申请进入国家文化出口重点企业和重点项目名录，并给予政策与资金等配套支持。进一步开放广州文化市场，鼓励广州欧科信息技术股份有限公司、广州励丰文化科技股份有限公司、广州久邦数码科技有限公司等有实力的文化企业适时加快产业融合，培育一批经济实力强的外向型骨干文化企业和企业集团，支持具有综合实力的文化企业以资本为纽带组建跨国界、跨地区、跨行业、跨部门的企业集团，培育一批技术先进、发展前景广阔、示范带动效应明显、在全国具有较强竞争力和影响力的骨干文化企业；扶持一批自主创新能力强、拥有自主知识产权和核心技术，在业界处于领军地位的民营龙头文化企业。鼓励企业参加国内外知名对外文化贸易展会，发挥和完善文化中介组织的桥梁作用，为企业“走出去”提供信息咨询、法务代理和知识产权保护等服务。

与国内外大型企业形成战略合作关系，主动对接万达集团、恒大集团文化板块业务，与世界知名文化企业如华纳、迪士尼、皮克斯等合作，争取大公司文化总部或文化企业中国总部落户广州，增强广州文化资源配置主体实力。整合中山大学、华南理工大学、华南师范大学、广东工业大学、广州大学科研资源，引导领军企业联合中小企业和科研单位布局创新链，加强关键技术研发、产业融合探索、商业模式创新，推动文化和科技、文化和创意产业融合发展，不断催生文化“新产业、新业态、新技术、新模式”。鼓励企业开展技术创新，增加对文化出口产品和服务的研发投入，开发具有自主知识产权的关键技术和核心技术，增加文化科技和文化设计创意产品的出口。

### （三）提升文化园区集聚效应，营造国际化配置空间

发挥广东自由贸易试验区南沙片区的制度优势，探索制度改革和创新，积极申报国家级对外文化贸易基地，积极推动文化保税区建设，依托自由贸易试验区和保税区的政策优势，建设文化保税区和保税仓，促进对外文化贸易。依托知商谷国际知识产权众创空间、广州天鹿湖玛莎罗动漫旅游产业基

地、广州北岸文化码头、广州 TIT 纺织服装创意园、从化动漫产业园、国家音乐创意产业基地、广东国家数字出版基地、番禺金山谷创意产业基地、珠影文化创意园、太古仓、1850 创意园、南沙国际影视城、广东文化创意产业园、广州包装印刷文化创意产业园、珠江钢琴乐器文化产业园、小洲影视文化产业园，营造广州文化产业发展空间，重点推动科韵路动漫产业聚集，助推“互联网 +”游戏小镇。制定文化产业园区整体发展规划以及文化贸易园区认定和管理办法，推动园区服务规范标准化，以“一区多园”模式辐射带动全市文化创意产业园区，支持文化贸易园区加强公共技术、资源信息、投资融资、交易展示、人才培养、交流合作等平台建设。发挥现有国家文化产业示范基地功能，完善创新创业服务体系，加快集聚各类文化贸易资源，促进文化产业集聚。

精心规划建设一批标志性特色文化园区，着力打造和完善荔枝湾、北京路、沙河顶、二沙岛、花城广场、岭南广场、海珠湖、明珠湾区八个城市核心文化圈，形成城市文化新地标。充分利用北京路被国家授予国家级文化产业示范园区之契机，建设一批特色文化产业园区和文化价值创新园区，打造一批世界级文化企业、文化大咖、文化产品和文化品牌，使广州成为全球时尚文化的策源地、风向标。以珠江“两岸三带”建设为契机，借鉴世界名河改造的经验，打造珠江景观带中段黄金岸线。一手抓两岸历史建筑、历史街区和文化遗产的保育活化，一手抓现当代都市文化和时尚文化的创新展示，将珠江两岸打造成广州以商贸为特色的历史文化实景立体博物馆。

### （四）融合实体加网络，拓展线上线下平台配置覆盖范围

建立以政府为引导、以企业为主体、以市场为基础的三方良性互动的文化运行机制，借力“互联网 +”新动能，拓展“文化 +”新思维，拓展文化产业的内涵和外延。集聚全市资源，扩大广州文交会的影响力，结合国际化的文化空间，建设文交会实体平台。支持广东文投创工厂建设开放的、统一高效的资源整合平台，为促进文化创业企业健康成长提供完善的服务。打

造国际化文化金融平台，加快组建本土文化金融平台，着力引进国际资本，大力扶持文化金融，积极推动南方文交所发展壮大，服务于国内文化产品和服务的产业化，稳步提升城市文化资源国际配置力。聚集各类版权的产业资源，搭建版权交易的公共服务平台，完善版权的保护体系，通过文化金融的服务创新，打通文化创意产业与资本市场之间的壁垒，培育发达的文化创意产业的要素市场，促进有序流动，实现文化资源价值的最大化。构建畅通、高效并联通全球的配置网络及通道，以利于各种文化资源要素低成本、便利化地在全球范围内流动。完善文化贸易制度，为文化产品和服务“走出去”提供便捷的途径，通过政策和资金扶持推动文化产品和服务出口交易平台建设。

### （五）领军文化科技，深度融合前沿，创新资源配置手段

充分运用现代高新科技手段培育出具有跨领域、综合性发展、创新型等特征的新兴文化业态和高端文化业态，逐步提高新兴文化业态和高端文化业态的比重，优化和提升文化产业行业结构，全面提升广州文化产业的创新能力与核心竞争力，占领国内文化产业发展的制高点。大力发展动漫、网游、网络视听、新媒体领域，利用人工智能、大数据、云计算、AR、VR 等技术推动整个 IP 链升级、融合与重塑。创新推进文化供给侧改革，依托知识产权审协中心加强知识产权申请与保护，依托南方文交所壮大文化交易，共建 IP 产业高效生态圈。打造产业链，推动 IP 的产业融合能力进一步增强。从产业链的空间结构来看，应在上、中、下游形成孵化、运营、变现一体化的商业闭环。上游为 IP 内容的培养与孵化，形成创意内容，吸引粉丝流量；中游为 IP 运营倒流，形成影视、网生内容、音乐等多样化、能引起粉丝共鸣的娱乐方式；在下游创造更大的商业价值，如游戏、VR、衍生品等，实现 IP 影响力的放大和变现。市场在不断扩大的同时，又倒逼内容创作，形成良性循环。因此，对内容商而言，获取 IP 仅仅是第一步，优质化 IP 这一硕大金矿的开采才是重中之重，这需要全产业链的“深耕细作”与“合纵连横”。

### （六）融通粤港澳文化资源，拓展配置强度与深度

粤港澳大湾区不仅标志区域经济整合将进入新阶段，更标志着这一区域将可能迎来新一轮的改革开放，但这个城市群体之内，有着不同的行政区划、文化心理，更有着不同的经济、金融体制，要形成真正的“湾区”，产生“湾区”应有的经济合力和张力，还有很多的改革需要做。文化的“黏合力”可以带来区域经济的“整合力”，在珠三角的主要城市中，广州作为粤文化的发源地，在文化上、心理上无疑和香港、澳门最亲近。在整合过程中，广州可以扮演独特的文化纽带作用，拉近湾区内地部分和港澳的文化、心理距离，在此基础上，不断推进经贸、金融领域的整合和要素市场的互联互通。

借助广州深厚的文化底蕴以及联系粤港澳大湾区的能力，倡导大湾区共同传承优秀传统文化，建立粤港澳大湾区产业园、示范园和文化平台，谋划穗港、穗澳文化走廊，充分发挥广府文化优势和对外来文化吸收集聚的功能，形成一种粤港澳大湾区独特的创新文化，打造在中国乃至全球有影响力的粤港澳大湾区文化品牌，建设粤港澳大湾区优质文化圈，从而带动产业创新圈、金融核心圈、优质生活圈的建设。

### （七）推动文化贸易与文化传播，增强资源配置效果

实施文化“走出去”工程，扩大文化产品的出口，鼓励和引导文化企业丰富文化产品出口品种，出口更多体现岭南文化、展示广州城市形象、面向国际市场的文化产品和服务，在产品生产、市场营销和出口补贴等方面予以重点支持。鼓励文化企业深入挖掘广州特色文化资源，开发国外受众易于接受的文化产品和服务，推动广州文化产品和服务出口；重点扶持芭蕾、杂技、话剧等有代表性、示范性的文艺门类，继承和弘扬粤剧、岭南画派、广东音乐、“三雕一彩一绣”、木偶等岭南传统艺术，推出一批具有国际影响力的文艺精品佳作。培育社区歌咏、广场舞蹈、戏曲私伙、南音、南狮、年节民俗等民间特色文化活动，并将其通过文化外交途径推介到国外。利用国

家外交平台、城市多边外交舞台和国际友好城市的平台，积极参与和承办国际高端会议，保持在国际重大活动中的活跃度和显示度，展示广州国际形象和地方文化，提升城市国际影响力；拓展城市外交平台，形成“大友城”城市外交格局。

打造“传媒之都”，推动广州国际媒体港发展，吸引世界广播电视、传媒、文化创意、影视公司以及境内外知名媒体驻穗机构进驻，构建集媒体服务中心、多功能演播演出中心、新媒体集群运营中心、影视展示交流交易中心以及高端媒体服务于一身的现代传媒产业综合项目。支持南方报业、广州日报、羊城晚报等报业集团探索组建对外文化传媒“航母”，高水平建立媒体实验室，推动广州主流媒体走向世界，鼓励广州优质品牌节目“走出去”，加强谋划和设置重大国际议题，提高广州国际话语权。

# B.20 省港杯足球赛的发展历程、存在问题及对策建议

关文明　骆璨　阮宏*

**摘　要：** 本报告就省港杯足球赛的由来、发展历程、历史意义、存在问题进行了分析，并提出了促进省港杯足球赛发展的对策建议。针对省港杯足球赛目前存在的问题，粤港两地应更改比赛时间、提高比赛的观赏性、尝试单场决赛制、加强青少年足球队的交流、注重本土球员的培养、推动粤港澳大湾区足球发展、采取多种形式举办赛事，以使省港杯足球赛焕发更大的活力，成为两地民众的嘉年华。

**关键词：** 省港杯足球赛　广州　香港

## 一　省港杯足球赛的由来

广州、香港，历来是华南足球运动最活跃的地区。两地相距不远，交往颇多。香港，在鸦片战争前原属广东省新安县（今深圳市），居民大都是广东籍。特殊的历史地理原因，使香港足坛和广东的交往，较之与内地其他地方更加频繁密切。

自 1917 年新中国成立前的第六届广东省运动会首设足球项目以来，到

* 关文明，华南师范大学体育研究所原副所长、教授、硕士生导师，研究方向为中国体育史；骆璨，广州市体育局编志办负责人，体育学硕士，研究方向为广州市体育志；阮宏，暨南大学历史地理研究中心博士在读研究生，研究方向为体育历史地理。

新中国成立后第一届广东省运动会，香港的华人球队或球员作为广东省成员参加历届比赛，盛况空前的就有两次。一次是1921年4月举行旧第八届广东省运动会时，市民听闻参赛的香港南华会足球队即将代表中国参加第五届远东运动会，便把赛场广州北较场围得水泄不通，争睹国脚的风采。孙中山先生还莅临观看香港南华队对广州岭南大学队的足球比赛决赛，并亲自向南华队队长梁玉堂颁发了冠军奖杯。另一次是1956年元旦，新中国成立后的第一届广东省运动会在广州越秀山体育场举行，香港、澳门足球队联袂回穗参加省、港、澳三角赛。当时，香港队拥有卫佛俭等七名香港甲组球员，广州队（中南白队）的罗荣满、曾林、吴添来、杨兴连都是20世纪50年代初期回内地参加祖国体育事业建设的香港优秀足球运动员。此外，20世纪30年代抗日战争全面爆发以前，以冯景祥、叶北华、李天生、谭江柏“四骑士”为代表的一批广州足球好手，每逢周末便到香港代表当地球台出赛，成为身穿广州、香港两地球衣的“两栖球员”，两地关系更加密切。当时，香港是亚洲足球运动水平最高的地区之一。两地频繁的交往，对内地足球运动的推动很大。

如上所述，20世纪50年代，粤港两地球队仍有来往。但是，由于种种原因，集中香港足球精英的华联、港联队，一直没有机会和水平不断提高的广东（广州）队作赛。60年代两地球队来往较少，“文化大革命”期间，就更没有往来了。

1973年5月，以霍英东为团长的香港体育界参观团先后到北京、上海和广州等地考察，和内地体育界人士进行交流。此次内地之行结束回港后，霍英东就开始致力于协助中国体育走向世界大舞台的事业。1975年4月6日，从20世纪60年代就担任香港足球总会会长的霍英东，经过多次斡旋，连闯三关，终于恢复中国足球协会在亚洲足联的合法席位，从而为中国体育事业重返国际大家庭找到了一个重要的突破口。

1977年4月，广东足球队首次访港，在港进行了两场友谊赛。其间，省港两地足球界的高层代表进行了交流，讨论两地建立埠际足球赛的可行性，为日后省港杯的举办播下了种子。同年7月，霍英东又率香港足球代表团和香港足球总会参观团，到北京参加“北京国际足球友好邀请赛”。中国政府对这次邀请赛十分重视，国家领导人李先念和邓小平一起观看了决赛并参加了闭幕式。霍英东当时在球场的贵宾室和邓小平进行了会面，由于邓小平也是足球迷，因此他和霍英东谈起足球来兴致甚高，邓小平的态度也坚定了霍英东筹办省港杯足球赛的决心。

1978 年，霍英东正式向有关方面提出了举办一年一度的省港杯足球赛的设想。霍英东的想法首先得到了新华社香港分社的支持，他们将情况向广东省汇报。当时主管广东省体育的是广东省副省长杨康华，他认为举办省港杯是粤港两地体育交往的一项创举，对今后进一步推动体育运动的对外交往有重要意义，因此也积极支持。1978 年 6 月，香港足球代表队访问内地，最后一站在广东省作赛。时任香港足球总会主席许晋奎透露，他已经和广东省代表取得默契，可望于次年开办省港杯，相关细节正在研究。

1978 年 12 月 6 日，霍英东以香港足球总会会长的身份率领香港足球总会代表团，在新华社香港分社总编辑李冲的陪同下，到广州与杨康华副省长和广东省体委陈远高主任等人进一步磋商具体事宜，终达成一致意见。次日，双方在广州东方宾馆正式签订省港杯协议书，协议书由香港足球总会主席许晋奎与广东省足球协会代表乔屹一起签署。协议书宣布于 1979 年 1 月举行省港杯首届比赛，以后每年元旦至春节期间继续举行，主客场各一场，以两回合总比分决定冠军属谁。这是中国历史上第一个由中央批准的地方性涉港体育竞赛制度，在中国足球历史上具有划时代的意义。

## 二　省港杯足球赛的发展历程

作为广东省和香港特别行政区之间的一项传统足球赛事，省港杯足球赛自 1979 年举办至今已经走过了 41 年的历程，既见证了中国改革开放 41 年，也见证了粤港两地足球发展的起伏。

### （一）省港杯足球赛的发展历程

#### 1. 1979～1988年，粤队拥有绝对优势

在省港杯创办的初期，这项比赛代表了两地足球最高水准的对抗。那时

高水平的体育比赛不多，每次省港杯比赛，社会关注度都很高，每逢比赛日，总会出现连夜排长龙“扑票”，万人空巷的场面。头3届比赛，广东队以2∶1领先。为此，香港队从第4届开始起用外援，当时他们一共派出了9名外籍球员，结果省港杯第一次出现了加时赛，港队到最后时刻艰难取胜。广东队在第5届以7名入选过国家队的球员参赛，对抗“洋枪”压阵的港队，结果双方两回合战平，省港杯历史上第一次通过点球决胜，广东队胜出捧杯。

1985年，中国足球史上发生了“5·19”事件，港队在第13届世界杯外围赛上击败中国队，气势正盛。然而在1986年的第8届省港杯中，港队主教练郭家明未能复制“5·19”好戏，再次败于广东队。拥有多名国家队队员的广东队，从第5届至第10届创造了第一波“6连冠”纪录。省港杯的第一个十年，广东队取得了8∶2的绝对优势，反映了广东足球当时的盛况。

2. 1989～1998年，粤队继续领先

省港杯在20世纪80年代末进入第二个十年的轮次。1989年第11届省港杯，香港足球总会决心扭转劣势，竟悬奖40万港元（比“5·19”击败中国队的奖金还多10万港元），激励港队将士。比赛首战粤队以1∶0获胜，随后做客香港的粤队又以1∶0领先，不料随后竟被港队连进4球，反以2∶4落败，结果粤队以总比分3∶4失利，未能顶戴“7连冠”，港队打破了前10届比赛均是首回合胜者最后捧杯的惯例。此后两届，重整旗鼓的广东都顺利捧杯，但第15届港队以2∶1的总比分复夺省港杯冠军。第16届港队起用洋将，促使粤队借调范志毅、徐弘和宿茂臻3名内援加盟助阵。粤队在首回合客场失掉2球的情况下，主场奋力反击，将比分扳成3平，最终点球大战以8∶7险胜港队。次回合中，范志毅得到了省港杯历史上的第一张红牌。此后，随着中国足球职业化的开展，广东足球已经完全超越了香港足球，广东队也创造了从第16届到第21届的第二次“6连冠”的纪录。合计省港杯的第二个十年，广东队以7∶3的总比分继续领先于港队。在此期间，粤港两队的参赛队员出现了结构性变化，出现了内外援参赛等现象，同时由于职业联赛、欧洲各大联赛的热播，省港杯受关注程度开始有所下降。

3. 1999 ~2008年，港队逆转领先

省港杯进入了第三个十年的发展期，省港两地的足球也呈现新的格局。广东足球经过职业化前期的辉煌之后开始滑坡，省港杯中广东代表队也不再以当时职业球坛最顶尖的广东籍球员参战，而更多以全运会或某个俱乐部的代表队来参战。香港球市在过去十年也每况愈下，他们对省港杯的重视程度也不及往日，出战的港队要么是由外援担纲的“港联”，要么是出于外战任务而锻炼的“全华班”。结果，省港杯第三个十年的比赛精彩程度明显下降，导致球市冷清，商务开发艰难。在此十年期间，港队获得第一次“三连冠”、两次蝉联，以7:3 的优势领先于广东队。

4. 2009 ~2019年，粤港两队平分秋色

省港杯进入第四个十年（十一年）的多元化发展期。粤港双方逐步重视青少年足球的发展，让更多年轻队员参赛，加强了后备人才的培养。首届省港杯女足赛于2015 年12 月31 日在香港九龙湾公园球场举行，而省港杯青少年赛已在2018 年开始举办。双方元老队赛则每年都举行，还在2016 年特意为两地参加了8 届赛事以上的元老举行了隆重的颁奖仪式。在此期间，省港杯正赛，双方都以年轻球员为主，广东队基本以“全粤班”出战，港队则以“全港班”参赛，可以说，省港杯是两地本土球员的真正较量。在第31 届至第41 届的较量中，粤港两队不相上下，广东队仅以6:5 的微弱优势再度领先。

**表1　历届省港杯足球赛战绩**
**（比分广东队一律在前）**

| 届次 | 年份 | 主场 | 客场 | 总分 | 点球 | 胜方 | 届次 | 年份 | 主场 | 客场 | 总分 | 点球 | 胜方 |
|---|---|---|---|---|---|---|---|---|---|---|---|---|---|
| 1 | 1979 | 1:0 | 3:1 | 4:1 | | 广东 | 8 | 1986 | 2:1 | 1:0 | 3:1 | | 广东 |
| 2 | 1980 | 0:0 | 0:1 | 0:1 | | 香港 | 9 | 1987 | 1:0 | 0:1 | 1:1 | 4:3 | 广东 |
| 3 | 1981 | 0:0 | 1:0 | 1:0 | | 广东 | 10 | 1988 | 0:0 | 3:0 | 3:0 | | 广东 |
| 4 | 1982 | 1:2 | 1:1 | 2:3 | | 香港 | 11 | 1989 | 1:0 | 2:4 | 3:4 | | 香港 |
| 5 | 1983 | 1:1 | 0:0 | 1:1 | 4:3 | 广东 | 12 | 1990 | 0:2 | 1:0 | 1:2 | | 香港 |
| 6 | 1984 | 1:0 | 0:0 | 1:0 | | 广东 | 13 | 1991 | 4:0 | 2:1 | 6:1 | | 广东 |
| 7 | 1985 | 2:1 | 1:0 | 3:1 | | 广东 | 14 | 1992 | 1:0 | 2:1 | 3:1 | | 广东 |

续表

| 届次 | 年份 | 主场 | 客场 | 总分 | 点球 | 胜方 | 届次 | 年份 | 主场 | 客场 | 总分 | 点球 | 胜方 |
|---|---|---|---|---|---|---|---|---|---|---|---|---|---|
| 15 | 1993 | 0:1 | 1:1 | 1:2 | | 香港 | 29 | 2007 | 1:0 | 2:4 | 3:4 | | 香港 |
| 16 | 1994 | 3:1 | 0:2 | 3:3 | 5:4 | 广东 | 30 | 2008 | 0:3 | 0:1 | 0:4 | | 香港 |
| 17 | 1995 | 2:0 | 2:0 | 4:0 | | 广东 | 31 | 2009 | 3:1 | 1:4 | 4:5 | | 香港 |
| 18 | 1996 | 4:1 | 4:0 | 8:1 | | 广东 | 32 | 2010 | 2:0 | 1:2 | 3:2 | | 广东 |
| 19 | 1997 | 3:0 | 1:2 | 4:2 | | 广东 | 33 | 2011 | 3:1 | 1:1 | 4:2 | | 广东 |
| 20 | 1998 | 1:0 | 1:1 | 2:1 | | 广东 | 34 | 2012 | 0:0 | 2:2 | 2:2 | 4:5 | 香港 |
| 21 | 1999 | 1:0 | 1:1 | 2:1 | | 广东 | 35 | 2013 | 1:0 | 1:2 | 2:2 | 8:9 | 香港 |
| 22 | 2000 | 1:1 | 0:1 | 1:2 | | 香港 | 36 | 2014 | 3:2 | 3:2 | 6:4 | | 广东 |
| 23 | 2001 | 2:2 | 0:1 | 2:3 | | 香港 | 37 | 2015 | 1:0 | 0:0 | 1:0 | | 广东 |
| 24 | 2002 | 1:0 | 1:3 | 2:3 | | 香港 | 38 | 2016 | 4:3 | 1:1 | 5:4 | | 广东 |
| 25 | 2003 | 2:0 | 2:1 | 4:1 | | 广东 | 39 | 2017 | 3:2 | 1:1 | 4:3 | | 广东 |
| 26 | 2004 | 0:0 | 1:2 | 1:2 | | 香港 | 40 | 2018 | 2:0 | 0:2 | 2:2 | 2:4 | 香港 |
| 27 | 2005 | 0:2 | 2:2 | 2:4 | | 香港 | 41 | 2019 | 2:1 | 0:4 | 2:4 | | 香港 |
| 28 | 2006 | 2:0 | 0:1 | 2:1 | | 广东 | | | | | | | |

### （二）省港杯足球赛历届冠军

广东队（24次）：1979年，1981年，1983年，1984年，1985年，1986年，1987年，1988年，1991年，1992年，1994年，1995年，1996年，1997年，1998年，1999年，2003年，2006年，2010年，2011年，2014年，2015年，2016年，2017年。

香港队（17次）：1980年，1982年，1989年，1990年，1993年，2000年，2001年，2002年，2004年，2005年，2007年，2008年，2009年，2012年，2013年，2018年，2019年。

## 三 省港杯足球赛的意义

### （一）省港杯促使了粤港体育文化交流进入新阶段

说起粤港体育文化的交流，人们会马上想起省港杯足球赛。这样一项埠际赛事，并不是什么重大事项，然而在当时，广东省政府、国家体委都定不下来，要由国家体委上报中央政治局，最后经中国改革开放的总设计师邓小平批准才得以确立。这是新中国成立后第一个地方性的涉港体育竞赛制度，是改革开放的成果，是一个有战略意义的创举。省港杯足球赛制的诞生，使历史悠久的粤港两地的体育文化交流进入了一个新阶段。

省港杯至今已举行了 41 届 82 场赛事，据统计，现场观众近 150 万人次，电视观众数以亿计。粤港两地（包括中央驻穗新闻单位）有数十家报纸杂志反映省港杯赛事，北京、上海、天津报刊也进行了报道，广东电视台、广东人民广播电台场场都进行现场直播，香港电视台也进行转播或新闻报道、现场直播。41 年来，足球传真情，粤港一家亲，省港杯成了粤港两地乃至全国关注的一项体育盛事。

### （二）省港杯密切了同胞情

清光绪三十三年（1907）圣诞节，香港第 1 家官办学校中央书院（今皇仁书院）同广州岭南大学在岭大足球场列阵对垒，从而揭开了省港足球交往的第 1 页。72 年后的省港杯，每一届每一场赛事都受到两地同胞的关注。上自广东省领导、新华社香港分社社长、香港总督、各界显要名流，下至平民百姓，都想到场观看。每届都有一大批由香港工商界人士（每届有二三百人之多）组成的观光团，在霍英东团长的带领下，随香港足球队来内地观光考察，探亲访友，与各地党政领导以及工商界人士进行广泛接触，使他们逐步了解改革开放政策，打消了他们的疑虑，加强了粤港经济文化的交流，使他们纷纷回来投资办厂，开展商贸活动，捐资家乡兴办体育、教育、卫生、福利事业，帮助内地工农业产品打开国际市场，使广东出现了前所未有的引进外资之潮，促进了广东乃至全国的经济腾飞，为内地经济建设牵线搭桥，为祖国建设做出了积极的贡献。2018 年第 40 届省港杯比赛中，香港足球总会和香港民政事务局还组织了 18 个区 200 多人的青年代表团到广州观察，当天还参观了天河体育中心和广州亚运会亚残运会博物馆，了解广州的体育事业和城市建设。

## （三）省港杯扩大了体育文化的交流

41 届省港杯赛，82 场赛事，省港两地足坛精英龙争虎斗，演绎了许许多多令人难以忘怀的故事。其实，更重要的不在于谁胜谁负，而在于闯出了一条内地与香港体育文化交流的新路。省港杯创办后，促进了省港足球系列比赛的形成，如省港元老赛、裁判员赛、少年赛、女子赛、新闻记者赛、明星赛等，同时带动了其他体育项目的全方位交流。乒乓球、羽毛球、篮球、毽球、中国象棋、田径、游泳、跳水、武术、舞狮舞龙、射击、龙舟、轮滑等项目的交流，也全面开展。

从 1979 年到 1995 年底，光是香港来广东访问的体育团体就有 221 批 5833 人次，广东出访香港的有 379 批 3450 人次。各行各业之间体育文化交流更是数不胜数。其他省市也在省港杯足球赛鼓舞下，建立起沪港杯足球赛以及“香港 - 北京”汽车拉力赛等体育竞赛制度。另外，香港在群众体育方面有很好的经验，广东在竞技体育方面有特长，两地在互利、互补、互助的原则下，推动粤港体育文化的交流。

随着香港和内地体育文化交流的增多，内地的一些体育人才开始流向香港。20 世纪 80 年代后，来自河北的齐宝华和北京的陈丹蕾等乒乓球好手移居香港，迅速将香港女子乒乓球水平提升到世界先进行列。原中国女子网球一号选手唐敏也在香港确立了女子网球的至尊地位。香港在聘请内地运动员、教练员的同时，把本地有发展前途的运动员、教练员送到内地学习，如香港优秀中长跑运动员陈敏儿就曾跟随著名教练马俊仁训练。

省港杯足球赛不仅加深了粤港体育界的友谊，提高了两地体育技术水平，也带动了文化方面的交流。1990 年 3 月，广东潮剧团继广东粤剧团之后赴港演出。同年 9 月，国务院批准了广东省可以自行派出艺术团赴港澳地区演出及进行各类艺术交流活动，这更为粤港进一步发展双向文化艺术交流开创了广阔的天地。据统计，1991 ~ 1995 年广东省组团赴港澳演出达 520 批 13412 人次。书画、音乐、舞蹈、文物和影视界也频繁开展交流活动。教育界的联系也大为加强，高校之间广泛开展互访、参观、讲学、进修、留学、合作研究，建立校际交流关系。科技交流也呈现繁荣的新局面，广东省、市的科技中心和香港科技界互相访问和进行技术合作，举办科技展览。

### （四）省港杯培育了足球市场

历届省港杯促进了体育文化以及科技、学术、教育、新闻、艺术等方面的交流，还培育了足球市场。历届省港杯，广东队主场球票都供不应求。1979 年 1 月 21 日首场比赛，门票一下子售罄，越秀山体育场全场爆满，开场后仍有大批球迷伫立于场外，希冀获得十分渺茫的退票。1984 年，第 6 届省港杯足球赛在仅有两万多座位的省人民体育场比赛时，电话预定球票竟达五万张。售票那天，观众提前 16 个小时带上御寒衣服在售票处排队等候买票。“票已售完”的通告牌挂出后，群众仍不肯离开。

香港队主场观众也很踊跃。1981 年 1 月 22 日，在香港政府大球场进行第 3 届省港杯足球赛第 2 场比赛，观众竟达 23382 人。1987 年 1 月 4 日，第 9 届省港杯足球赛，虽然天公不作美，但仍有 8989 名群众冒雨观战，门票收入达 218490 港元。省港杯足球赛打开了体育文化的交流之门，培育了足球市场，同时使许多港澳同胞热情赞助内地，兴建体育设施，例如，霍英东先生捐资兴建或改建了广东省人民体育场、广州二沙头网球馆、佛山市体育场、中山市体育场、云浮市体育中心、新兴市体育中心、广州军区体育馆、网球馆、中山大学体育中心等。为推广足球运动，霍英东先生又捐资 200 万元，为全国 100 个城市建设了小型足球基地。

## 四　省港杯足球赛发展存在的问题

作为广东省和香港特别行政区之间的一项传统足球赛事，省港杯足球赛自 1979 年举办至今已经走过了 41 年的历程，在这 41 年里，省港杯足球赛已经逐渐发展成为粤港两地家喻户晓的赛事，在培养了大批优秀足球人才的同时，为广东足球事业的发展做出了贡献，不仅成为南粤足球的一面旗帜，更是为粤港两地政治、经济、体育、文化搭建了一座沟通与交流的桥梁！省港杯足球赛在发展过程中，取得很多成绩的同时存在如下一些问题。

### （一）省港杯的赛期比较尴尬

粤港两地联赛期不统一，造成两地临时混编的队伍竞技水平不高。加上省港杯的赛期不是国际足联的法定比赛日，因此仍然在联赛期的很多香港俱乐部并不愿意放人。以 2017 年举办的第 39 届省港杯为例，香港队最初选出的 30 人省港杯备战名单中，多名球员因为要兼顾俱乐部密集的赛程或受伤而不得不退出。

### （二）省港杯的关注度下降

随着粤港两队实力的对比变化以及更多高水平足球赛事的出现，省港杯的关注度也从最初的异常火爆到如今一度鲜有人问津。例如，2015 年的第 37 届省港杯在香港的旺角大球场举办，该球场能容纳 1 万多人，最终只有 4200 多名球迷到场。

20 世纪 80～90 年代，省港杯曾是粤港足球交流的重要平台，当时的南粤足球以技术灵活、配合娴熟著称，“小快灵”成为广东足球的专属名词，容志行、古广明、赵达裕、谢育新、彭伟国、胡志军等一拨拨广东球员，既是省港杯的明星，也是历届国足的主力，然而，随着 20 世纪 90 年代中后期粤港两队实力差距的拉大，特别是广东足球开始走下坡路，省港杯的比赛水平和影响力逐渐下滑，这使得省港杯的生存空间不断遭到挤压，球市冷清，广东队的主场比赛地从广州一度“转战”佛山、肇庆等中小城市。2010 年，在肇庆举办的第 32 届省港杯广东队主场的上座率只有 1 万人左右。而在前 20 届比赛中，广东队主场比赛的场均上座率高达 95%，到场观看的球迷总数超过 50 万人。

### （三）粤港两队对省港杯的重视程度今非昔比

以 2015 年第 37 届省港杯足球赛为例，广东队的球员虽然均来自广州恒大、广州富力、贵州人和、北京国安、梅州五华等职业俱乐部，但球迷能叫上名的仅有卢琳、李健华、陈志钊等寥寥数人，广东队绝大多数球员都是各俱乐部预备队甚至是青年队球员，香港队更是以“二队”出战，不仅世界杯预选赛上表现出色的叶鸿辉、李志豪、白鹤、梁振邦等本土悍将悉数缺席，法图斯、基蓝马、麦基、高哲、安基斯等“归化”球员没有得到征召，甚至连韩籍主帅金判坤也因休假而缺席。

### （四）南粤本土足球力量的持续衰落

除了粤港两队对省港杯的重视程度下降，南粤本土足球力量的持续衰落，也使得极为看重地域特色的广东球迷很难在比赛中找到共鸣和归属感，这是省港杯关注度下滑的深层次原因。

单从参加中超和中甲等职业联赛的队伍数量来看，目前拥有广州恒大、广州富力、深圳佳兆业（中超）以及梅州客家（中甲）等 4 支球队的广东地区，依然可以称为“足球热土”。但仔细审视这些球队的人员构成，其中的广东籍球员数量极少，即便放眼全国，目前能在中超中甲踢上主力的广东籍球员也不多。这与 20 世纪 90 年代中期以前，广东籍球员往往能在各级国家队中占据半壁河山的盛景可谓有着天壤之别。以近几年来在中超和亚冠赛场上连创佳绩的广州恒大为例，虽然组队初期也曾吸纳吴坪枫、李健华等广东本土球员，但随后几个赛季他们先后转会、退役离去。随着冯俊彦、廖力生、陈泽鹏在 2014 年和 2019 年初先后离队转会，目前恒大一线队中已基本没有广东籍球员了。

## 五　省港杯足球赛发展的对策建议

1. 更改比赛时间

从原定的每年元旦至春节期间改为国际足联的法定比赛日，或双方商定粤港两地联赛的间隙期，让两地的球员都能安排时间参赛。

2. 提高比赛的观赏性

到现场观看的基本上是对省港杯有情怀的老球迷。建议两地重视省港杯比赛，两队均派出本土主力出战，搭配有一定实力的新人，还可增加主场球队元素，粤队做客香港时，启用在港超踢主力的广东籍球员，提高香港球迷的关注度。中超中甲联赛适当引入部分优秀的港籍球员，也可增加港人的兴趣。如果这样提高观赏性，球迷对比赛的关注度肯定会比现在高。

3. 尝试单场决赛制

为继续延续省港杯的活力，不妨尝试超级杯那样的单场决赛制，每年由粤港两地轮流承办，这样既能节省办赛成本，也能增加比赛的悬念，让比赛节奏更加紧凑，那么关注的球迷可能会更多。

4. 加强青少年足球队的交流

省港杯除了已增加的元老赛、女足赛等的交流，还应增加青少年足球队的交流，让这些球员从小就认识省港杯，了解省港杯，培养他们对省港杯的情怀，让他们以能代表广东队出战省港杯而感到自豪。

5. 注重本土球员的培养

广东足球不仅要发展职业俱乐部，更要培养更多高水平的本土球员。目前，从成绩上来说，广东足球可以称为中国足球最发达的地区，但广东本土足球还需进一步普及和提高，坚持从娃娃抓起。

6. 推动粤港澳大湾区足球发展

通过省港杯推动“珠三角”九大城市和香港、澳门组织“粤港澳大湾区青少年足球赛”；促进粤港澳青年足球水平的提升和共同发展，从而进一步增强南粤本土足球力量，培养粤港两地足球后备人才。

7. 采取多种形式举办赛事

参考 NBA 篮球的全明星赛的模式，用网络投票方法，让球迷选出粤港两地的明星队进行表演赛。还可发动一些热爱足球运动的娱乐明星参加表演，增加比赛热点。这可能会使省港杯焕发更大的活力，成为两地民众的嘉年华。

## 参考文献


关文明主编《体育史》（第二版），高等教育出版社，1996。

广东省足球协会：《省港杯足球赛迈向 20 年（1978—1996 年）》，广东省足球协会出版，1996。

关文明：《香港南华体育会对中国近代体育的影响》，《北京体育大学学报》1995 年增刊。

关文明、李娜：《回归前后的粤港体育文化交流》，《文史纵横》2007 年第 4 期。

于红霞、关文明：《试论粤港体育文化交流的新形式——省港杯足球赛》，《广东体育史料》1999 年第 1 期。

苏少泉：《且说省港杯足球赛》，《广东体育史料》1984 年第 2 期。

张喆：《省港杯，一个时代的符号》，《广州日报》2009 年 1 月 1 日，第 A24 版。

李斌：《省港杯 30 届见证改革开放 30 年》，《广州日报》2007 年 12 月 28 日，第 28 版。

苏少泉：《南国明珠放异彩》，《羊城晚报》1996 年 12 月 29 日，第 5 版。

黄心豪：《省港杯浓缩粤港两地情》，《中国体育报》2018 年 1 月 1 日，第 1 版。

李元浩：《“省港杯”如何才能继续下去》，《工人时报》2010 年 1 月 4 日，第 8 版。

王伟：《霍震霆：让省港杯成为嘉年华》，《足球报》2018 年 1 月 8 日，第 4 版。

李文、严君：《省港足坛轶事》，《广州日报》1979 年 2 月 3 日，第 A12 版。

# Abstract

*Annual Report on Culture Development of Guangzhou in China* (*2019*) is jointly compiled by Guangzhou University, the Association of Guangzhou Blue Book Research, the Propaganda Department of Guangzhou Municipal Party Committee, and the Guangzhou Culture, Radio, Film and Television Press and Publication Bureau. As one of the Guangzhou Blue Book Series and being involved in the "Book Series" of Social Science Academic Press, the book is for the national public offering. The report is composed of seven chapters, including the general report, cultural industry articles, cultural business articles, cultural heritage articles, cultural tourism articles, spiritual civilization articles, and special research articles. It pools the latest research achievements of many cultural experts, scholars and researchers from academic groups, universities and government departments. And it is the important reference on analysis and forecast of Guangzhou cultural operation and related topics.

In 2018, Guangzhou City based on the national plan of developing Guangdong, Hong Kong and Macao Dawan District, It intended to build a strong cultural city, a world famous cultural city and a global regional cultural center. It vigorously promoted the integrating development of cultural industry tourism and scientific technology, and finance and internet. It has achieved great results in public cultural services, literary and artistic creation, cultural and financial integration development, red culture inheritance and innovation, and civilized Guangzhou construction. However, there are still problems such as the imbalance of cultural development between urban and rural areas, the low efficiency of public cultural facilities, and the overall scale and overall competitiveness of cultural industries.

Looking forward to 2019, Guangzhou City will implement the "Cultural Strong City" strategy, actively participate in the cultural circle construction of Guangdong, Hong Kong and Macao Dawan District, promote the construction of modern public cultural service system and the innovation and development of cultural industry, enhance the cultural soft power of the city, and reform the cultural system. New progress will be made in the level of public cultural services, the creation of fine arts and literature, the development of cultural industries, and the construction of civilized Guangzhou.

In 2019, Guangzhou City should continue to promote the expansion of cultural consumption pilot cities, develop red tourism and rural tourism products, promote the development of cultural tourism and industrial integration; improve the effectiveness of public cultural services, increase investment in cultural products, and reduce urban and rural areas differences and regional differences, create new cultural highlights in Guangzhou.

**Keywords**: Guangzhou; Cultural Industry; Cultural Heritage; Civilization Construction

# Contents

## I General Report



**Abstract**: The overall situation of cultural development in Guangzhou in 2018 is positive. It has made great achievements in public cultural services, literary and artistic creation, cultural and financial integration development, red culture inheritance and innovation, and civilized Guangzhou construction. However, the cultural development between urban and rural areas is uneven. Problems such as the low efficiency of public cultural facilities services are also prominent. In 2019, with the deepening of the strategy of strong cultural market and the gradual release of relevant policy effects, it is expected that the management level and service efficiency of public cultural facilities will be significantly improved, and proportion of cultural industry in the GDP will account for a steady increase, the cultural development gap between urban and rural areas will be reduced.

**Keywords**: Cultural Development; Cultural Finance; Network Culture Security; Guangzhou

## Ⅱ Cultural Industry



**Abstract**: The characteristic town is a sustainable innovation and entrepreneurship platform that integrates various functions such as industry, culture, tourism, life and ecology. It promotes the construction of the cultural circle in Guangdong, Hong Kong and Macao Dawan District, the promotion of human and industrial value chain, and regional integration. The synergistic development of innovation and innovation has important value and significance. Guangdong, Hong Kong and Macao Dawan District needs to further develop the value and function of the platform, such as grasping, demonstrating, guiding and experiencing the characteristic towns in the cultural circle construction, and strengthen the planning layout and demonstration of the characteristic towns.

**Keywords**: Guangdong, Hong Kong and Macao Dawan District; Cultural Circle; Characteristic Towns



**Abstract**: In 2018, Guangzhou's cultural consumption has made achievements in expanding consumption scale, improving urban-rural structural differences, improving the supply of local cultural products and services, promoting cultural creation, and safeguarding the cultural rights and interests of the elderly. However, there are also problems such as the proportion of culture to consumption is low, the growth of cultural consumption is slowing down, the difference between urban and rural cultural consumption is large, and the innovation of cultural supply side is insufficient. It is suggested that in the future, Guangzhou should strengthen the pertinence of cultural supply, absorb the advanced experience of other pilot areas, build a rural public cultural service system, and adhere to the direction of cultural innovation to promote the further improvement of Guangzhou's cultural consumption.

**Keywords**: Cultural Consumption; Supply of Cultural Products; Supply of Cultural Service; Cultural Innovation; Guangzhou

## B. 4 Countermeasures for the High-quality Development of Guangzhou Cultural and Creative Industry Park

*Minjin Guangzhou Municipal Committee* / 051

**Abstract**: The Cultural and Creative Industry Park is an important carrier for high-quality development. It is of great significance for incubating and cultivating cultural and creative enterprises, promoting the transformation of Guangzhou manufacturing to Guangzhou, and injecting new vitality into the development of old cities. At present, there are many cultural and creative industry parks and bases in Guangzhou, but there are lack of scientific positioning and rational planning in the development process, the characteristics of cultural innovation are not prominent enough, the service capacity of the park is weak, and the government's support policies for the park and enterprises are insufficient and not accurate. In this regard, it is recommended to carry out research on the development of the Cultural and Creative Industry Park in the city, so as to improve the identification, assessment and assessment of the park, improve the support policies for the park and enterprises, and promote the innovation of the park operation mode.

**Keywords**: Cultural and Creative Industries; The Cultural and Creative Industry Parks; High-Quality Development



**Abstract**: As a kind of new urbanization and a coping strategy for supply-side structural adjustment, characteristic towns are of great significance to industrial transformation and upgrading, quality improvement and regional economic development. The construction practice of characteristic towns in Guangzhou from 2017 to 2018 can be based on the "cultural ecosystem and its innovation" to judge its development trend and basic characteristics, thus contributing to the upgrading and sustainable development of characteristic towns.

**Keywords**: Characteristic Towns; Guangzhou Practice; Cultural Ecosystem; Aesthetic Management

## Ⅲ Cultural Business



**Abstract**: Under the pattern of "Watching Flowers in a Flower City", the four seasons of Guangzhou City are full of flowers, and activities are taking place one after another. However, if only the government invests a lot, the public tourists only watch the excitement, traditional flower art is being lost, and the new flower activities are fleeting. The "flower city" cultural brand will become a cloud and lose its competitiveness. Starting from the flower culture resources already available in Guangzhou, this report briefly discusses the suggestions for integrating resources to build the Guangzhou Flower Art Museum, and explores how to enhance the cultural self-confidence of "flower city" through the influence of the Flower Art Museum and promote the improvement of urban civilization, thus making Guangzhou truly become a world-class "flower city".

**Keywords**: Guangzhou; Flower City; Flower Activities; Flower Art Museum



**Abstract**: This report analyzes the overall situation of cultural construction in Huadu District of Guangzhou City and the existing problems, and proposes to accelerate the development of cultural undertakings, enhance the soft power of urban culture, and realize the comprehensive cultural strength in view of the actual economic and social development of Huadu District in the new era. Suggestions for new developments: raise awareness of ideas, put cultural construction on an important position; grasp time nodes, accelerate the construction of public cultural facilities; continue to increase investment, focus on filling shortcomings of public cultural expenditures; strengthen talent reserve, train and construct a larger team of cultural talents; based on the development of the times, accelerate the digital construction of public cultural services; innovate investment and financing mechanisms, vigorously promote the prosperity and development of cultural industries; optimize the industrial development pattern, and build a tourism ecological cooperation zone in Guangdong, Hong Kong and Macao Dawan District.

**Keywords**: Cultural Undertakings; Cultural Industries; Cultural Soft Power; Huadu District

**Abstract**: Shamian Island is a very charming place with rich historical and cultural deposits, exotic atmosphere, charming scenery. In the new era, Guangzhou wants to build "lingnan cultural center and foreign cultural exchange portal", so we can consider building shamian Island into a city lounge for domestic and foreign culture's cooperation and exchange. Meanwhile, it serves as the exhibition area of European customs and the window of spreading Guangzhou culture to the outside world, displaying the integration and development of traditional culture and modern culture, eastern culture and western culture, and realizing the organic combination of European architecture, style appreciation and natural scenery tour.

**Keywords**: Shamian Island of Guangzhou; City Lounge; Guangdong, Hong Kong and Macao Dawan District; History and Culture

## Ⅳ Cultural Heritage



**Abstract**: Historical and cultural districts are an important part of cultural heritage protection. Guangzhou has done a lot of work in the protection and activation of historical and cultural districts, with remarkable results. However, there are still problems such as incomplete preservation, low quality, and inadequate protection work. This report proposes to some suggestions to further promote the micro-reformation and activation utilization of Guangzhou historical and cultural districts by investigating the historical and cultural districts in

Guangzhou and drawing on some successful cases at home and abroad.

**Keywords**: Guangzhou; Historical and Cultural District; Micro-reformation; Activation Utilization



**Abstract**: History and culture are the soul of the city. Historical and cultural districts are vivid carriers that show the historical context of the city. From October 22nd to 25th, when General Secretary Xi Jinping inspected Guangdong, he inspected the Yongqing Square in Xiguan Historical and Cultural Districts, stressing that urban planning and construction should attach great importance to historical and cultural protection, not rushing for immediate benefit, not dismantling large buildings; Leave memories and let people remember homesickness.

**Keywords**: Historical and Cultural Districts; Old City Transformation; Enning Road



**Abstract**: According to statistics, there are 1293 large and small buildings in

Guangzhou, which derives a specific concept of culture and order. It records the evolution and reproduction of a family, a village, and a piece of land. It is the bond between people in the society. This report selects the traditional Ancestral Hall Culture of Yaotai Village, a community-changed community in Yuexiu District, to conduct a special investigation, in order to better explore the traditional Ancestral Hall Culture and promote the new pattern of "co-construction and sharing" in the new historical conditions.

**Keywords**: Ancestral Hall Culture; Social Function; Countermeasure and Suggestion; Mineral Spring Street

## V Cultural Tourism

### B. 12 Support the Rural Revitalization of Guangzhou with High-level Tourism Industry

*Liu Menghua, Yi Shun and Bu Naipeng* / 139

**Abstract**: This report through the contrast analysis of Tianjin, Zhejiang, Taiwan experiences and lessons from the evolution of suburban tourism pattern, make a field survey about the support conditions and attractions of developing high-level tourism industry in the eyes of hundred suburban tourism entrepreneurs of Guangzhou, ending up in Guangzhou urban development to high-level tourism industies' market, talent and policy issues and countermeasures. Problems have their own urgency, three types of personnel training, straighten out the relationship between village managers, the implementation of tourism related funding benefits can be foreseen. However, no matter how difficultly the relevant tourism departments load forward, the tourism industry, which is involved in a wide range of areas, still requires the collaborative innovation of relevant departments and the precise coordination and promotion of tourism authorities; Only with the joint efforts of all tourism related departments, can the high-level tourism industry promote the implementation of the strategy of rural revitalization in Guangzhou.

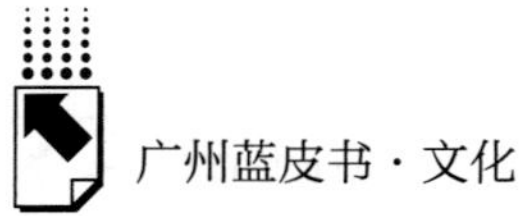


**Keywords**: Rural Revitalization; Suburban Tourism; Characteristic Towns; Tourism Attraction; Tourism Support Power



**Abstract**: This report analyzes the current situation of the protection and utilization of red cultural resources in Guangzhou, analyzes the existing problems, and draws on the experience of other cities in China to propose targeted policies. As a special cultural legacy, red cultural resources not only have obvious educational function, social significance and economic value, but also rich in strong historical and political color. Therefore, in order to strengthen the protection and utilization of red cultural resources in Guangzhou, we should strengthen strategic thinking and overall layout; highlight the protection of inheritance, activate red memory; reasonable development and utilization to promote the integration of development; strengthen organizational leadership and form an overall joint force.

**Keywords**: Guangzhou; Red Culture; Resource Protection and Utilization



**Abstract**: The industrial base of most rural areas in Guangzhou is relatively weak, and the cultivation of related industries needs to be gradually developed. In the process of building a characteristic town, it is especially important to find a breakthrough in development. The country house has the advantages of diversified resources, diversified business models, multiple product types, reproducible promotion, strong employability, and good income-increasing peasants. The construction of tourism-specific towns is in line with the implementation of the "village revitalization strategy". And the requirements of "precise poverty alleviation" are in line with the current conditions and characteristics of rural areas in Guangzhou. Based on case analysis and questionnaire survey, the research report combs the development of tourism in rural areas and proposes relevant countermeasures.

**Keywords**: Guangzhou; Country House; Tourism; Poverty Alleviation

## Ⅵ Spiritual Civilization



**Abstract**: Most large and medium-sized private enterprises in Guangzhou pay more attention to the construction of Socialist Core Values, and integrate Socialist Core Values into enterprise value concept planning, business production, cultural landscape, network communication, party work group activities, and public welfare activities. A certain "Guangzhou Characteristics" has been formed. However, there are still some problems and gaps in the ideas and concepts of enterprise funders, the top-level design of enterprises, and the implementation mechanism. To this end, this report proposes to vigorously promote the Socialist Core Values of private enterprises, such as "human culture", "substantialization", "normalization" and "full staffing", in order to realize the sustainable development of Socialist Core Values education and practice.

**Keywords**: Guangzhou; Private Enterprise; Socialist Core Values

## B. 16 Study on the Improvement of Civic Mora Quality and Civilized Quality in Yuexiu District

### —*Take Guangzhou Yuexiu Park as an Example to Build a Demonstration Base of Socialist Core Values*



**Abstract**: We should make full use of various activities to make Socialist Core Values "grounded" and have vitality, and integrate core values into people's lives. Based on the integration of cultural heritage, historical precipitation in Yuexiu district of Guangzhou Yuexiu park resources, long civilization to create a characteristic brand project, further to build the Socialist Core Values demonstration base, the cultivation of citizen moral and deep insight into the form of civilization quality, detailed study of Socialist Core Values to foster carrier activation, refined "position + civilization + culture + volunteer" hatching guide, with characteristics of carrier to develop good citizens moral consciousness and action criterion, so as to satisfy the people's spiritual and cultural needs, promoting citizens' happiness and get feeling, Yuexiu influence and penetration of the civilization become more common.

**Keywords**: Socialist Core Values; Moral Quality; Civilized Quality

## B. 17 Practice and Enlightenment of Spiritual Civilization Creation Based on Internet in Panyu District, Guangzhou City



**Abstract**: Under the information age, Internet technology is developed and new media are changing with each passing day. How to adapt to the new situation and new tasks and continuously enhance the vitality of spiritual civilization construction is an important issue worthy of our exploration and solution. Through the special investigation on the establishment of civilization in Panyu District, we summarize its practice of relying on the Internet to carry out spiritual civilization creation, and draw some enlightenments. On this basis, some suggestions are put forward to create a new situation of Guangzhou civilization.

**Keywords**: Spiritual Civilization Construction; Online Civilization Creation; New Media

## B. 18 Research Report on Promoting Corporate Culture Construction with Grassroots Party Building

*—Taking an Oil Company in Guangzhou as an Example*

*Zhang Haojun, Zhou Yu* / 204

**Abstract**: In state-owned enterprises, enterprises are an important support for employees and grassroots party organizations. The party building of enterprises has a very close relationship with the cultural construction of enterprises. The party building of enterprises has laid a solid theoretical foundation and correct construction direction for the construction of corporate culture. In order to study the promotion of grassroots party building to corporate culture, this report selects a petroleum industry state-owned enterprise in Guangzhou to conduct a questionnaire survey. The results show that employees have strong recognition of party building leading and promoting corporate culture construction, and believe that party building can promote production and management activities. However, party members and staff members did not prefer party organizations when they encountered difficulties in production and life. It is suggested that the next phase will focus on how to further improve the scientific and effective construction of grassroots party organizations.

**Keywords**: State-owned Oil Enterprises; Grassroots Party Building; Corporate Culture

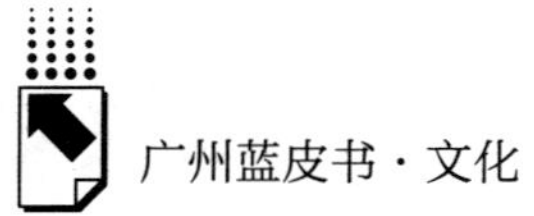



# Ⅶ Special Research



**Abstract**: This report believes that in order to realize the goal of "Construction of Global Regional Cultural Center City in Guangzhou" by Guangdong Provincial Committee and Guangzhou Municipal Committee, Guangzhou should enhance the global allocation of cultural resources from seven aspects: First, prosper the cultural market, transforming the allocation of resources; Second, promote the product innovation of cultural leading enterprises and strengthen the main body of configuration; Third, enhance the agglomeration effect of cultural parks and create an international allocation space; Fourth, integrate entities and networks to expand the coverage of online and offline platforms; Fifth, integrate cutting-edge technology culture, and innovate resource allocation means; Sixth, integrate cultural resources of Guangdong, Hong Kong and Macao, and expand the intensity and depth of configuration; Seventh, promote cultural trade and cultural communication, and enhance the effect of resource allocation.

**Keywords**: Guangzhou; Global Regional Cultural Center City; Resource Allocation



**Abstract**: This report mainly analysis the origin, development, historic sense and problems of Guangdong-Hong Kong Cup Football Match, and puts forward countermeasures and suggestions. In the light of the existing problems of Guangdong-Hong Kong Cup Football Match, Guangdong and Hong Kong should change the competition time, improve the ornamental value of the competition, try the single-field final system, strengthen the communication of the youth football team, pay attention to the cultivation of the local players, and promote the development of the football in Guangdong, Hong Kong and Macao Dawan District, The competition will be held in a variety of forms, so that Guangdong-Hong Kong Cup Football Match will have a greater vitality and become the carnival of the two places.

**Keywords**: Guangdong-Hong Kong Cup Football Match; Guangzhou; Hong Kong

## 皮书起源

“皮书”起源于十七、十八世纪的英国，主要指官方或社会组织正式发表的重要文件或报告，多以“白皮书”命名。在中国，“皮书”这一概念被社会广泛接受，并被成功运作、发展成为一种全新的出版形态，则源于中国社会科学院社会科学文献出版社。

## 皮书定义

皮书是对中国与世界发展状况和热点问题进行年度监测，以专业的角度、专家的视野和实证研究方法，针对某一领域或区域现状与发展态势展开分析和预测，具备原创性、实证性、专业性、连续性、前沿性、时效性等特点的公开出版物，由一系列权威研究报告组成。

## 皮书作者

皮书系列的作者以中国社会科学院、著名高校、地方社会科学院的研究人员为主，多为国内一流研究机构的权威专家学者，他们的看法和观点代表了学界对中国与世界的现实和未来最高水平的解读与分析。

## 皮书荣誉

皮书系列已成为社会科学文献出版社的著名图书品牌和中国社会科学院的知名学术品牌。2016 年，皮书系列正式列入“十三五”国家重点出版规划项目；2013~2019 年，重点皮书列入中国社会科学院承担的国家哲学社会科学创新工程项目；2019 年，64 种院外皮书使用“中国社会科学院创新工程学术出版项目”标识。

# 中国皮书网

（网址：www.pishu.cn）

发布皮书研创资讯，传播皮书精彩内容
引领皮书出版潮流，打造皮书服务平台

## 栏目设置

关于皮书：何谓皮书、皮书分类、皮书大事记、皮书荣誉、皮书出版第一人、皮书编辑部

最新资讯：通知公告、新闻动态、媒体聚焦、网站专题、视频直播、下载专区

皮书研创：皮书规范、皮书选题、皮书出版、皮书研究、研创团队

皮书评奖评价：指标体系、皮书评价、皮书评奖

互动专区：皮书说、社科数托邦、皮书微博、留言板

## 所获荣誉

2008 年、2011 年，中国皮书网均在全国新闻出版业网站荣誉评选中获得“最具商业价值网站”称号；

2012 年，获得“出版业网站百强”称号。

## 网库合一

2014 年，中国皮书网与皮书数据库端口合一，实现资源共享。

**权威报告 · 一手数据 · 特色资源**

# 皮书数据库

## ANNUAL REPORT(YEARBOOK) DATABASE

**当代中国经济与社会发展高端智库平台**

### 所获荣誉

- 2016年，入选“‘十三五’国家重点电子出版物出版规划骨干工程”
- 2015年，荣获“搜索中国正能量 点赞2015”“创新中国科技创新奖”
- 2013年，荣获“中国出版政府奖 · 网络出版物奖”提名奖
- 连续多年荣获中国数字出版博览会“数字出版 · 优秀品牌”奖

### 成为会员

通过网址www.pishu.com.cn访问皮书数据库网站或下载皮书数据库APP，进行手机号码验证或邮箱验证即可成为皮书数据库会员。

### 会员福利

- 已注册用户购书后可免费获赠100元皮书数据库充值卡。刮开充值卡涂层获取充值密码，登录并进入“会员中心”—“在线充值”—“充值卡充值”，充值成功即可购买和查看数据库内容。
- 会员福利最终解释权归社会科学文献出版社所有。

社会科学文献出版社 SOCIAL SCIENCES ACADEMIC PRESS (CHINA) 皮书系列

卡号：677186969299

密码：

数据库服务热线：400-008-6695

数据库服务QQ：2475522410

数据库服务邮箱：database@ssap.cn

图书销售热线：010-59367070/7028

图书服务QQ：1265056568

图书服务邮箱：duzhe@ssap.cn

# S 基本子库
# UB DATABASE

## 中国社会发展数据库（下设 12 个子库）

全面整合国内外中国社会发展研究成果，汇聚独家统计数据、深度分析报告，涉及社会、人口、政治、教育、法律等 12 个领域，为了解中国社会发展动态、跟踪社会核心热点、分析社会发展趋势提供一站式资源搜索和数据分析与挖掘服务。

## 中国经济发展数据库（下设 12 个子库）

基于"皮书系列"中涉及中国经济发展的研究资料构建，内容涵盖宏观经济、农业经济、工业经济、产业经济等 12 个重点经济领域，为实时掌控经济运行态势、把握经济发展规律、洞察经济形势、进行经济决策提供参考和依据。

## 中国行业发展数据库（下设 17 个子库）

以中国国民经济行业分类为依据，覆盖金融业、旅游、医疗卫生、交通运输、能源矿产等 100 多个行业，跟踪分析国民经济相关行业市场运行状况和政策导向，汇集行业发展前沿资讯，为投资、从业及各种经济决策提供理论基础和实践指导。

## 中国区域发展数据库（下设 6 个子库）

对中国特定区域内的经济、社会、文化等领域现状与发展情况进行深度分析和预测，研究层级至县及县以下行政区，涉及地区、区域经济体、城市、农村等不同维度。为地方经济社会宏观态势研究、发展经验研究、案例分析提供数据服务。

## 中国文化传媒数据库（下设 18 个子库）

汇聚文化传媒领域专家观点、热点资讯，梳理国内外中国文化发展相关学术研究成果、一手统计数据，涵盖文化产业、新闻传播、电影娱乐、文学艺术、群众文化等 18 个重点研究领域。为文化传媒研究提供相关数据、研究报告和综合分析服务。

## 世界经济与国际关系数据库（下设 6 个子库）

立足"皮书系列"世界经济、国际关系相关学术资源，整合世界经济、国际政治、世界文化与科技、全球性问题、国际组织与国际法、区域研究 6 大领域研究成果，为世界经济与国际关系研究提供全方位数据分析，为决策和形势研判提供参考。

# 法律声明